친일과 망각

살아있는 친일의 역사

친일파와 그 후손들을 추적하고 기록하다

親日 忘却

친일과 망각

한국탐사저널리즘센터 Newstapa
김용진 + 박중석 + 심인보 지음

다람
DARAM BOOK

개정증보판을 내며

2018년 초여름 어느 날, 한 고등학교 선생님이 뉴스타파로 이메일을 보내왔습니다. 학교 독서 동아리에 '친일과 망각' 지은이를 초청해 '저자와의 대화' 모임을 열고 싶다는 요청이었습니다. 출간한 지 2년이나 지난 책을 '망각'하지 않고 학교에서 독서 활동 서적으로 삼았다는 얘기를 듣고 우리는 무척 반가웠습니다. 쉽게 풀어서 쓴다고는 했지만 사실 상당히 무거운 주제를 다룬 책인데 입시에 바쁜 고등학생들이 흥미롭게 읽었다니 무척 대견하기도 했습니다.

우리는 늘 그렇듯 빡빡한 취재, 제작 일정에 짬을 내기가 쉽지 않았지만, 약속이나 한 듯 바로 의견 일치를 봤습니다.

"당연히 가야지!"

때 이른 무더위가 찾아온 날, '저자와의 대화'를 위해 서울 외곽에 있는 고등학교를 찾아갔습니다. 학교에 도착하기 전까지만 해도 사실 독자들이 고등학생들이라는 점만 빼면, 여느 '저자와의 대화' 모임과 크게 다르지 않을 것으로 생각했습니다.

하지만 예상은 빗나갔습니다. 학교 건물 출입문에서부터 '2018 인문학 독서캠프'라는 커다란 제목 아래 뉴스타파의 '친일과 망각' 저자 초청 강연을 소개하는 벽보가 떡하니 여러 장 붙어있었습니다. 출입문을 들어서자 복도 바닥에도 학생들이 독서 활동을 하며 그린 포스터들이 눈에 띄었습니다. '저자와의 대화' 장소인 도서관으로 들어가자 삼각대에 걸린 수십 장의 포스터들이 저자를 반기는 듯 줄이어 서 있었습니다. 조별로 '친일과 망각'을 읽고 느낀 점을 도화지에 이미지로 표현하고 빈 곳엔 감동받은 글귀나 한 줄 소감 등을 빼곡히 적어놓은 그 '작품'들을 하나하나 감상했습니다. 코끝이 찡해졌습니다.

"역사는 과거의 산물이 아닌 미래의 기억: 친일과 망각 214p"

"원묵문고 베스트셀러 1위"

"친일파 청산의 새로운 방향을 제시한 우리 시대의 책"

"망각을 기억으로 바꾸는 첫걸음"

"역사의 파수꾼은 살아있다"

학생들이 정성이 담긴 그림과 글을 보면서 2015년, 2016년 2년 동안 친일파 천여 명의 후손들을 추적해 4부작 다큐멘터리를 방송하고, 이어서 책을 쓰던 때가 떠올랐습니다. 뉴스타파가 이 작업을 한 이유는 일신의 영달을 위해 민족을 배반하고 조국을 팔아먹은 친일반민족 행위를 망각의 심연에서 끄집어내 '기억의 공간'으로 옮겨놓기 위함이었습니다. 그리고 그 기억이 학습으로 이어지고, 후세에 전승돼 다시는 불의가 정의를 능멸하는 배반의 역사를 우리 미래 세대는 겪지 않기를 간절히 바라는 마음도 책에 눌러 담았습니다. 우리는 그것을 에필로그에 이렇게 썼습니다.

"우선 과거의 진상을 정확하게 밝히는 작업을 통해 그 결과물을 담은 '기억의 공간'을 만든다. 그리고 그 공간에서 사회적인 '기억의 학습'을 이뤄내고, 다시 '기억의 일치'를 형성하자는 것이다. 그래야만 현재와 미래에 비극적인 역사가 되풀이되는 것을 방지할 수 있다."

일제 후손들을 추적해 그들의 현재 모습을 분석한 결과물을 내는 건 저희 저자들의 몫이었습니다. 하지만 그것을 통해 '기억의 학습'과 '기억의 일치'를 이끌어내는 건 독자와 우리 공동체가 함께 해나가야

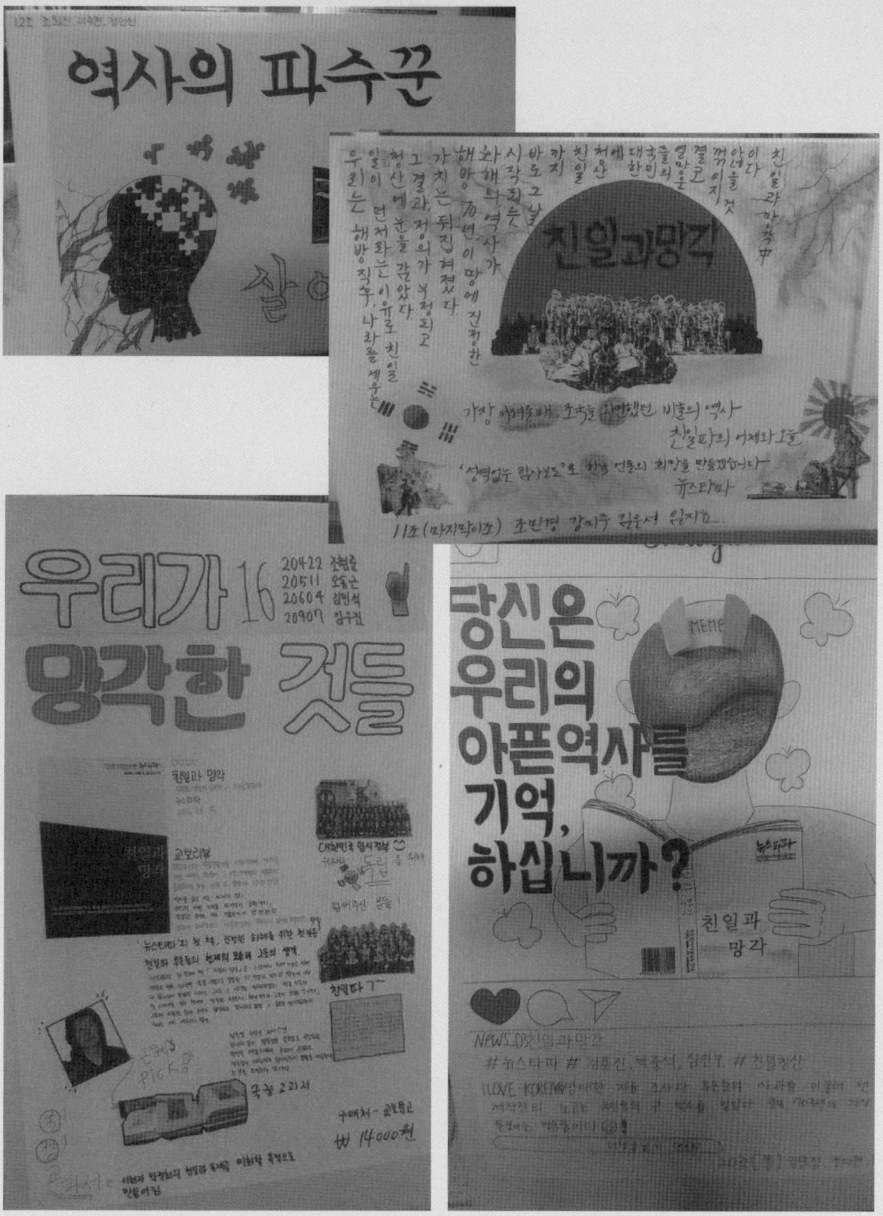

원묵고등학교 학생들의 작품

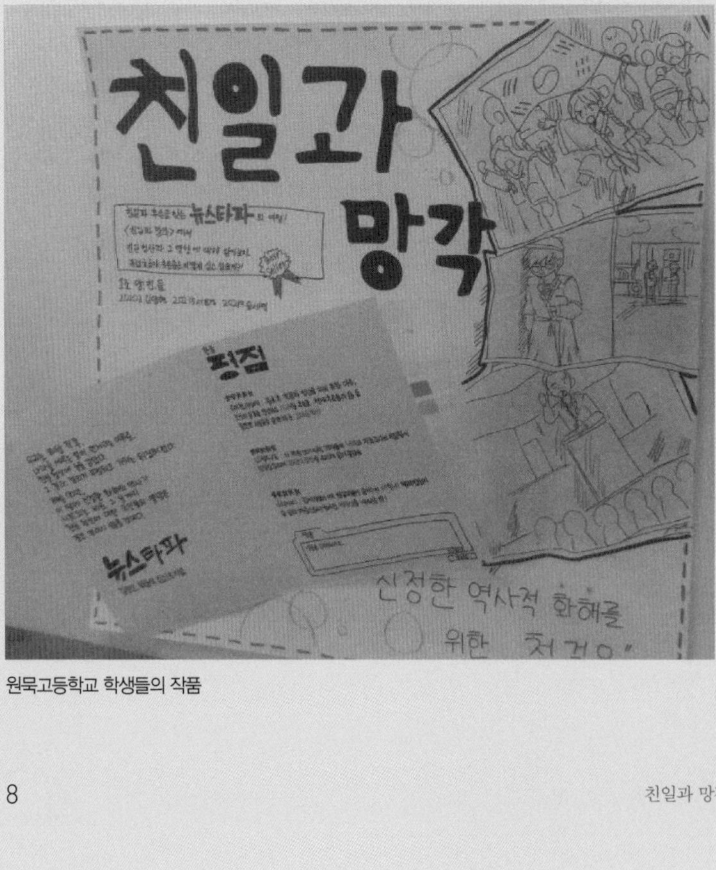

원묵고등학교 학생들의 작품

할 일이죠. 사실 에필로그에서 당위의 의미로 썼던 이 '기억의 공간-학습-일치'의 흐름을 저희 저자들은 그날 그 고등학교에서 실제 경험했습니다. 그건 감동 이상이었습니다.

그날 우리는 책임감과 의무감을 느꼈습니다. 용기도 냈습니다. '친일과 망각' 개정증보판을 내야겠다고 결심했습니다. 첫 출간 이후 2년이 지났는데 학생들도 이렇게 많이 이 책을 읽고 있다면 그사이 변한 상황들과 추가로 알려야 할 정보들을 그대로 두는 건 일종의 직무유기라고 생각했습니다.

2016년 출간한 '친일과 망각' 1판은 모두 7개 장으로 구성됐습니다. 이번 개정증보판은 여기에 1개 장을 새로 넣었습니다. 해방 후 대한민국 정부에서 훈장을 받은 친일파를 추적한 내용입니다.

뉴스타파는 2016년 해방 71주년 특별기획으로 '훈장과 권력' 4부작 다큐멘터리를 내보냈습니다. 이번 증보판엔 바로 이 다큐멘터리에서 최초로 공개한 친일파 훈장 관련 내용을 새롭게 추가했습니다. 지금까지 제대로 그 전모가 밝혀지지 않았던 일제 때 친일 거물들의 대한민국 훈장 수훈 사실은 대한민국 역대 정권의 진면목을 보여주는 증거이기도 합니다. 이렇게 추가한 1개 장 이외에 대한민국 정부에게서 훈장을 받은 친일파 명단을 책 끝에 부록으로 담았습니다.

또한 2016년 1판 출간 이후 상황이 바뀌었거나 미확정 사안이 그사이 확정된 경우 변경된 부분을 수정 또는 보완했습니다. 예를 들어 전 동아일보 사주 김성수가 2017년 대법원 판결로 법적으로도 '친일파'로 확정된 사실, 그리고 김성수가 해방 이후 받았던 대한민국 건국 훈장을 2018년 박탈당한 사실 등입니다.

'친일과 망각' 1판을 낸 이후 지난 2년 동안 많은 일이 일어났습니다. 박근혜-최순실 국정농단 스캔들과 촛불혁명, 박근혜 탄핵, 조기 대선, 새정부 출범, 남북정상회담, 북미정상회담 등이 숨가쁘게 이어졌습니다. 두 전직 대통령이 모두 구속기소 돼 재판받고 있습니다. 상전벽해라는 말이 절로 떠오릅니다.

하지만 대통령 한 명만 바뀌었을 뿐 크게 변한 게 없다는 실망감도 커지고 있습니다. 벌써 적폐 청산 피로감같은 얘기가 나오니 촛불혁명을 주도한 시민들이 느끼는 안타까움은 당연한 것이겠죠. 실제 이명박 박근혜 두 전 대통령은 감옥에 갔지만 이명박 박근혜 시대를 가능케 했던 대한민국의 기축세력들은 여전히 건재합니다. 이 세력들의 뿌리를 찾아가다 보면 결국 마주치게 되는 이른바 '원조'가 있습니다. 바로 친일 반민족 기회주의 세력입니다. 친일 청산과 과거 극복은 바로 이 시대의 과제인 적폐 청산과 다르지 않습니다.

촛불정신이 시대정신이었다면 그 시대정신의 실천은 적폐 청산을 통해 구체화돼야 한다는 데는 이론의 여지가 없을 것입니다. 이 '친일과 망각' 개정증보판이 친일 반민족 기회주의 세력에 뿌리를 둔 적폐 세력을 깨끗이 청산하는 데 조금이라도 기여할 수 있다면 그만한 보람은 없을 것입니다.

마지막으로 이 개정증보판 출간은 그날 '저자와의 대화' 때 만난 학생들의 초롱초롱한 눈망울 때문에 가능했다는 말로 고마움과 기대를 대신 전합니다.

뉴스타파

김용진, 박중석, 심인보

역사에서 '만약'이라는 가정은 부질없는 짓이라고 합니다. "그때 '만약' 그게 그렇게 됐다면 지금 이 모양은 아닐 텐데…", 이처럼 아무리 한탄한들 지나간 일을 되돌릴 수는 없기 때문일 것입니다. 하지만 비슷한 잘못을 되풀이하지 않기 위해 끊임없이 '만약'이란 질문을 던지면서 회고해 봐야 할 역사도 분명히 존재한다고 봅니다. '부질'없이 그냥 둘 게 아니라 끊임없이 '부질(불질)'을 해서 우리가 교훈과 경계로 삼아야 할 그 무엇 말이지요.

한국 현대사에서 가장 안타까운 장면을 고르라면 많은 이들이 해방 직후 친일부역 기회주의 세력을 깨끗하게 정리하지 못한 것과 통일된 독립국가를 세우지 못한 것을 떠올릴 것입니다. 이 두 좌절의 역사는 동전의 양면과 같습니다. 친일부역배들이 해방 후 살아남기 위해 친미와 반공이라는 새로운 줄을 부여잡고 분단세력의 주축이 된 건 주지의 사실입니다.

해방 직후 절체절명의 골든타임은 놓쳤지만 그래도 얼마 지나지 않아 친일청산의 기회가 왔습니다. 바로 반민특위였습니다. '만약' 반민특위가 이승만 정부의 탄압으로 해체되는 운명과는 달리 친일반민족행위자들을 엄정하게 처벌해 이 땅에 정의가 살아있다는 것을 보여줬다면 우리 역사는 어떻게 달라졌을까요?

우선 대통령을 생각해 볼 수 있겠지요. 해방 후 친일청산이 제대로 이뤄졌다면 우리 역사에 '박근혜'라는 이름의 대통령이 기록되는 일은 없었을 것입니다. 그에 앞서 그녀의 아버지 박정희도 대통령이 되는 일은 일어나지 않았을 가능성이 100%였겠죠. 대한민국 정부 수립과 동시에 식민 잔재를 쓸어냈다면 일왕에게 혈서로 '견마지로犬馬之勞'의 충성을 맹세해 일제의 괴뢰 만주군 장교복을 입었던 자가 해방 조국의 국군 장교로, 장성으로 승승장구하는 일은 일어나지 않았을 것입니다.

유럽의 전후 처리 사례로 비춰본다면 박정희의 경우 아무리 운이 좋았다하더라도 최하 공직추방과 공민권 박탈의 처분은 면하기 힘들었을 것이기 때문입니다. 따라서 박정희가 5.16 쿠데타를 감행하는 일도 없었을 것이고, 대통령이 되는 일도, 삼선개헌도, 유신도, 긴급조치도, 10.26도 없었겠지요. 가정을 이어가다 보면 박정희 급사 후의 권력 공백기를 틈탄 전두환 · 노태우 신군부 일당의 12.12 쿠데타도, 광주학살도, 군부독재의 연장도 일어나지 않았을 것입니다. 그리고 10.26 사태 30여 년 뒤 아버지의 후광과 '조실부모' 동정표에 힘입어 박근혜가 대통령이 되는 일도 이 '만약?'의 역사에서 불가능한 일이었을 겁니다.

프랑스가 2차대전 후 나치 부역 언론사와 언론인들을 엄정하게 숙청한 것처럼 우리도 일제 부역 언론을 청산했다면 지금 한국에서 발행부수 1,2,3위를 자랑하는 신문들이 존재하는 일은 없었을 것이고 TV 채널을 돌리다 이들이 만든 종편 채널을 만나는 일도 없었을 것입니다. 아울러 친일반역자들이 해방 후 교육자로 변신하고 그 후손들이 소위 민족사학, 명문사학이라는 그럴듯한 간판으로 학생과 학부모를 현혹해 교육계를 장악해 버린 현실도 현실이 되지 않았을 가능성이 매우 높습니다.

물론 이런 가정은 정신 건강에 해로울 수 있습니다. '만약'의 세계에서 돌아와 실제를 직면할 때 감당하기 힘든 울화가 치밀기 때문이지요. 하지만 배반과 치욕의 역사일지라도 망각의 늪에서 건져올려 반추하고 기억해야 한다고 봅니다. 배반과 치욕의 역사는 망각을 자양분으로 해서 되풀이됩니다.

우리 사회는 지난 2000년대 중반 국가 차원에서 친일 등 과거사 문제를 정리하는 과정을 거쳤습니다. 한계가 적지 않았지만, 해방 이후 처음으로 대한민국 정부가 친일반민족행위자를 조사해 그 이름과 행적을 공개하고, 친일의 대가로 불린 재산을 환수하는 성과가 있었습니다. 이를 통해 적어도 친일반민족행위에 대한 역사적 정리가 최소한의 수준에선 이뤄졌고, 앞으로 친일행위를 비호하거나 정당화하는 시도는 더 이상 없을 것이라는 믿음이 생겼습니다.

하지만 그런 기대는 오래 가지 못했습니다. 어느 순간 역사를 거꾸로 돌리려는 움직임이 본격화됐습니다. 일제 식민지배와 남북분단이 하느님의 뜻이라고 말한 언론인 출신이 총리 후보가 되고, 정부연구기관 고위간부가 공개 세미나 자리에서 '천황폐하 만세' 3창을 외치는 어처구니없는 일이 벌어졌습니다. 여당 대표, 공영방송 이사장 등도 줄줄이 선대의 친일 행각을 변명하고, 과거 행적을 지적하는 목소리를 좌파의 선동으로 몰아갔습니다. 몇몇 사회 지도층 인사의 개인적 일탈로 보기엔 상황이 너무 조직적으로 전개됐습니다. 급기야 주지하는 대로 박근혜 정부는 국민 대다수의 반대를 외면하고 역사교과서 국정화를 강행했습니다.

한국탐사저널리즘센터 '뉴스타파'는 이런 움직임의 근간과 배후를 탐색해보고자 했습니다. 그리고 친일파 후손들의 현재에 주목했습니다. 친일파의 후손을 다룬 연구나 언론보도는 지금까지 간헐적으로 지속돼 왔습니다. 하지만 특정한 범위 내에서 전수 조사 방식으로 친일파 후손들을 찾는 작업은 없었습니다.

뉴스타파 취재진은 '친일반민족행위진상규명위원회'가 확정 발표한 친일파 1,006명을 기준으로 그 후손들을 저널리즘 차원에서 동원할 수 있는 모든 취재방법을 활용해 추적했습니다. 모두 1,177명을 찾아 냈습니다. 그리고 이들의 학력, 직업, 거주지, 재산 등을 탐사해 인구사회학적으로 분석했습니다. 또 후손들 중 연락이 가능한 사람들을 대상으로 '친일 문제'와 '반민족 문제', 그리고 친일 행적이 드러난 선대에 대한 생각 등을 물었습니다.

2014년 하반기에 시작한 취재는 1년 가까이 걸렸습니다. 그 결실의 일부는 2015년 해방 70주년 특집 다큐멘터리 4부작 〈친일과 망각〉에 담겼습니다. 〈친일과 망각〉 다큐멘터리는 유튜브Youtube 기준으로 만 40만 명 넘는 분들이 시청하는 등 큰 호응을 받았고, 과분하게도 '임종국상' 등 주요 상을 받는 영광도 안았습니다.

이제 그 당시 취재한 내용 중 핵심적인 사실과 다큐멘터리에 제대로 담지 못한 내용, 취재 뒷얘기 등을 엮어서 출판의 형태로 〈친일과 망각〉을 세상에 내놓습니다.

이 책이 100년 이상 한반도와 우리 민족을 옥죄어 온 친일 문제와 반민족 문제를 이해하고, 과거 청산을 넘어 과거를 극복해 나가는 작은 계기라도 된다면 그보다 더 큰 보람은 없을 것입니다.

뉴스타파

김용진, 박중석, 심인보

차 례

3 : 성공의 비밀

4 : 부의 대물림

7 : 고백

8 : 에필로그

1 장

프롤로그

1 : '일제의 압재비'를 처단하라

"악질적인 군수보다 선량한 도지사의 죄가 크다"

대한민국 정부 수립 이틀 뒤인 1948년 8월 17일 오전. 제헌국회 본회의장 연단에 선 김웅진 의원이 새 법률안 제안 설명을 시작했다.

"헌법 101조[1]는 8.15 이전 악질적 반민족 행위를 처벌하는 것을 주로 해 가지고 만들어 논 법이올시다… 일제시대에도 반민족 행위를 하고 군정시대[2]에도 역시 반민족 행위를 한 사람, 이 사람들은 고만 새 나라의 영도권에서 제외시키고 이 새 나라 건국에 나오지 못하도

1 제헌헌법 제101조를 말한다.
2 미군정을 말한다.

록 만들어 논는 것만이 우리의 가장 현명한 생각이라고 생각한 까닭 에 여러 가지 고려해서 지금 배부해드린 32조에 망라돼 있습니다.[3]"

1948년 7월 17일 제정된 제헌헌법은 101조에 친일반민족행위자를 소급해서 처벌할 수 있는 근거를 마련했다. 그 뒤 한 달 만에 이를 토대로 친일파 처벌을 위한 특별법, 즉 〈반민족행위처벌법〉이 국회에 공식 상정된 것이다. 이 법의 초안은 김웅진 등 제헌의원 28명이 함께 만들었다. 친일파를 제외한 온 민족이 해방 이후 3년 넘게 열망한 법안이었지만 정작 국회에 상정된 이후 심의 과정은 순탄치 않았다.

"삼권분립에 어긋난다, 처벌 대상이 너무 포괄적이다" 등등의 저항과 반발이 튀어나왔다. 법안을 표결에 부친 날까지도 찬반 공방은 날이 섰다. 중추원 참의라 하더라도 악질과 양질을 가려야 한다는 주장에, 고위직은 당연범으로 넣어 처벌해야 한다는 논박 등이 이어졌다.

"중추원 참의라는 그 지금 어떠한 짓을 했느냐 할 것 같으면 일제를 위하여 조선 사람 중에서, 우수한 분자 중에서, 조선 민족을 영도할 입장에 선 인사 중에서 가장 일제를 위하여 조선 민족을 황민화할 앞재비로서 있었었고… 그러므로 우리는 반민족 행동을 처벌하는 데 있어서 관직을 넣은 것은 가장 타당한 방법이라고 본 의원은 생각합

3 국회본회의 제1회 42차 회의록, 회의록 원문을 그대로 인용한다.

니다. 일개에 악질적인 면장이 진 죄보다도 선량한 군수가 진 죄가 크고, 악질적인 군수가 진 죄보다도 선량한 도지사가 진 죄가 크다는 것을 알아야 할 것입니다.[4]"

"대한민국 경찰 자리는 이미 80% 이상이 일제 때 경찰 출신으로 채워져 있다, 그래서 현실적으로 처벌이 불가하다" 등의 현실론도 제기됐다. 그러자 곧바로 비판이 쏟아졌다.

"경찰 문제에 있어서 현 경찰은 구직舊職 경찰관이 8할 이상이다, 그러므로 그네들을 처벌할 수가 없을 것이다, 그러므로 고등계에 종사하고 있는 경찰관을 갖다가 어느 처벌 대상으로 넣은 것은 부당하다는 말씀을 하셨는데, 여러분 잘 생각해 보십시오. 일제의 앞재비가 되어 가지고 독립운동자에게 물을 먹이고, 독립운동 선상에 있는 사람을 짓밟은 자 그 누구이겠습니까?[5]"

의원석에서 "옳소"하는 호응이 터져나왔다. 박수 소리도 울려 퍼졌다. 노일환 의원의 웅변이 이어졌다.

"과거 일제 시대에 고등계야말로 우리 민족을 짓밟기 위하여 또 우리를 괴롭힌 그 자를 지금 민족 반역자 처벌하자는 민족정기를 세우

4 노일환 의원, 국회본회의 제1회 59차 회의록
5 노일환 의원, 위 회의록

는 이 마당에… 이것은 단연斷然히 처벌 대상이 되지 않을 수 없는 것을 여러분이 잘 알으셔야 되겠습니다.[6]"

발언 도중 나온 호응과 박수는 이날 의사당 분위기가 어떠했는지 잘 보여준다. 〈반민족행위처벌법〉은 크고 작은 반발과 저항에 부딪히긴 했으나 발의 20일 뒤인 1948년 9월 7일 59차 본회의에서 재석의원 141명 중 찬성 103명, 반대 6명이라는 압도적 표차로 통과됐다. 사회를 본 국회 부의장 김약수는 법안 가결 후 이렇게 소회를 밝혔다.

"우리는 한 달 하루[7], 오늘까지 대개 약산約算을 하면 대개 그렇게 될 것이올시다. 그 한 달 동안 잡언도 있었고 했지마는 그것을 우리가 다 배제하고서 우리 최초 이 법안을 기초하자는 그 결심 그대로 가져온 데 대해서는 우리 민족정기라든가 민족정화를 하는 의미에서 여러분과 동경同慶해서 마지않습니다."

"한 달 동안 잡언도 있었으나 다 배제했다"는 김약수 부의장의 말엔 법안을 주도한 의원들의 노심초사가 그대로 배어났다. 1948년 8

....

6 노일환 의원, 위 회의록

7 1948년 8월5일 국회 제40차 본회의에서 김웅진 의원 등이 '반민족행위처벌법 기초특별위원회'의 구성안을 긴급동의해 가결시킨 날로부터 한 달 하루가 지났다는 의미다.

월 5일 〈반민족행위처벌법〉 기초 특위 구성이 제안된 후 열흘 만에 특별법안을 만들어 상정하고, 그 뒤 20일 만에 본회의 가결을 이뤄냈으니 무난하게 특별법을 처리한 것처럼 보일 수도 있다. 하지만 당시 친일파 처벌 법안을 주도한 제헌의원들 입장에선 그야말로 하루가 '여삼추'였다. 서두르지 않으면 나라를 다시 친일부역배들에게 뺏길지 모른다는 위기감이 팽배했다.

친일청산 '골든타임'

입법을 통한 친일파 숙청은 그 이전 이미 한차례 실패한 적이 있었다. 대한민국 정부 수립 1년여 전인 1947년 3월, 미 군정 하의 남조선과도입법회의는 〈부일협력자, 민족반역자, 간상배奸商輩에 대한 특별법조례안〉을 상정해 7월에 통과시켰다. 하지만 이 법은 미 군정이 인준을 거부해 사장되고 말았다. 해방 직후 바로 처단됐어야 할 총독부 관료나 일제 경찰 출신 등을 미 군정이 남한통치의 편의를 위해 그대로 등용하고, 민족의 숙원이 담긴 〈친일파숙청특별법〉마저 비토하면서 친일청산의 '골든타임'이 허망하게 지나가 버렸다.

거기에다 남한 단독정부 수립 직후부터 국무위원에 친일파가 잇달아 등용되는 상황이 발생하고, 당시 가장 핵심적인 국가 통치기구인 경찰 조직의 80% 이상을 친일경찰이 장악하게 되자, 〈반민족행위처벌법〉을 주도한 제헌의원들의 초조함은 더욱 커질 수밖에 없었다. 그래서 상정 이틀 뒤인 8월 19일 국회 제44차 본회의에선 김인식 의원이 특별법안과는 별개로 〈정부내 친일파숙청에 관한 건〉을 긴급동의로 제안했다.

"신국가를 건설하며 신정부를 조직함에 있어서 정부는 모름직이 친일적 색채가 없는 고결무구한 인사를 선택하야 국무위원급 기타 고관을 임명함으로써 민족적 정기를 앙양하야 민심으로 일신케 함이 당연히 취할 방침임에도 불구하고 근일 정부가 국무위원급 기타 고관을 임명함에 있어서 부일협렵자를 기용함은 신국가 건설의 정신을 몰각한 부당한 조치라 규정치 않을 수 없었습니다.[8]"

〈반민족행위처벌법〉이 발의됐으나 심의 과정이 꽤 걸리고, 실제 법 시행까지는 상당한 시일이 소요될 것이니 무분별하게 친일파를 기용하는 이승만 정부에 우선적으로 국회의 경고 메시지를 보내자는 의도였다. 많은 의원들이 앞다퉈 동의안에 대한 찬성 의견을 밝혔다.

"첫째로 우리들이 생각하지 않으면 안 되는 것은 일제의 정치하에서 아부해서 민족을 좀 먹는 이러한 수단과 역량을 가진 사람일 것 같으면 시대에 따라서 다른 어떠한 외국 세력에 아부해서 역시 민족을 전멸할 수도 있고, 또는 새로 수립될 이 새 정부에 침입해서 자기네

8 국회본회의 제1회 44차 회의록

들의 세력권을 형성해서 앞으로 도모지 꼼짝할 수 없는 세력권을 구성할 가능성이 있다고 볼 수 있는 것입니다.[9]"

친일파가 새 정부를 일단 장악하기 시작하면 친일부역배 청산이 사실상 힘들어 질 것이라는 경고였다. 의열단 출신의 독립운동가였던 문시환 의원도 이승만 정부가 친일파를 무분별하게 등용하는 행위는 탄핵 사안이라고 목소리를 높였다.

"우리 정부 안에 그와 같이 우리의 기대에 어그러질 만한 놀랄 만한 그런 인물들이 들었다고 하는 것이 만일 사실이라면 이 문제는 건의 정도가 아니라 정부에 대해서 경고를 해야될 줄 압니다… 이 정부는 3.1 선언 그 독립정신을 계승해 가지고 된 정부올시다. 3.1 독립선언은 어떤 것이라고 하는 것은 이 자리에서 또다시 설명할 필요도 없는 것입니다. 그럼에도 불구하고 3.1운동이 있었던 이후에 일제에 아부해서 호화로히 지내든 그 무리를 지금 이 정부의 요직에 갖다 논다면 앞으로 이 정부는 과연 어떠한 성격의 정부가 될 것입니까… 만일 이것이 사실이라면 이것은 당연히 현 정부를 탄핵할 만한 중대 문제입니다.[10]"

이날 김 의원의 '친일파 숙청' 긴급동의안은 재석 의원 165명 가운

9 이주형 의원, 위 회의록
10 문시환 의원, 위 회의록

데 찬성 139명에 반대표는 하나도 없이 압도적으로 통과됐다. 일부 딴지가 있었으나 거수 형식의 표결에선 감히 그 누구도 반대의 손을 들지 못한 것이다.

제헌국회 구성을 위해 시행된 1948년 5.10 선거에 좌파, 남북한의 단독정부 수립에 반대한 남북협상파, 그리고 한국독립당 등은 공식적으로 참여하지 않았다. 물론 중간파와 사회주의 계열 가운데 일부가 무소속으로 선거에 나가 상당수 당선되긴 했으나 제헌국회를 구성한 정당과 단체는 독립촉성국민회, 한국민주당, 대동청년당, 민족청년단 등 우파가 대부분이었다. 심지어 친일파도 꽤 신생 국회에 진출했다. 그럼에도 불구하고 〈반민족행위처벌법〉과 〈정부내 친일파숙청에 관한 건〉은 압도적 찬성으로 통과됐다. 당시 친일반역자 청산을 요구하는 민중들의 열망이 얼마나 강했는지를 반증한다.

아! 반민특위

친일파 숙청 문제는 단순히 반역자를 처단하는 차원을 넘어서 일제 강점기에 형성된 사회구조를 전면적으로 개혁하는 작업이었고, 신국가를 건설하는 운동의 일환이기도 했다.[11] 민족정기를 바로 잡고, 새 국가를 제대로 세우는 과업의 첫 단추가 바로 친일 청산이었다.

11 이강수, 『반민특위 연구』, 나남, 2003, pp. 42–47

제헌의회에서 〈정부내 친일파숙청에 관한 건〉과 〈반민족행위처벌법〉이 압도적 찬성으로 통과되면서 이 민족적 과업은 순풍에 돛을 단 것처럼 보였다. 하지만 역사는 그렇게 흘러가지 않았다. 친일 세력과 이들을 배후에서 비호한 이승만 정부의 저항과 방해 공작이 전면적으로 펼쳐졌다.

1948년 9월 22일 〈반민족행위처벌법〉 공포를 전후해 서울 시내와 국회엔 '친일파 청산을 주장하는 자는 빨갱이'라는 내용의 삐라가 일제히 살포되기 시작했다. 다음날 내무부가 주관한 반공국민대회가 열렸다. 반공대회라고 했지만, 실상은 〈반민족행위처벌법〉 반대 집회였다. '친일파 청산 요구=공산주의'라는 더러운 여론몰이가 본격화됐다.

이승만 정부는 이 특별법에 의해 설립된 '반민족행위특별조사위원회'를 무력화시키기 위해 끊임없이 법 개정을 시도했다. 특위 예산을 대폭 삭감하고, 사업비를 제대로 배정하지 않는 방법으로 정상적인 활동을 방해했다. 각 정부기관은 반민특위의 자료 제출 요구에도 제대로 응하지 않았다.[12] 온갖 방해 책동으로 반민특위의 발목을 잡았지만, 이것은 서막에 불과했다. 반민특위 와해를 노린 거대한 소용돌이가 휘몰아쳤다.

12 이강수, 위의 책, pp. 155-180

1949년 새해 벽두, 반민특위 요인 암살 기도 사건이 드러났다. 주모자들은 노덕술 등 일제 경찰 출신의 경찰 간부들이었다. 5월 18일엔 이문원 의원 등 소장파 국회의원 3명이 남로당 지시를 받았다는 혐의로 경찰에 끌려갔다. 6월엔 이른바 국회 프락치 사건으로 김약수 국회부의장과 노일환 의원 등 반민특위 핵심 관계자들이 무더기로 체포됐다. 그리고 마침내 6월 6일, 경찰의 반민특위 사무실 습격으로 특위 활동은 사실상 무장 해제됐다. 설상가상으로 6월 29일 김구 선생이 암살됐다.

1949년 초여름, 극우반공정국과 백색테러 공포가 남한 사회를 뒤덮은 가운데 이승만 정부는 집요하게 〈반민족행위처벌법〉 개정 공작을 시도했다. 결국 7월 6일, 공소시효를 1949년 8월 말까지로 대폭 단축하는 개정안이 통과된다. 애초 공소시효는 특별법 공포 후 2년이었다. 개정안 통과 다음날인 7월 7일, 김상덕 위원장을 비롯한 반민특위 위원 전원은 특위 활동을 지속하는 게 더는 의미가 없다고 판단하고 총사퇴했다.

7월 15일, 공소시효 단축안을 주도한 이승만 대통령의 측근 이인 의원이 반민특위 새 위원장으로 선임되는 등 2기 체제가 꾸려졌다. 하지만 새로운 특위 위원들은 대부분 친일파 비호 세력이었다. 이들은 이승만 정부의 의도대로 반민특위를 해체해 나가는 수순을 밟아 나갔다.

해방 이후 우리 민족의 가장 큰 염원이자 지상 과제였던 친일청산 작업이 별 성과 없이 허무하게 역사 속으로 사라지는 순간이었다. 이로써 대한민국에는 외세에 빌붙은 기회주의 기득권 세력이 지배력을 재구축했고, 극우반공체제가 공고히 자리 잡게 됐다.[13]

반민특위 설립에서 와해까지의 과정은 1945년 해방 직후 통일된 민족국가를 건설하지 못한 것과 더불어 우리 현대사에서 가장 뼈아픈 장면 중 하나일 것이다. 해방 이후 70년 넘게 극복하지 못하고 있는 분단의 폐해는 새삼 말할 필요도 없을 것이고, 친일부역배들을 제대로 정리하지 못한 것은 이 나라를 가치가 전도된 아수라장으로 만들어 버린 핵심 요인이 됐다.

불의가 정의를 대체하고, 사도邪道가 정도正道를 능욕하는 배반의 역사가 시작된 것이다.

13 근년 이른바 '이승만 국부론'이 뉴라이트 진영뿐 아니라 정치권에서도 제기되며 사회적 논란이 됐다. 이승만 국부론은, 이승만 전 대통령이 친일세력을 비호했고, 반민특위를 사실상 해체시켰다는 역사적 사실까지 부정하는 역사 왜곡으로 이어졌다. 하지만 이승만 평전을 쓴 조선일보 이한우 기자도 "이승만이 '친일파 비호자'이며 반민특위 활동을 방해하고 나아가 특위를 사실상 해체했고, 집권 전후 과정에서 친일 경력자들과 함께했다는 점은 상당 부분 타당한 비판"이라고 지적할 정도로 이승만의 친일파 비호와 반민특위 탄압 행적은 뚜렷했다.(이한우, 『우남 이승만, 대한민국을 세우다』, 해냄, 2008, pp.383-386)

2 : 친일의 역습

"나를 천치로 만든 일체를 증오한다"

1945년 해방되던 해, 임종국은 17살이었다. 해방되기 전 그는 학생근로동원에 가서 "아래 요보상다요(저건 조선놈의 종내기야)"라는 욕을 듣곤 했다. "조센진또 멘따이와 다다께바 다다꾸호도 아지가 데루(조선놈하고 명태는 두들기면 두들길수록 맛이 좋아진다)"라는 모멸적 언사도 이 무렵에 듣던 말이다.[14] 임종국의 기억은 그 시기를 보낸 대다수 또래의 그것과 일치한다.

일제는 전시 노동력 확충을 위해 1930년대 후반부터 '근로보국운

14 임종국, 『친일문학론』, 평화출판사, 1966, p.5

동'이라는 이름으로 학생들의 노동력까지 수탈했다. 어린 학생들이 도로공사, 사방공사, 황무지 개간, 수로공사장 등에 끌려갔다. 임종국도 예외 없이 끌려가 단지 조선인이란 이유로 멸시를 당했지만, 그냥 그게 당연한 줄 여겼다.

그러던 중 해방이 됐다. 임종국은 그러나 해방이 무엇을 의미하는지 몰랐다. 사람들이 좋아하니 그냥 덩달아 좋아했다. 하루는 친구에게서 김구 선생이 한국에 온다는 얘기를 들었다. 임종국은 김구가 누군지도 몰랐다. 친구가 중국 사람이라고 해서 그런 줄만 알았다. 친구에게 중국인인 김구가 왜 오냐고 물어보니 정치하러 온다고 해서 이제는 나라가 중국에 잡아먹히는 줄 알았다. 그로부터 21년 뒤 임종국은『친일문학론』을 집필하면서 서문에 이렇게 썼다.

> 식민지교육 밑에서, 나는 그것이 당연한 줄만 알았을 뿐 한번 회의조차 해본 일이 없었다. 한국어를 제외한 모든 관념, 이것을 나는 해방 후에 얻었고 민족이라는 관념도 해방 후에 싹튼 생각이었다.[15]

육체가 속박된 노예는 적어도 자신이 노예라는 사실은 안다. 하지만 정신마저 뺏기면 자신이 노예라는 사실조차 모른다. 임종국이『친일문학론』을 써내려가도록 한 힘의 원천은 자의식과 세계관을 정립할 시기에 자신을 정신적 노예로 만들어 버린 그 모든 것에 대한

15 위의 책, p.6

분노였다.

이제 친일문학론을 쓰면서 나는 나를 그토록 천치로 만들어 준 그 무렵의 일체를 증오하지 않을 수 없었다.

임종국 선생은 1966년 발간한 친일문제연구의 기념비적 저작『친일문학론』에서 이광수, 최남선, 김동인, 김동환, 이효석 등 대표적인 문인 수십 명의 친일행각과 친일문학단체의 정체를 폭로했다. '매일신보', '국민문학', '동양지광' 등 15종에 이르는 일제 강점기 시절 간행물을 1년 넘게 검색하고 분석한 결과였다. 1949년 반민특위가 이광수 등 친일반민족행위자들을 체포해 반민법정에 넘겼으나 이승만 정권과 친일세력의 공격으로 유야무야된 지 거의 20년 만에, 다시 친일문제가 5백 쪽 분량의 출판물을 통해 공론화된 것이다.

'충격 던진 친일문학론' 50년

『친일문학론』은 군부독재 시절 그 누구도 언급하기를 꺼려한 친일문제를 역사의 법정에 내세운 일종의 기소장이었다. 임종국 선생은 출간 후 경향신문과의 인터뷰에서 "1965년 한일회담이 타결되고 난 다음 여러 분야에 다시 넘실거리는 일본의 그림자를 보았다. 다시 여기에 실려 같이 날뛰는 새로운 친일파의 대두를 경계해야겠다고 생각

해서 이 책을 쓰기로 작정했다"고 말했다.[16]

하지만 당시 대중은 물론 지식인과 언론도 『친일문학론』을 철저히 외면했다. 1966년 초판으로 천5백 부를 찍었으나 1977년 말에야 겨우 다 나갔다. 초판이 소진되는데 무려 11년이 걸린 것이다. 그나마 이 중 8백여 부는 일본에서 소화된 것이고 국내 판매는 7백 부도 되지 않았다. 1949년 반민특위가 와해되고 이듬해 한국전쟁이 발발한 이후 남한에서 친일청산이란 말은 사실상 금기어가 됐기 때문에 『친일문학론』에 대한 홀대와 무관심은 사실 놀라운 일이 아니었다.

『친일문학론』은 이렇게 사장되는듯했다. 하지만 반전이 일어났다. 1978년 2월 6일 자 경향신문에 흥미로운 기사가 하나 실렸다. 제목은 '충격 던진 친일문학론'. 출간된 지 12년이나 지난 책을 굳이 '충격 던진'이란 수식까지 붙여 소개한 이유는 뭘까? 이 기사는 『친일문학론』 초판이 다 판매되는 데 10년 넘게 걸렸으나 77년 말 재판으로 찍은 천5백 부는 한 달 만에 다 팔려 출판가에 화제가 되고 있다는 내용을 전했다. 출판사가 3판 발간을 서두르고 있다는 것도 덧붙였다. 망각 속에 가라앉던 친일문제가, 한국 사회 기득권엔 불편할 수밖에 없는 진실이, 다시 수면 위로 떠오른 것이다.

오랫동안 외면당한 『친일문학론』이 왜 갑자기 주목을 받았을까? 당

16 친일문학론과 임종국씨, 경향신문, 66.8.13

시는 박정희 유신독재 체제가 극에 달하던 때였다. 재야 민주화운동 진영은 독재체제의 뿌리가 결국 친일반민족세력이라는 것을 절실히 깨달았고, 자연히 임종국 선생의 저작에 관심을 기울이게 됐다. 『친일문학론』은 당시 비판적 지식인들 사이에서 친일문제를 통해 한국사회 지배구조의 근원을 들여다보는 지침서로 여겨졌다. 1980년대 말 우리 사회가 형식적이나마 민주주의를 이뤄낼 때까지 친일문제 연구는 임종국 선생이 홀로 전개해 나간 싸움이나 마찬가지였다.

5공이 막을 내리고 1년여 뒤인 1989년, 선생은 친일파 연구를 집대성하기 위해 10권 규모의 『친일파총서』를 기획하고 집필에 들어갔다. 하지만 오랜 생활고 끝에 얻은 지병이 악화돼 끝내 꿈을 이루지 못한 채 바로 그해에 타계하고 만다.

후학들은 빈소에서 선생의 유지를 이어나가기로 결의했고 2년 뒤인 1991년 '반민족문제연구소'(현 '민족문제연구소')를 설립했다. 민족문제연구소는 선생이 세상을 뜬 지 10년 만인 1999년 전국교수 1만 명의 지지 선언을 받아 『친일인명사전』 발간 사업에 본격적으로 착수했다. 그로부터 다시 10년 뒤인 2009년, 친일파 4389명의 친일반민족 행각을 상세히 담은 『친일인명사전』이 마침내 세상에 모습을 드러냈다.

제2의 반민특위

시민사회단체와 학계의 이 같은 움직임과 함께 정치권도 2000년대

들어 60년 전 미완에 그친 친일청산 등 과거사 정리 작업에 시동을 걸었다. 〈일제강점하 친일반민족행위 진상규명에 관한 특별법〉이 2004년 3월 제정됐고, 이 법률에 근거해 2005년 대통령직속 '친일반민족행위진상규명위원회'가 출범했다.

이 위원회는 2009년 말 활동을 종료할 때까지 모두 3차례에 걸쳐 모두 1,006명의 친일반민족행위자의 명단과 그들의 친일행위를 확정 공개했다. 2005년에는 〈친일반민족행위자 재산의 국가귀속에 관한 법률〉이 만들어졌고, 이듬해 역시 대통령 직속 기관인 '친일반민족행위자재산조사위원회'가 설립됐다. 이 위원회가 4년간 조사한 친일반민족행위자는 160여 명이었고, 이들에게서 국고로 환수한 재산은 여의도 면적의 1.3배가량인 천여만 m^2에 달했다.

'친일반민족행위자진상규명위원회'가 친일파의 이름과 그들의 친일행적을 확정·공인해 그 기록을 관보 등에 공시한 것은 반민족행위자들에 대한 일종의 명예형名譽刑이라고 볼 수 있다. 또한 '친일재산조사위원회'는 비록 후손들이 대상이긴 했으나 친일반민족행위를 대가로 취득한 재산을 몰수해 국가에 귀속시켰다는 점에서 일종의 재산형財産刑을 집행했다고 볼 수 있다.[17]

하지만 이미 해방 후 60년 가까운 세월이 흘러 친일행위 당사자들은 대부분 사망했고, 관련 기록 수집이나 증언 확보가 힘든 환경에서

17 조세열, 친일인명사전 편찬의 쟁점과 의의, 『역사비평』 2010년 여름호, pp.277-278

두 위원회의 활동 성과는 제한적일 수밖에 없었다. 관련 법 제정 당시의 정치적 고려와 타협도 친일파 선정 범위를 매우 협소하게 만들었다. 그래서 '제2의 반민특위'라는 출범 초기의 기대를 충족하기는 역부족이었다. 그럼에도 불구하고 60년 전 그 좌절의 역사를 딛고 민족정기를 되살리는 초석을 놓았다는 점에서 그 의미는 결코 적지 않았다.

하지만 어느 순간 이 모든 것이 다시 과거로 돌아가기 시작했다. 친일문제와 관련한 담론의 수준도 사실상 임종국 이전으로 회귀했다. 이른바 '식민지근대화론'뿐만 아니라 '식민지배축복론'까지 등장했다. 친일과 독재를 옹호, 미화하는 뉴라이트 역사 교과서 채택률이 사실상 제로에 가깝자 정부가 국정 역사교과서를 만들겠다고 나섰다. 친일청산 방해 책동의 최종 책임자였던 이승만 전 대통령을 국부라고 떠받드는 것도 이제 별로 놀라운 일이 아니다. 야권 인사조차 이승만 국부론을 공공연히 거론한다. 친일행위 감싸기도 노골적이다 못해 공격적으로 변하고 있다.

친일 옹호 '10대 궤변'

그중에서도 가장 악질적인 것은 친일청산을 좌파, 빨갱이들의 요구나 선동으로 몰아가는 것이다. 가장 대표적인 사례가 김무성 전 새누리당 대표가 쏟아낸 일련의 발언이다. 김무성 전 대표는 민족문제연구소의 조사와 뉴스타파 등의 보도[18]로 부친 김용주의 친일행각이 구체적으로 드러나 곤경에 처했을 때인 2015년 10월 29일, 부친이 설립한 포항 영흥초등학교를 방문했다.

김 전 대표는 거기서 기자들과 만나 "요새 좌파들에 의해 아버지가 친일로 매도되고 있다. 내가 정치 안 하면 이런 일이 없었을 텐데 정치를 해서 자식 된 도리로 마음이 아프다"라며 부친의 친일행각에 대한 실증적 문제 제기를 좌파들의 공세인 양 몰아갔다.

김 전 대표는 이에 앞서 10월 17일 새누리당 중앙위원회 산악회 발대식에서도 국사학자들의 90%가 좌파라는 '놀라운' 주장을 펼쳤다. 그는 또 역사전쟁이 시작됐다며 학생들에게 올바른 역사를 가르치기 위해 절대 물러설 수 없다는 말까지 했다. 김무성 전 대표의 이런 발언은 우발적으로 나온 것이 아니다. 그는 이전부터 비슷한 말을 잊을 만하면 되풀이하곤 했다. 다음은 그 중 몇 가지다.

> "역사는 공과 과가 있는데 그동안 과를 너무 크게 생각했기 때문에 이제 공만 봐야 된다."(2015.8)

> "진보좌파세력이 준동하면서 미래를 책임질 어린 학생들에게 부정적인 역사관을 심어주고 있어서 이 문제 해결을 위해서 역사교과서를 국정교과서로 바꿀 노력을 하고 있다는 보고의 말씀을 드린다."

18 김무성 부 김용주, '일제군용기 헌납, 징병독려' 광고, 뉴스타파, 2015.9.17

(2015.7)

"좌파와의 역사전쟁에서 승리로 우리가 종식시켜야 되겠다."

(2013.9)

국가 기간방송 KBS 전 이사장 이인호의 역사 인식은 한술 더 뜬다. 이 전 이사장은 2014년 9월 전경련 주최 강연에서 "친일청산 주장은 소련에서 내려온 지령"이었다고 주장했다. "공산주의 입장에서 보면 민족주의 부르주아 세력을 약화시켜야 되는데, 친일파 청산이 내세우기 가장 좋은 명분이었기 때문"이었다는 것이다.[19] 반민특위 활동을 공격하던 70년 전 친일파와 극우반공깡패집단의 논리에서 크게 벗어나지 않았다.

이인호 전 이사장은 또 KBS 이사장으로 임명된 직후 한겨레신문과의 통화에서 조부 이명세의 친일행각 논란과 관련해 할아버지가 유학의 세를 늘려가기 위해 일제와 타협하며 살았다고 말하고, "그런 식으로 친일을 단죄하면 일제시대 중산층은 다 친일파다"라고 강변했다.[20]

김무성 의원이 한국의 기득권 정치 세력을 대표하는 정치인이라면 이인호 전 이사장은 한국 공영방송 시스템의 정점에 있었다. 대한

....

19 이인호 KBS 이사장 "친일파 청산은 소련의 지령"–전경련 주최 '역사 바로보기' 강연서 망언, 한국일보, 2014.9.25

20 이인호 "내 조부가 친일이면 일제시대 중산층은 다 친일파", 한겨레신문, 2014.9.9

민국의 기득권을 대표한다고 해도 과언이 아닌 인물들이다. 공교롭게 둘 다 선대의 친일 논란에 휩싸였다. 그러면서 현행 역사 교육이 자학, 좌 편향이라며 일제와 독재를 옹호하는 뉴라이트 사관을 퍼트리고 있다. 적극적으로 친일 옹호 궤변을 늘어놓고 있다는 것도 공통점이다.

김 의원은 아버지가 민족교육에 앞장섰으며 비밀리에 독립운동을 지원했다고 주장한다. 또 김용주의 친일 행위를 밝히는 것에 대해선 좌파들의 공격이라고 몰아간다. '물타기'와 '색깔론', 전형적인 궤변이다.

이 전 이사장은 일제 때 친일 안 한 사람이 어디 있냐는 식의 물귀신론을 편다. 소련 지령이라는 이념 공세도 빠지지 않는다. 사실 이런 유형의 궤변은 친일파들이 자신의 반민족행위를 합리화하던 대표적 언술이었다. 이 궤변들은 직접 반민족행위를 일삼은 친일파의 친일 동기와 맥을 같이 한다.

임종국 선생은 『친일문학론』에서 친일 문인들이 친일 작품을 쓴 동기를 분석해 몇 가지 유형으로 나눈 바 있다. ▶황민화에 대한 신념(이광수 등) ▶생명의 위협 ▶대세 추종(김문집 등) ▶명예욕과 출세욕 ▶본래 친일 ▶주위의 강권 등이 그것이다.[21] 생명의 위협을 받아 친일행위를 할 수밖에 없었던 유형을 빼면 대부분 변명의 여지가 없어 보인다. 문학가들을 대상으로 한 분류지만 전체 친일 군상으로 확대해도

....

21 임종국, 『친일문학론』, pp.466-477

큰 무리가 없다. 대부분 보신이나 영달을 위해 친일을 했거나 아니면 확신범이었다.

1949년 반민특위에 체포된 친일파들의 구명과 탄원 활동 내용을 들여다봐도 비슷한 궤변들을 발견할 수 있다. 반민특위 연구자 이강수는 '반민피의자'의 탄원 내용을 유형별로 분석한 결과 ▶허위적 무고라며 친일행위 자체를 부정하는 유형 ▶친일행위가 불가피했다는 유형 ▶해방 이후 교육사업 및 건국운동에 헌신했으니 과보다는 공을 봐달라는 유형 ▶친일행위를 오히려 애국적 행위로 둔갑시킨 유형 ▶친일행위가 민족운동의 발로였다는 유형 등이 나타났다고 밝혔다.[22]

친일반민족행위에 대한 이 같은 변명과 합리화, 사실 왜곡 등은 수십 년 세월이 흘러 우리 사회에 다시 과거사 청산 움직임이 시작되자 더욱 다양한 형태로 재등장하기 시작했다. 민족문제연구소가 이런 궤변들을 모아 '친일 10대 궤변'으로 정리한 바 있다.[23]

10대 궤변 중 첫번째는 바로 '색깔론'이다. 친일파 숙청은 북한의 단골 주장이었으며, 따라서 친일 청산 요구를 마치 빨갱이들의 전술인 것처럼 몰아가는 행태다. 민족문제연구소는 이런 주장이야말로 과거 친일파들의 대응을 가장 순혈주의로 이어받은 궤변이라고 지적했다.

22 이강수, 『반민특위 연구』, p.184

23 민족문제연구소 박한용 교육홍보실장은 지난 2002년 8월 13일 열린 학술단체협의회 정책토론회(한국 근현대사속의 친일의 의미와 친일파 청산운동의 필요성)에서 '친일 10대 궤변'을 발표했다.

두번째는 '공과론功過論'이다. 비록 친일은 했으나 다른 공이 많으니 정상을 참작해야 한다는 것이다.

세번째는 '공범론共犯論'이다. 그때 친일을 하지 않은 사람이 어디에 있느냐는 논리다.

네번째는 '망각론'이다. 이미 지난 일인데 그만 잊자는 말이다. 예전 반민특위에서 다뤘으니 일사부재리에 해당된다는 것도 비슷한 논리다.

이어 "친일 청산은 연좌제에 해당된다, 국론을 분열시키는 것이다, 다른 정치 진영이나 정적을 음해하기 위한 도구다" 등도 10대 궤변에 들어있는, 우리가 흔히 접하는 친일 청산에 반대하는 논리다.[24]

이쯤 해서 김무성 전 대표와 이인호 전 이사장의 발언을 다시 돌이켜보면 이들은 가장 악질적이라고 할 수 있는 색깔론을 필두로 '10대 궤변'의 여러 유형을 두루 구사했음을 알 수 있다.

국정교과서와 '저강도 쿠데타'

이런 친일 옹호 논리들은 해방 이후 친일파와 그 후손, 이들과 직간접으로 연결된 정계 · 학계 · 언론계 등을 중심으로 광범위하게 퍼져나

24 '친일파 청산'이 야당 음해 정치 음모?, 오마이뉴스, 2002.8.14

갔다. 처음엔 개별적이었으나 점차 조직화, 제도화됐다. 대표적인 사례로 교학사의 뉴라이트 역사교과서, 새누리당 내 근현대역사교실 등을 들 수 있다. 그리고 마침내 역사교과서 국정화 시도로 이어졌다.[25] 역사교과서 국정화는 친일반민족세력을 뿌리로 한 대한민국의 파워블록이 그들의 영속적 지배를 위해 '역사전쟁을 승리로 마무리 짓겠다'는 의지의 귀결이다.

당시 박근혜 대통령은 이 과정에서 "바르게 역사를 배우지 못하면 혼이 비정상이 된다"며 국정화를 밀어붙였다. 김무성 전 새누리당 대표는 좌파가 학생들에게 부정적인 역사관을 심어왔다며 역사전쟁에서의 승리를 거듭 천명해왔고, 이인호 이사장 체제의 KBS는 "역사 교육을 정상화하여 국민 통합을 이루기 위해 국가 책임으로 올바른 역사 교과서를 발행하기로 결정했다"는 정부 논리를 집중적으로 선전했다.[26] 3명 모두 대표적 친일파의 후손이다.

성공회대 이남주 교수는 박근혜 정부의 역사교과서 국정화를 일종의 '저강도 쿠데타creeping coup d'etat'의 과정이라고 지적했다.[27]

이제 국정화 추진의 전제가 되고 있는 발상들이 한국사회 전반을 관

25 2017년 5월, 문재인 정부는 '대통령 업무 지시 2호'로 국정교과서 폐지를 지시했다. 교육부가 같은 달 중학교 역사, 고등학교 한국사 발행을 검정체제로 전환하는 내용을 고시하며 국정교과서는 공식적으로 폐지됐다.

26 교과서 국정화, 정부 논리만 반복하는 '앵무새' 지상파, 미디어스, 2015.11.4

27 이남주, 역사쿠데타가 아니라 신종쿠데타 국면이다, 『창작과 비평』, 2015년 겨울호

> 통하게 된다면, 그 과정은 스멀스멀 진행되는 일종의 저강도 쿠데타, 곧 민주적 체제의 점진적 폐기로 완성될 것이다. 이는 신종 쿠데타 국면으로, 6월항쟁의 승리를 경험한 국민을 속이고 달래고 을러대면서 수구세력의 영구집권체제를 복원하려는 21세기 한국의 맞춤형 변종 쿠데타라 할 수 있다.

이 교수의 지적대로 87년 민주항쟁 이후 우리 사회가 함께 쌓아 올린 민주화의 성과가 친일과 유신잔재 세력의 저강도 쿠데타 속에 하나둘씩 폐기되고 있다. 기회주의 매국세력이 애국을 스스로 칭하고, 친일독재세력이 '건국'이라는 이름을 가로채고, 친일후손이 독립투사의 후손을 비웃고 능멸하는 일이 일상화되고 있다. 영구지배를 꾀하는 저강도 쿠데타는 국민의 망각을 자양분으로 삼아 스멀스멀 진행되고 있다.

2장

어느 친일파 후손의 기억

親日忘却

1 : "할아버지는 애국자였다"

2015년 7월 14일, 서울

미국 유명 대학교 MBA 출신 글로벌 투자회사의 임원인 김준호(가명) 전무는 평소와 다름없이 회사 이메일 수신함을 확인하고 있었다. 그러다 낯선 메일 한 통이 눈에 들어왔다. "김준호 본부장님, 뉴스타파 심인보 기자입니다"라는 제목이었다. 처음 보는 이름이다. '뉴스타파 기자라?' 그는 메일을 열었다.

"저는 한국 탐사저널리즘센터 뉴스타파에서 일하고 있는 심인보 기자라고 합니다… (중략)… 올해는 역사적인 광복 70주년입니다. 뉴스타파는 광복 70주년을 맞아 친일 청산을 주제로 한 프로그램을 제작하고 있으며 그 주제 가운데 하나는 친일파 후손들의 현재입니다."

'이건 무슨 소리지?' 아래로 더 읽어 내려가던 김 전무는 당황했다. 지난 2009년 대통령소속 '친일반민족행위진상규명위원회'가 발표한 친일반민족행위자 1,006명의 명단에 김 전무의 외증조부(어머니의 할아버지)가 포함돼 있다는 내용이었다. 그리고 메일을 보낸 이유가 상세히 이어졌다. 어투는 정중하고 공손했다. 편지 말미엔 모두 9가지의 질문이 있었다. 질문을 하나하나 살펴본 김 전무는 생각에 잠겼다. 사실 메일을 다 읽고 가장 먼저 궁금했던 것은 이 기자가 어떻게 자신을 찾아냈는지였다.

다음날 오후, 그는 컴퓨터 앞에 앉았다. 그리고 뉴스타파 기자에게 보낼 답장 내용을 다시 한 번 확인했다. 제법 많은 시간을 들여 쓴 답변이다. 9개 질문에 대한 답변서는 문서 파일로 작성했고, 메일 본문은 간단하게 적었다.

"안녕하세요. 우선 어떻게 저한테까지 연락이 닿았는지 궁금하긴 하네요. 부디 제가 생각하는 의도의 방송은 아니었으면 하는 바람으로 조금 적어 보았습니다… "

그리고 4쪽짜리 답변서 파일을 첨부한 뒤 보내기를 눌렀다.

2015년 7월 15일,
뉴스타파 사무실

광복 70주년 기념일이 한 달 앞으로 다가오자 특집 프로그램 제작진은 초읽기에 몰렸다. 10명 남짓한 제작진은 지난 몇 달간 각종 문서와 책자, 인터넷을 밤낮으로 뒤지면서 그간 전혀 알려지지 않았던 친일파 후손들을 많이 찾아냈다. 그리고 그들의 이야기를 듣기 위해 전화를 걸고 이메일 보내기를 수없이 반복해 왔다.

심인보 기자는 이날도 늦게까지 사무실에 남았다. 취재자료를 검토하면서 혹시 답장온 게 있는지 체크하는 일을 반복했다. 사무실은 찌는 듯 더웠다. 뉴스타파가 입주한 건물은 오후 6시가 되면 냉방 장치를 끈다. 다른 입주업체들이야 정시 출퇴근이 가능할지 모르지만 언론사에겐 남의 나라 얘기다. 선풍기를 돌려보지만 역부족이다. 낮에 34도까지 치솟았던 탓인지, 해가 진 지 한참 지났는데도 열기가 가라앉지 않는다. 제주 앞바다에서 올라오는 태풍 '낭카' 때문인지 사무실 공기까지 축축했다.

'오늘은 특히 힘들군. 빨리 정리하고 집에 가서 찬물로 샤워를 해야겠어.'

추가로 확인된 친일파 후손에게 보낼 메일의 초안을 마무리하던 심 기자는 기계적으로 수신함을 다시 체크했다. 그러자 조금 전엔 없던 메일 하나가 눈에 띄었다.

"RE: 김준호 본부장님, 뉴스타파 심인보 기자입니다"

'어제 보낸 메일인데 바로 답장이… ' 반가운 마음에 서둘러 메일을 열었다. 그러자 네 문장의 짧은 본문이 한눈에 들어왔다. 마지막 문장엔 밑줄이 쳐져 있었다.

"답변은 익명으로 부탁드리겠습니다."

'아… 역시 자신이 드러나는 것은 원치 않는구나' 아쉬웠지만 바로 답장을 보내준 것만으로도 고마운 마음이 들었다. 메일에 첨부돼 온 문서 파일을 열었다. 각 질문 아래에 바로 답변이 달려있었다.

1. 선조께서 친일진상규명위가 발표한 1,006명의 명단에 들어 있는 것에 대해 어떻게 생각하십니까? 올바른 결정이었다고 보십니까?

전혀 올바른 결정이었다고 생각하지 않습니다.

2. 만약 올바른 결정이 아니었다고 보신다면 그 이유는 무엇입니까?

솔직히 제가 직접 관련 내용을 확인해 본 게 아니므로 주관적일 수는 있을 듯합니다. 제가 들은 바로는 외증조님 이전부터 대대로 관직에 계시던 집안이었고 저희 외증조님은 일제 강점기 이전에 성균관 관장을 재임하셨고 일제 강점기 초기에 조선총독부 참의를 지내시다가 낙향하셔서 나머지 대부분 기간을 선산이 있었던 이천 부근에서 서당 훈장을 하셨다고 들었습니다. 앞서 언급하신 친일진상규명위원회라는 게 만들어지기 전에는 이천 부근 면사무소 등에 '왜정이 싫어서 낙향하신 후에 후학을 위해서 평생을 사신 애국자'라는 현판도 달려 있었다고도 들었습니다. 친일파라는 말의 의미가 어디부터인지 규명하기 쉽지는 않겠지만, 저희 외조부님이 친일파라면 일제 강점기에 직접 독립운동을 하시다가 돌아가신 분들 말고는 다 친일파가 아닐까 합니다. 그리고 친일파 결정에 따라 국가에 환수된 선산도 당연히 일제 강점기 이전에 보유하고 계셨던 저희 외가 5대가 묻혀 계신 선산이었습니다. 참고로 저희 외고조 외증조할아버지 관련 인터넷 자료를 아래 첨부해 보았습니다.

첫 답변부터 정부의 친일진상규명 활동에 대한 강한 거부감이 드러났다. 아예 외증조부가 친일파가 아니었다고도 한다.

"저희 외조부님이 친일파라면 일제강점기에 직접 독립운동을 하시다가 돌아가신 분들 말고는 다 친일파가 아닐까 합니다."

이건 어디서 많이 듣던 주장이다. KBS 이인호 이사장이 그의 조부 이명세의 친일 행적에 대해 "그런 식으로 친일을 단죄하면 일제시대

중산층은 다 친일파다"라는 논리를 편 적이 있다.

김준호 전무는 이어 "친일파의 후손으로 살아오면서 그 때문에 불이익을 받거나 심리적 위축을 경험하신 일이 있습니까?"라는 질문에는 이런 답을 달았다.

> "전혀 없었습니다. 저는 당연히 저희 외가가 친일파가 아니라고 생각하고 있기 때문입니다. 갑자기 언제부턴가 TV에서 반민족주의자라는 말이 들리기 시작하더니 제멋대로 반민족특위법을 만들어서 부모님께 물려받을 재산은 없어도 대한민국에서 태어난 것을 자랑스럽게 생각해온 사람들을 반민족주의자의 후손으로 만들고, 또 누군가에게는 애국자라고 믿고 사랑했던 할아버지를 하루아침에 매국친일파로 만들어버린 정치적 이벤트가 불쾌하다고 생각한 적은 있습니다."

'여전히 건너기 힘든 간극이 있구나' 가슴이 답답해져 왔다. 김 전무는 답변서 마지막에 '서상훈의 생애 및 활동사항 자료'라는 제목으로 자신의 외증조부 관련 자료를 붙여 보냈다. 확인해보니 네이버 지식백과에서 복사한 자료였다. 이 자료엔 공교롭게도 일제의 한국 강점 직후인 1910년 8월까지의 행적만 기재돼 있었다. 김 전무가 외증조부에 대해 집안 얘기만 들으며 자랐고, 포털에서 이런 정보만 접했다면 잘못된 기억을 가질 수밖에 없었겠다는 생각이 들었다. 과연 서상훈은 김 전무가 알고 있는 것처럼 일제 강점기에 왜정이 싫어서 낙향해 서당 훈장을 하며 살았던 애국자였을까?

2009년 11월 27일, 친일반민족행위진상규명위원회

사무실엔 만감이 교차했다. 제2의 반민특위라는 별칭으로 불리며 국가 차원에서 친일반민족행위를 추적해 온 지 4년 6개월, 이제 해단식과 함께 활동을 마감한다. 친일반민족행위진상규명위원회(이하 반민규명위)는 해단식에 앞서서 제3기(1937년 중일 전쟁~1945년 광복) 친일파 704명을 친일반민족행위자로 최종 확정해 발표했다.

3기, 즉 마지막 기간의 친일파 명단을 확정하는 과정은 순탄치 않았다. 1, 2기 명단엔 이완용, 송병준 등 이미 사회적 합의가 된 초기 친일파들이 대부분이었지만 이번엔 달랐다. 친일 논란의 중심에 있는 인물들을 정부 위원회가 과연 어떻게 판단할 것인가? 세간의 관심이 쏠릴 수밖에 없었다.

특히 박정희, 김성수, 방응모 등을 둘러싸고는 격렬한 논쟁과 갈등이 빚어졌다. 친일반민족세력은 여전히 건재했다. 과거청산에 대한 저항도 거셌다. 결국 반민규명위의 세 번째이자 마지막 친일파 명단엔 일왕에게 충성을 다짐하는 혈서를 써서 만주군관학교에 지원하고 만주군장교로 복무한 박정희는 빠졌고, 동아일보와 조선일보 사주 김성수와 방응모는 포함됐다.

반민규명위는 3기 친일파 704명의 활동 분야를 정치, 통치기구, 경제 사회, 문화, 해외 등으로 나눴는데, 이 중 정치 부문은 다시 매국 수작, 습작, 중추원 참의로 분류했다. 3기 명단 중 중추원 참의 경력의 친일파는 모두 180명, 서상훈도 여기에 포함돼 있었다.

서상훈 행적:
대통령 소속 친일반민족행위진상규명위원회 결정문

서상훈은 1901년 10월 1일부터 1943년 7월 31일까지 약 33년 동안 조선총독의 자문기구인 조선총독부 중추원 부찬의와 참의를 지냈고, 중추원 회의에 참석하여 '내선일체의 정신을 한층 강화시키고, 고도국방 국가체제의 확립을 위하여 국민 총력운동을 추진하고, 총독과 총감이 이미 조선의 사정에 정통하여 이것을 기본으로 하여 각종 정책을 실행할 것' 등의 내용으로 조선총독의 자문에 응하였다… (중략)…
일본정부로부터 1922년 6월 27일 훈4등 서보장, 1928년 8월 29일 훈3등 서보장, 동년 10월 2일 종 4위로 서위되었다. 이와 같은 서상훈의 행위는 〈일제강점하 반민족행위 진상규명에 관한 특별법〉 제2조 제19호 "일본제국주의의 식민통치와 침략전쟁에 협력하여 포상 또는 훈공을 받은 자로 일본제국주의에 현저히 협력한 행위"에 해당한다고 판단된다.

– 친일반만족행위진상규명 보고서 4-8권

민족문제연구소 『친일인명사전』 서상훈 편

해방 60년을 맞은 2005년 1월 공포된 〈일제강점하 반민족행위 진상규명에 관한 특별법〉에 근거해 2005년 5월 출범한 반민규명위는 4년 6개월의 조사 활동을 통해 3기 704명 등 세 번에 걸쳐 모두 1,006명의 친일반민족행위자 명단을 발표했고, 이는 '국가공인' 친일파로 확정됐다.[28]

반민규명위가 활동을 마무리한 2009년은 해방 후 친일파 청산이라

28 동아일보 사주 김성수의 경우는, 증손자인 김재호 동아일보 사장과 인촌기념회가 반민규명위 결정에 대한 취소를 요구하는 행정소송을 제기했지만, 1심에 이어 2016년 1월 항소심에서도 김성수가 친일행위를 한 게 맞다는 원고 패소 판결이 났으며, 2017년 4월 대법원에서 그의 친일행위를 인정하는 최종 판결이 나왔다. 2018년 2월, 정부는 그의 건국공로훈장(지금의 대통령장)을 박탈했다.

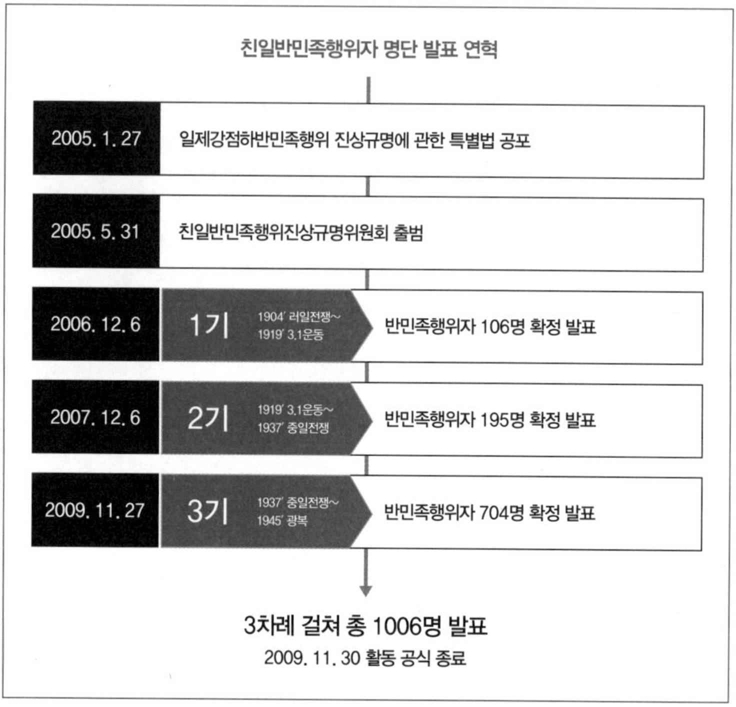

는 민족적 염원을 짊어지고 출범한 반민특위가 이승만 정권의 탄압과 친일파들의 역공에 무너진 지 딱 60년이 되는 해였다. 반민규명위는 반민특위가 남긴 미완의 과업, 즉 정의의 회복이라는 과제를 떠안았지만, 여전히 많은 아쉬움을 남겼다.

제한된 인원과 조사 기간으로 러일전쟁 이후 40년 넘게 펼쳐진 친일 행위를 규명해야 한다는 한계가 있었고, 엄격한 증거주의는 친일반민족행위자 선정의 폭을 매우 좁게 만들었다. 반민규명위 활동 후반기에 보수정권이 들어서면서 과거청산 동력이 크게 약화된 것도 주요 요인이었다. 결과적으로 민간이 주체가 돼 만든 『친일인명사전』 수

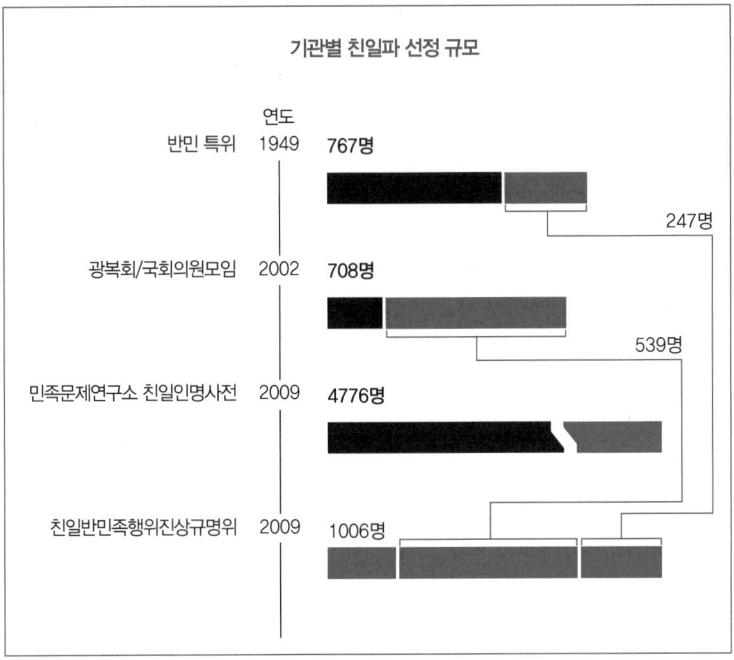

록 인물의 4분의 1 정도 규모에서 친일반민족행위자를 확정할 수밖에 없었다.

하지만 해방 이후 60여 년 만에 국가 차원에서 처음으로 친일반민족행위자 1,006명의 이름과 행적을 구체적으로 공시했다는 점에서 그 역사적 의의는 결코 적지 않다. 뉴스타파가 해방 70년을 앞두고 친일반민족행위자의 후손들을 찾아 나선 것도 바로 이 1,006명을 기준으로 했다.

1949년 5월 말,
반민특위 위원장 관사

집 안팎이 어수선했다. 어린 정륙도 뭔가 심상치 않은 일이 있다는 낌새를 챘다. 반민특위 요인 암살음모 사건 이후 관사엔 권총과 카빈 소총 등으로 무장한 경호원들이 아버지를 지켰다. 그런데 그날은 낯익은 경호원 아저씨들이 내쫓기고 못 보던 사람들이 들이닥쳤다. 경무대의 대통령 경호원들이었다. 아버지는 가족들을 모아 별도로 부를 때까지 각자 방에서 꼼짝하지 말고 있으라고 했다. 이날 밤 이승만 대통령이 집에 찾아와 응접실에서 아버지와 얘기를 나눴다.

얼마 뒤 이승만 대통령을 대문 밖으로 배웅하고 돌아선 아버지의 얼굴엔 노기가 서려 있었다. 아버지는 늘 평온한 표정을 잃지 않던 분이었다. 정륙은 이처럼 굳은 아버지의 얼굴을 이날 처음 봤다. 아버지는 아무 말이 없었지만, 수행비서는 이승만 대통령이 반민특위 위원장인 아버지를 회유하기 위해서 찾아왔다고 했다. 대통령이 친일반민족행위자 처벌의 총책임자에게 장관 자리를 제의하며 흥정을 하려 했다는 것이다.

아버지인 김상덕 반민특위 위원장은 친일청산, 민족정기 회복을 흥정의 대상으로 삼은 데 대해 그렇게 화를 냈다고 했다. 사실 반민특위와 이승만 정부 사이엔 이전부터 긴장이 고조되고 있었다. 1949년 1월 25일 반민특위 특경대가 서울시경 수사과장으로 변신해 있던 악덕 친일경찰 노덕술을 체포하자, 이승만은 사흘 뒤 국무회의에서 정부가 보증해서라도 그를 보석으로 석방하라고 지시했다. 치안기술자가 필요하다는 이유였다.

반민특위는 6월 4일 일제경찰 출신인 서울시경 사찰과장 최운하 등을 역시 체포했다. 그러자 정부 요직에 포진해 있던 친일파들이 들끓기 시작했다. 역시 급기야 6월 6일 아침, 서울 중부서장 윤기병의 지휘로 40여 명의 사복경찰이 반민특위 사무실을 급습해 특경대원들을 연행하고, 각종 증거서류 등을 탈취해 갔다. 이 소식을 듣고 현장에 달려온 권승렬 검찰총장은 경찰에게 몸수색과 권총을 뺏기는 수모를 당했다. 경찰이 하극상을 저지르고, 헌법기구를 유린한 사태가 벌어진 것이다.

이승만 대통령은 사건 직후 AP통신과의 기자회견에서 자신이 경찰에게 반민특위 습격을 지시했다고 밝혔다. 김상덕 위원장을 비롯한 반민특위 위원들은 이런 상태에선 더는 특위 활동이 무의미하다고 보고 전원 사퇴를 결의했다.

2 : 판타지와 현실

2015년 8월 6일, 국회 의원회관

대한독립 만세! 만세! 만세!

국회 의원회관 2층에서 느닷없이 만세삼창이 울려 퍼졌다. 주인공은 김무성 대표와 김을동 최고위원을 비롯한 새누리당 의원들. 두 사람은 영화 '암살' 국회 초청 특별상영회를 공동 주최했다. 이들은 오후 3시로 예정된 영화 상영에 앞서 대형 영화 포스터를 배경으로 태극기를 흔들며 만세삼창을 외치는 퍼포먼스를 펼쳤다.

김 대표는 기자들과 만나 "광복 70주년을 맞는 심정이 다 다르겠지만, 그 시대에 살았다면 과연 어떤 형태로 독립운동 또는 조국을 찾기 위한 애국행위를 했을 것인가를 고민해 보는 것이 바로 이 영화라고 생각한다"고 말했다. 김 대표는 상영장소인 대회의실에서도 환영사를 하면서 다시 만세삼창을 외쳤다.

김 대표가 친일파 처단을 주요 줄거리로 삼은 영화를 국회로 불러 상영하는 이벤트를 연 것은 옷에 안 맞는 옷을 입은 것처럼 여러모로 어색했다. 그는 상영회 20일쯤 전인 7월 17일 국립현충원에서 열린 '이승만 전 대통령 제50주기 추모식'에 참석해 이승만을 국부의 자리에 앉혀야 한다고 말해 논란을 일으킨 바 있다. 이승만은 반민특위를 무력화시킨 가장 핵심인물이다. 더구나 김 대표의 아버지 김용주는 지속적으로 친일 의혹을 받고 있는 상황. 그런 김 대표가 '암살' 영화 포스트를 배경으로 만세삼창을 외치는 장면은 아이러니가 아닐 수 없었다. 그만큼 영화 '암살'의 흥행 돌풍은 대단했다.

'암살'은 국회 상영회 하루 전인 8월 5일, 개봉 15일 만에 누적 관객이 765만 명을 기록했다.[29] 식민지 시기를 다룬 영화들이 대부분 흥행에 실패했다는 전례를 감안할 때 암살의 열풍은 놀랍다. 영화의 주인공 안옥윤과 염석진, 하와이 피스톨은 모두 가상의 인물이고 1933년 조선주둔군 사령관 카와구치 마모루와 거물 친일파 강인국을 암살한다는 설정도 허구지만, 김구와 김원봉 등 실재 인물과 안옥윤이 소속된 지청천 장군의 한국 독립군, 반민특위 등 역사적 사실이 어우러

29 영화진흥위에 따르면 암살의 총 관객수는 12,705,783명으로 역대 8번째 관객동원 기록이다.

져 단순 오락영화 이상의 '물건'이 나왔다는 평이다. 물론 여기엔 감독의 탄탄한 연출과 스타 배우들의 연기가 크게 기여했다.

지청천 장군의 외손자인 역사학자 이준식 박사는 "천만 관객이 들고 이 중 1%만이라도 김원봉에 대해서, 그리고 반민특위에 대해서 찾아보고 배우게 된다면 그것 자체로 엄청난 의미가 있는 것"이라고 말했다. 이 영화의 줄거리가 대부분 허구이지만 일제 밀정인 염석진이 해방 이후 반민특위 재판정에 나와 재판받는 장면은 실제 역사적 사실을 생생하게 옮겨온 것이다. 염석진 역의 이정재의 연기는 소름 끼칠 정도로 압권이다. 염석진은 물론 가상의 인물이지만 이준식 박사는 실존 친일파인 이종형과 노덕술의 캐릭터가 복합된 것으로 보인다고 평가했다.

이종형은 일제 밀정 혐의로 1949년 1월 10일 반민특위 특경대에 체포됐다. 박흥식에 이은 반민특위 2호 체포자다. 반민특위 기소장

이종형, 노덕술(출처: 민족문제연구소)

을 보면 "피고인 이종형은… 약 5개월 간에 달하여 돈화, 동만 일대를 배회하면서 한인공산당원을 토벌한다는 구실 밑에 길림성 돈화현 왕도하 등 부락에 살고 있는 애국지사 50여 명을 체포하여 그중 17명을 교살 또는 투옥시켰고…"라고 적혀 있다. 또 이종형은 대표적인 여성 독립투사 남자현을 밀고해 옥사케 한 혐의도 받았다. 안옥윤의 모델이 바로 남자현이라는 해석도 있다.

이종형은 1949년 3월 29일 열린 '반민법 위반 사건 공판'에서 자신은 만주에서 공산당을 때려 부수고 민족운동의 체계를 세워서 독립운동의 토대를 닦았다며 이 재판소에 자신을 세우는 것은 천하의 무도한 짓이라고 강변했다. 심지어 그는 법정에서 반민특위 반대 활동을 대대적으로 벌인 것을 스스로 자랑하기도 했다. 암살에서 염석진이 밀정 혐의를 부인하며 자신은 독립 투쟁을 했다고 열변을 토하는 장면과 매우 유사하다.

영화 속 염석진에 녹아든 또 다른 캐릭터는 일제 강점기때 고문경찰로 악명 높았던 노덕술이다. 암살에서 반민 특별재판정을 나와 제복 경찰관의 환대를 받는 염석진의 모습은 일제 밀정이었던 그가 해방 후 경찰의 고위 간부로 등용됐다는 것을 암시한다. 일제 경찰 노덕술도 정부 수립 후 대한민국 국립경찰의 간부가 된다.

하지만 이종형, 노덕술과 염석진의 닮은꼴은 거기까지다. 영화에서 염석진은 16년 만에 김구의 밀명을 집행하는 안옥윤에 의해 처단된다. 반면 이종형은 반민특위가 와해된 후 석방돼 제2대 국회의원이 된다. 노덕술 역시 반민특위에 체포됐으나 공소기각으로 풀려난 뒤 경찰에 복귀했다가 군에 들어가 헌병 장교로 변신한다.

'암살'은 일제 조선군사령관과 친일 거두, 밀정을 처단하는 판타지를 통해 좌절된 역사를 뒤집어 관객에게 카타르시스를 안겨주지만, 영화의 미덕은 거기서 멈춘다. 나머지는 이를 통해 실제 역사를 알아내야 하는 관객들의 몫이다. 역사 속에서 실제 암살은 친일반민족행위자와 그들을 감싸는 권력에 의해 자행됐다.

1948년 말, 전 수도경찰청 총감 노덕술과 일단의 친일 경찰들이 친일 자본가인 박흥식의 자금으로 청부업자 백민태를 끌어들여 반민특위 요인들을 납치, 암살하는 계획을 세웠다. 암살 대상엔 반민특위 위원장 김상덕, 특별검찰관장 권승렬(당시 검찰총장), 특별재판부장 김병

백범 김구 선생 국민장, 1949년 7월 5일

로 등이 포함돼 있었다. 친일 경찰들은 백민태에게 거사 자금과 권총, 수류탄 등을 지급했다. 하지만 백민태의 폭로로 반민특위 요인 암살은 미수에 그쳤다. 이처럼 당시 친일청산 및 반민특위 활동과 관련해 이승만 정권과 친일세력의 회유, 협박, 테러가 끊이질 않았고 그 정점에 안두희의 김구 선생 암살 사건이 있었다.

김구 선생은 해방 후 고국으로 돌아와 지속적으로 친일 반역자 청산의 당위성을 역설했다. 1949년 2월에는 반민특위 활동을 방해하는 행위는 청소해야 한다고 경고했다. 그러나 반민특위에 대한 위협은 계속됐고, 급기야 6월 6일 반민특위 습격사건이 일어났다. 불과 20여 일 뒤인 6월 26일에는 김구 선생이 흉탄에 쓰러졌다. 하수인은 안두희였지만 그 배후엔 장은산, 전봉덕, 김창룡 등의 친일파와 권력의 핵심이 있었다.

경찰의 습격 이후 반민특위는 사실상 와해되고 만다. 공소시효가

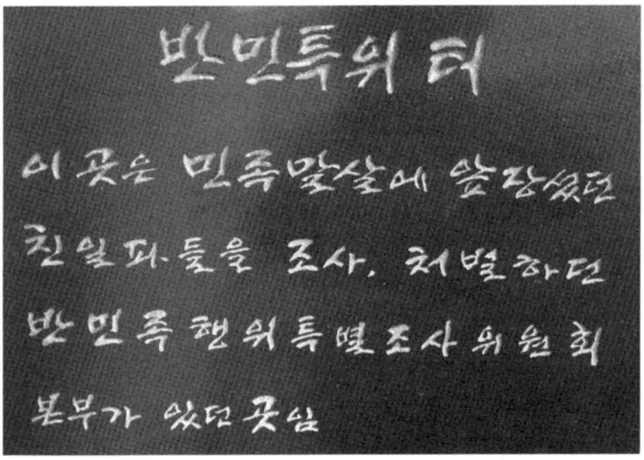

서울 명동에 있는 반민특위 표지석

49년 8월 말로 앞당겨졌고, 그해 10월 반민특위, 특별검찰부, 특별재판부가 해체됐다. 이승만 정권의 반민특위 흔적 지우기는 집요하게 이어졌다. 전시인 1951년 2월 관련법들을 전부 폐지하고, 판결의 효력도 없애버렸다. 이에 따라 반민법 위반으로 형을 선고받은 사람들도 모두 복권됐고, 해방 후 우리 민족의 숙원이던 친일 숙청과 과거 청산은 역사의 뒤안길로 사라졌다.

대한민국 임시정부는 해방 전인 1941년 11월, 모두 3장으로 이뤄진 건국강령을 선포한 바 있다. 강령 제3장 '건국' 편에는 친일청산을 다음과 같이 명시했다.

> 적敵의 일체 통치기구를 국내에서 완전히 박멸하고… 적에 부화한 자와 독립운동을 방해한 자와 건국강령을 반대한 자와 정신이 결함된 자와 범죄판결을 받은 자는 선거와 피선거권이 없음… 부적자附敵者(적에 아부한 자)의 일체 소유자본과 부동산을 몰수하여 국유로 함

임시정부 건국강령의 정신은 해방 후 제헌헌법 조문으로 이어졌고, 〈반민족행위처벌법〉과 반민특위 출범으로 구체화됐다. 하지만 1949년 이승만 정권과 친일세력의 협공으로 반민특위가 해체된 후 50년 이상 친일청산은 한국 사회에서 금기이자 침묵과 망각의 대상이 돼 버렸다.

해방 70년을 열흘 앞둔 2015년 8월 4일, 박근혜 대통령의 동생 박근령 씨가 일본 인터넷 영상매체 '니코니코'의 대담 프로그램에 나와 이승만 대통령 재직 시 과거사 문제, 즉 친일문제를 처결했다는 발언을 했다. 박근령 씨는 A급 전범이자 과거 식민지배의 정점이었던 히로히토를 천황폐하라고 부르는 등 많은 망언을 쏟아냈는데, 특히 이승만 정권 때 친일청산이 마무리된 것처럼 말한 것은 충격적이었다. 박 씨의 이 같은 발언은 역사에 대한 무지의 소산이거나, 잘못된 역사를 배웠거나, 제대로 배웠어도 의도적으로 사실을 왜곡하려 했거나, 셋 중의 하나에서 나왔을 것이다.

전 대통령의 딸이자 당시 현직 대통령의 동생 박근령 씨는 이승만 정권 때 일제 강점기라는 과거가 청산된 것처럼 말했지만, 당시 반민특위의 성과는 매우 제한적이었다. 1949년 상반기, 그 짧은 기간 동안 반민특위는 〈반민족행위처벌법〉 위반 혐의자 688명을 조사해 그 중 599명을 특별검찰부에 송치했다. 이 중 293명이 기소됐으나 이승만 정권의 탄압으로 특별재판부가 해체되기 이전에 선고된 사건은 41건에 그쳤다. 친일경찰 출신인 김덕기와 김태석이 각각 사형과 무기징역을 선고받았고, 징역형은 13명(5명은 집유)이었으나 법 폐지와 효력 상실로 그나마 모두 없던 일이 됐고, 반민법 피의자들은 자유롭게 대한민국 거리를 활보하며 일제 강점기때 보다 더 센 권력과 부를 누렸다.

친일반민족행위자에 대한 처리는 다른 나라의 1940년대 전후 처리

반민특위 조사 및 선고 현황

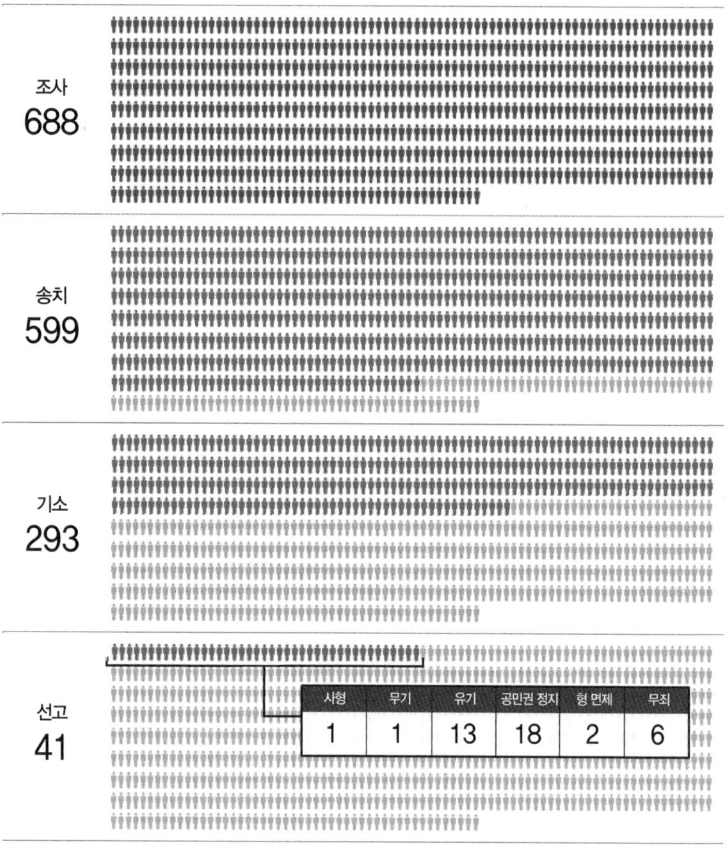

출처: 반민규명위 보고서 3, 2009 단위: 명

와는 비교할 수 없을 정도로 미약했다. 다음은 해외 각국의 전후 과거사 처리 사례다.

프랑스

1940년 6월 독일에 점령당했던 프랑스는 1944년 8월 파리 해방 이후 나치 협력자들에 대한 숙청 작업을 대대적으로 전개했다. 초기엔 레지스탕스가 이른바 '거리의 정의'로 불린 즉결처분을 통해 부역자 등을 만 명까지 처형했다. 드골 임시정부 합법 절차를 통해 반역자를 처벌하기 위해 1944년 6월 '협력자재판소'와 '시민재판부' 설치했다. 1948년 말까지 이들 재판소에서 모두 6,703명의 나치 협력자들이 사형선고를 받았고, 이 중 767명이 처형됐다. 또 징역형과 시민권 박탈도 10만 명 수준에 이르렀다. 프랑스는 1990년대까지 과거사 청산 작업을 지속했다.

폴란드

폴란드도 나치 협력자와 반역자 처벌을 위한 특별군사재판소를 설치해 3천여 건의 사형선고를 내렸고, 실제 2,500건가량이 집행됐다. 1944년 8월 나치 치하에서 해방된 이후엔 반역자 등을 처벌하기 위한 통일적 법령을 만들었다. 이를 통해 1946년부터 10년 동안 18,166건의 유죄가 선고됐고 이 중 사형은 1,212명, 무기형은 392명에 달했다.

네덜란드

네덜란드는 해방 후 나치 협력자들에 대한 엄격한 처벌을 위해 1870년 폐지됐던 사형제도를 특별 형법을 통해 부활시켰다. 특별법원이 다룬 사건은 모두 14,562건인데 사형이 선고된 154건 중 39건이 실제 집행됐다. 무기징역은 148명, 나머지는 징역형 등을 받았다. 상대적으로 경미한 사건은 별도의 인민재판소에서 다뤘는데 징역형 35,615건, 재산몰수 11,489건, 권리박탈 37,493건에 이르렀다.

중국

중국 국민당 정권은 일본 패망 후 일제와 협력한 이른바 한간漢奸(중국에서 적과 내통한 사람을 이르던 말)을 처리하는 '한간처리안건조례' 등의 특별법을 제정해 1945년부터 1947년 7월까지 국민당 관할 지역에서 모두 25,000여 건의 한간 사건을 처리했다. 그중 369명이 사형, 979명이 무기징역, 13,570명이 유기징역을 받았다. 당시 중국 공산당도 관할 지역에서 인민재판 형태로 한 간을 처벌했고, 그 규모가 상당한 것으로 알려졌으나 구체적인 자료는 없다.

해방 70년을 맞아 사람들은 영화 '암살'을 통해 스크린 속에서나마 못다 이룬 친일파 청산의 아쉬움을 달랬다. 하지만 영화는 영화일 뿐이다. 친일반민족행위자들은 대부분 이미 세상을 떴지만 그 후손들은 여전히 한국 사회의 파워 엘리트로 자리 잡고 있다. 정의와 민족정기를 회복하고, 과거청산을 넘어 과거를 극복하는 길은 올바른 기억과 교육, 그리고 진실을 마주할 수 있는 용기다.

2015년 7월 17일,
뉴스타파 사무실

심인보 기자는 김준호(가명) 전무가 이틀 전 보내온 이메일을 다시 한 번 읽고 천천히 답장을 써 내려 갔다.

보내주신 메일 잘 받아보았습니다.
우선 성의 있는 답장을 보내주신 것에 감사드립니다.
본부장님의 가계도는, 저희가 과거 진상규명위 자료와 재산 환수 소송 자료, 반민특위 자료, 족보 등을 총망라해 조사를 하던 중에 우연히 알게 되었습니다. 혹시라도 불쾌하셨다면 사과드립니다.
그런데 본부장님께서 말씀해주신 외증조부님에 대한 사실관계가 저희가 확인한 바와 조금 다른 부분이 있어 다시 문의 메일을 드렸습니다.
민족문제연구소가 발간한 친일인명사전을 보면, 외증조부님이신 서상훈 님께서 성균관 관장을 역임하신 것까지는 본부장님께서 말씀하신 것과 행적이 일치합니다. 그러나 “일제 강점기 초기에 낙향하셔서 나머지 대부분의 기간을 선산이 있던 이천 부근에서 서당 훈장을 하셨다”는 말씀은 인명사전에 나온 것과 그 내용이 상당히 다릅니다. 인명사전에 따르면 외증조부님께서는 1921년 4월 중추원 참의에 임명되셨으며 1943년 7월 작고하시기 전까지 3년 임기의 중추원 참의를 7차례 연임하신 것으로 나옵니다. 혹시 본부장님께서 갖고 계신 자료 중에 인명사전의 서술을 반박할 수 있을 만한 것이 있을까요? 만약 본부장님의 말씀이 사실이라면 그것은 그것대로 저희가 반영할 수 있는 중요한 팩트라는 생각이 듭니다.

(후략)

사흘 뒤인 7월 20일 김 전무로부터 다시 답장이 왔다.

안녕하세요 김준호입니다

우선 확인해 보니 이전에 다른 분들의 여러 이야기를 제가 편한 부분만 확인도 없이 믿고 있었던 모양입니다. 혼선을 끼쳐드려서 죄송합니다. 말씀하신 것처럼 외조부님은 상당히 오랜 기간을 중추원 참의로 계시다가 작고하셨다고 확인했습니다. 다시 한 번 죄송하다는 말씀드립니다. 그 외에 실제 잘못된 부분에 대해서 정당히 평가해야 한다는 제 생각은 이전에 드렸던 부분과 같습니다. 단 제 생각보다 오랜 기간동안 총독부에 재임하셨다면 실제 어떤 잘못을 하셨었는지 확인하기는 그만큼 어렵겠네요.

한가지 참고로 이번 일을 확인하면서 들은 사실 중 하나인데 환수된 선산의 묘지 중 일부를 저희 외숙모님이 미국에 가 계신 동안 연락이 안 된다는 이유로 임의로 공동묘지로 이관했다고 하는군요. 그 안에 있었던 유품이 하나도 남지 않아서 심지어 유골에 대한 확인도 할 수 없는 상황이라고 합니다. 민감한 사안인 만큼 보다 조심해서 접근해야 할 필요가 있을 텐데 그렇지 못하면서 저희 쪽에서는 불필요한 부정적인 감정만 커지는 것 같습니다.

다시 한 번 진위 확인도 없이 답변을 해 드렸던 점 죄송하다는 말씀 드립니다. 꼭 좋은 프로그램을 만드셔서 모든 사람이 조금 더 진실이 무엇인지 생각해 볼 수 있는 기회가 되었으면 하네요. 이전에 말씀드렸던 것처럼 제 개인적인 생각은 익명으로 처리 부탁드리겠습니다.

감사합니다.

김준호(가명)

과거를 정확하게 아는 것과 모르는 것은 큰 차이이다. 김준호 전무의 두 번째 답장은 첫 번째 답장 때의 간극이 좁혀질 수도 있겠다는 느낌을 줬다.

뉴스타파 취재진은 김 전무의 외증조부 서상훈처럼 정부가 확정한 친일반민족행위자 1,006명을 대상으로 그들의 후손을 찾아 나섰다. 1,006명 중에서도 주로 매국 수작, 습작자, 중추원 참의 등 국권 상실과 일제 강점기의 최고 엘리트 가문의 후손들을 찾는 데 집중했다.

취재진은 반민특위 신문조서, 2000년대에 친일파 후손들이 낸 소송 관련 자료와 판결문, '친일반민족행위자재산조사위원회'가 신문에 게재한 친일파 토지 환수 공고문의 토지 지번, 족보와 인명 정보 등을 토대로 추적한 결과 모두 1,177명의 후손들을 찾을 수 있었다. 그리고 이들이 어떻게 살고 있는지 확인하고, 선대의 친일반민족행위와 우리 사회의 과거사 청산 문제에 대해 어떤 인식을 갖고 있는지 물었다.

우리 현대사에서 가장 뼈아픈 장면은 나라를 팔아먹고 동족을 배반한 행위를 해방 후 제대로 단죄하지 못한 것이다. 하지만 70년이 지난 지금 당사자들을 물리적으로 처벌할 방법은 없다. 그렇다고 후손들에게 그 책임을 묻는 것은 불가능하고, 바람직하지도 않다.

다만 뉴스타파 취재진은 불의가 정의를 대체한 가치의 전복, 매국이 애국을 이긴 뒤틀린 역사를 망각 속에 계속 방치해선 안 된다고 판단했다. 그래서 친일반민족행위라는 뿌리가 세월이 흘러 우리 사회에 어떻게 자라나 있는지 확인하고, 친일 후손들이 선대의 잘못을 어떻게 인식하고 있는지 살펴보기로 했다. 이를 통해 단순히 과거 청산이 아닌 과거 극복의 길을 모색하고, 치유와 화합으로 나갈 수 있는 단초를 찾아보려고 한다.

3장

성공의 비밀

1 : 다른 세상

그녀를 처음 만난 건 어느 여름날 아침, 그녀의 집 앞이었다. 새벽 6시부터 아파트 현관 앞에서 그녀를 기다렸다. 이미 여러 차례 머릿속에서 연습했던 말을 다시 되뇌던 중, 드디어 그녀가 집 밖으로 나왔다. 인사를 건네자 그녀도 환하게 웃어주었다. 그녀는 직접 만나보니 뭔가 달랐다. 화면으로 볼 때와도 정말 달랐다. 얼굴에 윤기가 나고 차림새도 세련됐다. 한마디로 귀티가 났다. 여든인 나이에도 불구하고 말이다.

KBS 전 이사장인 이인호 씨[30]의 얘기다. 그녀의 인생을 돌아보면

30 2015년 뉴스타파의 〈친일과 망각〉 취재 당시 이인호 씨는 KBS 이사장이었다. 그러나 그는 2018년 1월 KBS 이사회가 고대영 KBS 사장의 해임안을 통과시키자 이에 항의하며 같은 달 22일 KBS 이사장직에서 사퇴했다. 이 책에서는 취재 당시의 상황과 분위기를 전달하기 위해 이인호 전 이사장의 직함을 '이인호 이사장'이라고 쓴다.

정말 그럴 만도 하다.

이인호 씨는 매우 유복한 집안에서 태어났다. 할아버지가 성균관 대학교 이사장을 지냈고, 아버지는 조흥은행에 들어가 감사까지 올랐다. 우리나라에 대학도 은행도 몇 개 없던 시절이다. 집안 분위기도 좋았다. 집안의 어른인 할아버지는 유명한 유학자였지만 배움에는 남녀를 차별하지 않았다고 한다. 어린 시절의 그녀에게 직접 한글을 가르쳐주기도 했다.

책이 귀했던 시절, 그녀의 집에는 책들이 많았다. 을유문화사에서 나온 방정환 선생의 동화, 서양에서 나온 피터 팬, 백설공주, 소공녀 같은 책의 번역본도 있었다. 어린이 책이 성에 안 차면 집에 있는 어른들 잡지를 읽었다. 아버지 서재에 있던 역사 소설과 역사책도 읽었다. 이인호 이사장의 어린 시절이 일제 말기와 해방 정국의 혼란, 한국 전쟁 시기와 겹치는 것을 고려하면 이보다 좋은 교육 환경은 상상하기 어렵다.

공부도 잘했다. 서울대 사학과에 입학했다. 유학을 준비하기 위해 새벽마다 영어 강습 학원도 다녔다. 1956년, 전쟁으로 온 나라가 폐허가 되었던 때, 잿더미가 되어버린 작은 나라의 수도에서 머나먼 제국의 중심부로 유학을 떠나기 위해, 새벽마다 하얀 손에 입김을 불어넣으며 거리를 종종 걸어 다녔을 앳된 얼굴의 여대생, 그가 얼마나 특권적 존재일지 떠올려보라.

서울대를 세 학기 다닌 뒤 유학을 떠났다. 웰슬리Wellesley 대학. 미국 민주당의 대선 후보 중 하나인 힐러리 클린턴이 졸업한 미국 동부의 여자 명문 대학이다. 당시 학비와 기숙사비는 한 해 2천 달러가 넘었다. 한국의 일 인당 국민 소득은 50~60달러 밖에 되지 않았던 시절이다. 그때 2천 달러를 지금의 국민 소득과 비교해 현재 가치로 환산하면 대략 100만 달러, 10억 원 정도가 된다. 다소 과장된 수치 같지만 지금도 이 대학의 4년 학비와 기숙사비를 합치면 3억 원이 넘는다. 사실 이인호 이사장은 그 시절에 장학금을 받아 학비를 내고 아이 돌보기 등의 현지 아르바이트로 책값과 생활비를 충당했다고 회고했다. 하지만 집안의 뒷받침이 전혀 없다고 상상할 수는 없다.

아이 돌보기 아르바이트를 하고 있다는 소식을 듣게 된 이인호의 할아버지는 "네가 남의 집 식모살이라니"라며 한탄하는 편지를 보냈다고 한다. 웰슬리 대학에서 학부를 마친 뒤에는 하버드Harvard 대학으로 옮겨 박사 학위 과정을 밟는다. 박사학위를 받은 그녀는 미국에서

웰슬리Wellesley 대학 (출처: 위키피디아)

교수 생활을 하다 16년 만에 한국으로 돌아왔다. 이때가 1972년이다.

70년대 초반은 대학생만 돼도 지성인 대접을 받던 시절이었다. 당시 대학생 숫자가 20만이 채 되지 않았다(지금은 300만 명이 넘는다). 1인당 국민소득 300달러인 저개발 국가에서, 하버드 대학 박사학위와 미국에서의 교수 경력은 그 자체로 학문적 권위와 매우 수준 높은 지성의 상징이었을 것이다. 어쩌면 성숙한 인격까지도.

이인호 이사장은 승승장구했다. 만 36살의 나이에 고려대 교수로 임용된 이인호 씨는 7년 뒤 서울대 교수로 옮겼다. 서울대에 러시아 연구소를 만들어 스스로 소장을 역임했다. 학교 밖 활동 역시 활발했다. 진보 사학자로 이름을 날렸다. 각종 정부 위원회에서 자문 위원으로 활약했고 신문에 많은 글을 기고했다. 공직 제의도 여러 차례 받았으나 모두 거절했다고 한다.

그러다 1996년 거부할 수 없는 일생일대의 기회가 찾아온다. 집권 4년 차였던 김영삼 대통령이 그녀에게 핀란드 대사직을 제안한 것이다. 대한민국 헌정 사상 첫 여성대사라는 명예를 놓칠 수는 없었다. 그리고 2년 뒤, 이번에는 김대중 대통령이 그녀를 4대 주요국 가운데 하나인 러시아 대사로 임명했다.[31] 그 뒤 한국국제교류재단 이사장, 아산정책연구원 이사장을 거쳐 마침내 2014년 공영방송 KBS의 이사장이 된다. 한마디로 부러운 인생이다.

31 이상의 서술은 이인호 이사장 자신의 회고를 바탕으로 한 것이다. 인터뷰는 http://tvcast.naver.com/v/92881에서 볼 수 있다.

금수저를 물고 태어나 자신의 노력을 더해 서울대 교수가 되고 한국 최초의 여성 대사를 지낸 인생. 나이 80에도 공영방송의 이사장으로 우리 사회에 커다란 영향력을 행사하는 인생.

"뉴스타파 기자입니다."

그녀는 더 이상 웃지 않았다. 인사를 나눌 때까지만 해도 분위기가 좋았는데. 그래도 어쩌겠는가. 준비해온 질문을 던지는 수밖에.

"광복 70주년을 맞아 친일파 후손들의 얘기를 들어보고 싶어서 찾아왔습니다. 조부의 친일 논란에 대해서 한 말씀 부탁드립니다."

그녀의 얼굴이 더욱 굳어졌다.

"그건 이 자리에서 할 얘기가 아니에요. 우리 할아버지뿐만 아니라 그런 분들이 여러분 계신데, 제가 국제회의에 참석해야 해서 지금 빨리 가야 해요."

이제는 아예 기자의 얼굴을 쳐다보지도 않는다. 화난 표정의 이인호 이사장은 자신을 기다리고 있던 검은색 제네시스 승용차로 빠르게 발걸음을 옮겼다.

그녀는 왜 갑자기 화를 내는가? 그녀의 할아버지, 이명세가 살아온 인생을 돌아보면 역시 그럴만하다.

이인호 이사장의 할아버지 이명세는 1893년에 태어나, 일제 강점기 초반이던 1918년 26살의 나이로 대구지방법원 상주지청에서 서기 겸 통역으로 사회생활을 시작했다. 이어 몇 군데 법원에서 서기 및 통역 업무를 담당하다 은행권으로 옮겼다. 호서은행의 홍성 지점장 등을 지내는 등 은행권 경력을 쌓은 뒤 40세부터 각종 기업의 취체(대표)역을 지냈다. 그 후 47세인 1939년부터 본격적으로 유학儒學계에 발을 담그기 시작했다. 조선 유도연합회의 상임 참사를 지내더니, 2년 뒤인 1941년에 상임 이사가 됐다. 뿐만 아니라 조선 유림연합회의 대표를 맡기도 했다. 1944년에는 경학원의 사성 자리에 올랐다.

왜 관계에서 경력을 시작한 뒤 금융, 경제계에서 잔뼈가 굵었던 이명세가 뜬금없이 유학계 인사가 됐을까? 그것도 매우 중요한 직책을 연달아 맡으면서 말이다.

그 답은 이명세가 몸담았던 단체들의 성격을 보면 알 수 있다. 조선 유도연합회는 500년 동안 조선의 지배 이념이었던 유학儒學을 식민지배의 도구로 활용하기 위해 일제가 만든 어용단체다. 얼마나 심한 어용단체였는지는, 이 단체의 총재가 당시 조선총독부의 정무통감인 오노 로쿠이치로였다는 사실로부터 짐작할 수 있다. 조선 유림연합회도 크게 다르지 않았다. 이 단체의 강령은, '천명황도존정국시闡明皇道尊定國是', 즉 천황의 도를 천명하고 국시를 존중해 세울 것, '후원황군앙양국위後援皇軍昂揚國威', 즉 천황의 군대를 후원하고 국위를 떨칠 것 등이었다.

이명세가 '사성'의 자리까지 오른 경학원은, 일제가 조선 최고의 교육기관인 성균관을 강제로 없애고 대신 만든 어용 유학 교육기관이다. '사성'은 대제학 바로 아래 직위로 당시 3명뿐이었다. 일제는 식민통치의 정신적 동원 기구로 유학을 활용하기 위해 유학계 장악이 필요했고, 이를 위해 유학에는 조예가 없지만 일본어를 잘하고 말을 잘 듣는 이명세를 이용한 것이다.

이명세의 주요 역할은 일제의 침략 전쟁과 징병제 시행을 정당화하고 이를 홍보하는 것이었다. 이른바 '일제의 나팔수'라고 해도 과언이 아니다. 그가 '일제의 나팔수'로 활약한 근거는 곳곳의 문헌에 남아있다. 우선, 이명세가 조선 유도연합회 기관지인 『유도儒道』 창간호에 쓴 기고문을 보자. 제목부터 '동아 공영권, 유교의 역할'로 어용의 냄새가 물씬 풍긴다.

"우리 황군은 인의를 위하여 싸우기 때문에 무적이다. '인자무적仁者無敵'이라고 말한 선현의 격언이 현재 사실을 증명하고 있지 않는가."

일제 침략군을 옹호하기 위해 엉뚱하게도 맹자 '양혜왕편'을 인용한 것이다. 양혜왕편의 '인자무적' 다음에는 '불기살인자능일지不嗜殺人者能一之', 즉 '사람 죽이기를 기뻐하지 않는 자가 (천하를) 통일할 것이다.'라는 구절이 뒤따른다. 무력보다는 도덕의 힘이 중요하다는 맹자의 말씀을 일제의 무력을 찬양하고 승리를 기원하는데 가져다 썼으니 얼마나 얄팍하고 비굴한 아첨의 말인가.

조선에서 징병제를 실시하겠다는 일제의 방침이 결정되자, 이명세는 1943년 1월 '축징병제 실시'란 한시를 써서 발표했다. 제목부터 노골적인 일제 찬양의 뜻을 담고 있다.

축징병제 실시

해마다 북벌北伐하고 또 남정南征하다가
이제야 반도에 새로이 징병제 실시하네.
내외가 일체가 되어 은혜를 고루 입으니
앞뒤로 서로 호응하며 한 목소리로 의를 외치네.
집안에선 아들 난 것 중요하다는 걸 더욱 깨닫고
나라 위해 적과 싸워 죽는 것은 가볍게 생각하리
우리들은 유감없으나 바라는 것 있으니
하루빨리 전란 끝내고 승평의 시대로 돌아오는 것이라네.[32]

전국을 돌아다니며 이와 같은 취지의 강연을 하는 것이 이명세의 주요 임무였다. 경력으로 봤을 때 전혀 '유학자'라고 할 수 없는 이명세가 유학의 이름을 팔아 반민족 행위를 하고 돌아다닌 것이다.

그 당시 많은 진짜 유학자들은 의병을 조직하고 일제에 맞서 싸웠다. 그들은 일제에 붙잡혀 고문을 당하며 옥살이를 했고 결국 죽거나 해외로 망명해서도 독립운동을 지속했다.

실제로 이명세가 유학의 이름으로 혹세무민하던 1940년대, '조선의 마지막 선비'라고 불리던 독립운동가 심산 김창숙 선생은 감옥에서 받은 고문의 후유증으로 두 다리를 쓰지 못하게 되었다. 감옥에서

32 이 한시를 포함한 이명세의 행적은 『친일반민족행위 진상규명보고서』 4권에 나온 내용을 요약 정리한 것이다.

풀려난 뒤에도 일제의 삼엄한 감시로 사실상 연금 상태에 있었다. 이 시기에 김창숙 선생이 남긴 시 한 편은 이명세와 같은 무리에게 던지는 준엄한 경고처럼 느껴진다.

아구탄餓狗歎

잔상스럽다
주린 개여
무얼 하자고
꼬리를 흔드느냐
먹고 남은 뼈다귀
던져준다 기뻐하지만
살이 찌면 반드시
때려서 죽이리라[33]

놀라운 것은 이런 친일 행적에도 불구하고 이명세가 해방 뒤에도 승승장구한다는 것이다. 해방이 되자 유학계는 김창숙 선생을 중심으로 친일 잔재를 청산한다. 김창숙 선생은 이명세 같은 친일 유학자들을 내쫓은 뒤 전국의 유생들을 조직하여 향교의 재산을 되찾고, 성균관 대학교를 설립한 뒤 초대 총장이 됐다. 그러나 그 후 김창숙 선생

33 김창숙, 『김창숙 문존』, p54. 김삼웅, 『심산 김창숙 평전』 에서 재인용

이 이승만을 겨냥해 '하야 성명서'를 발표하고 투옥되는 등 이승만의 독재에 사사건건 문제 제기를 하자, 이승만은 결국 '유도회 사건'을 일으켜 김창숙 선생을 성균관 대학교와 유도회에서 쫓아냈다. 이때 대활약한 인물이 바로 이명세다.

이른바 '재단파'라는 조직이 정치깡패까지 동원해 유도회에 난입하고 사무실을 점거하며 '유도회 대표자대회'를 난장판으로 만들게된다. 그들은 김창숙 선생 등의 정통파를 퇴장시키고 경찰의 비호 속에서 유도회의 권력을 장악하게 되는데, 그 중심인물이 바로 이명세였다. 이렇게 유도회 권력을 장악한 이명세는 기독교 신자인 대통령 이승만을 유도회 총재에 추대하고 역시 기독교 신자인 부통령 이기붕을 최고 고문에 앉힌 뒤, 자기 자신은 성균관 재단 이사장 자리를 탈취한다. 유학 중인 손녀 이인호에게 '네가 남의 집 식모살이라니'라며 한탄하는 애정 어린 편지를 보냈던 것은 바로 이 시기였을 것이다.

이명세의 친일 행적에 대해 반민규명위는 다음과 같은 결정을 내

이명세와 김창숙

렸다.

> 이러한 이명세의 행위는 〈일제강점하 반민족행위 진상규명에 관한 특별법〉 제2조 제17호 "일본제국주의의 통치기구의 주요 외곽단체의 장 또는 간부로서 일본제국주의의 식민 통치 및 침략전쟁에 적극 협력한 행위"에 해당한다.
>
> –친일반민족행위 진상규명보고서 4권

냉랭한 표정으로 차에 막 올라타려는 이인호 이사장에게 질문 하나를 더 던졌다.

"그동안 친일청산에 반대하는 발언을 여러 차례 하셨는데, 혹시 조부의 친일행적과 관련이 있는 것 아닙니까?"

잠깐의 침묵이 흘렀다. 그리고 그녀는 굳은 표정으로 아무 말 없이 승용차 뒷좌석에 올라탔다. 문을 잡고 대답을 기다리자 마침내 육중한 제네시스의 뒷좌석에서 마지못한 듯 대답이 흘러나왔다.

"천만에요. 나는 역사학자로서 객관적인 입장에서 얘기한 것뿐이에요."

쾅. 문이 닫히고 승용차는 떠났다.

그렇다, 그녀는 역사학자다. 그러나 그녀의 전공은 러시아사다. 그런데도 그녀는 그동안 한국 현대사에 대한 입장을 여러 차례 밝혀왔다. 명성에 비추어보건대, 러시아사 학자로서 그녀는 객관적이었을 것이다. 그러나 한국 현대사에 대한 입장은 객관적일 수 없다. 여든의 나이에도 소녀처럼 '우리 할아버지'라는 표현을 쓸 만큼 친일파 할아버지에 대한 애정이 가득한 '손녀'이기 때문이다. 따라서 그녀의 답변에 대해 이렇게 답해줄 수 있겠다.

"천만에요, 당신은 친일파인 할아버지를 둔 손녀로서 주관적인 입장에서 얘기했을 뿐이에요."

이인호 KBS 이사장이 그동안 친일 문제에 대해 발언한 내용을 살펴보자.

> "(박헌영이 이승만의 합작 제안을 물리치면서) 내세운 것이 친일파 청산부터 해야지 손을 잡을 수 있다는 명분입니다. 그건 결국 소련에서 내려온 지령 때문이었어요. 공산주의 입장에서 보면 소위 민족주의 부르주아 세력을 약화시켜야 되는데 친일파 청산이라고 하는 것이 가장 내세우기 좋은 명분이었기 때문에… "
>
> – 2014년 9월 23일, 전경련 강연

> "김구 선생은 임시정부 수반까지 하면서 독립운동가로 대단히 훌륭하지만 1948년 대한민국 독립에는 반대했기 때문에 대한민국 공로자로 거론한 것은 옳지 않다… 상해 임시정부는 임시정부로도 평가 받지 못했다."
>
> – 2014년 10월 22일, KBS 국정감사

"그런 식으로 친일을 단죄하면 일제시대 중산층은 다 친일파다."

– 2014년 9월9일, 한겨레신문

물론 이인호 이사장에게 할아버지의 친일 행적에 대한 책임을 물을 수는 없다. 그러나 친일파의 후손으로서 선대의 행위를 겸허하게 인정하기는커녕, 김구 선생과 임시정부를 폄훼하고 친일청산의 정당성을 매도하는 것은 공영방송의 이사장으로서 대단히 부적절한 언행이다. 또한 공인으로서 우리나라 헌법 정신을 정면으로 부인하는 것이다.

이인호 이사장의 공적인 삶에서 두 개의 핵심적인 키워드는 '친일'과 '해외 유학'일 것이다 (사적인 삶에서는 그보다 더 중요한 키워드가 있겠지만, 그것은 우리의 관심 대상이 아니다). 그녀는 친일파 할아버지로부터 물려받은 지적, 경제적, 사회적 유산에 기대어 유학을 떠났고, 그 유학 생활은 그녀의 삶을 단단한 반석 위에 올려놓았다. 그리고 인생의 후반부에 이르자 그녀는 그 기반에 기대어 다시 자신의 뿌리로 돌아가 할아버지의 친일을 정당화하는데 노년의 삶을 바치려고 한다. 수미일관. 매우 흥미로운 삶의 패턴이다.

이러한 삶의 패턴을 가진 사람이 과연 이인호뿐일까? 이인호 이사장의 삶과 생각은, 뉴스타파가 추적해 확인한 친일반민족행위자의 후손 1,177명의 가운데 매우 두드러지기는 하지만 전형적인 사례인 것처럼 보인다.

이인호 이사장의 사례에서 잠깐 언급한 바와 같이, 70년대 이전 우리 사회에서 해외 유학이라는 경험은 매우 희귀한 것이었다. 실제 숫자로 이를 증명할 수 있을까? 불행히도 통계청이 관리하는 통계 가운데 유학을 경험한 사람들의 비율은 따로 존재하지 않는다. 단지 법무부가 관리하는 출국자 통계에서 출국 목적이 '연구, 유학, 훈련'으로 기재되어 있는 경우를 통해 유추할 수 있을 뿐이다. 그나마 출국자 통계는 1960년 이후부터만 열람할 수 있도록 돼 있다.

법무부의 출국자 통계를 보면, 1970년대 이전에는 한 해 유학생이 많게 잡아도 천 명 정도에 불과했다. 예를 들어 1966년에 '연구, 훈

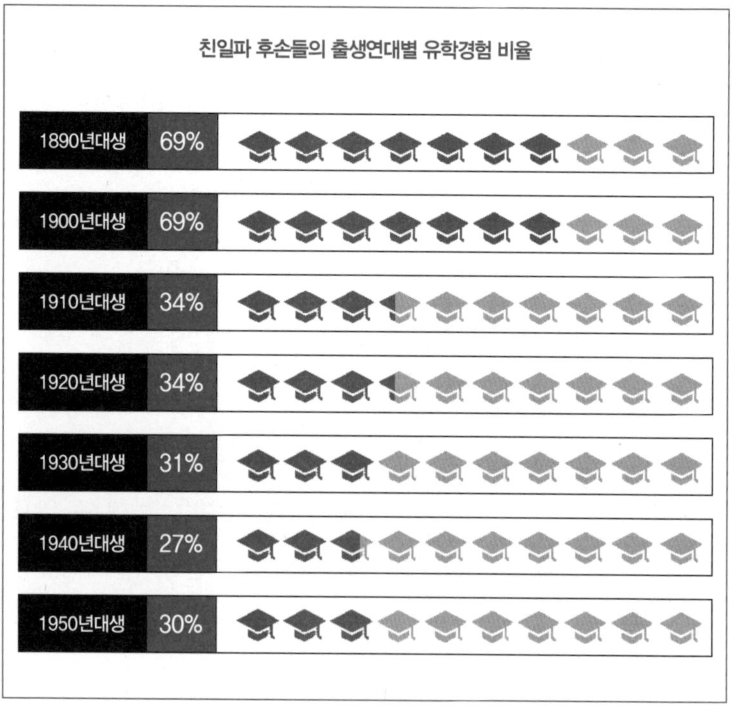

련, 유학' 목적으로 출국한 사람은 1,126명이었는데 통계가 세분화되어 있지 않아서 이 가운데 몇 명이 유학생인지는 알 방법이 없다. 이들 가운데 대부분이 유학생이라고 가정해 천 명이라고 하면, 50년대와 60년대를 통틀어 20년 동안 유학을 경험한 인구는 최대 2만 명 정도 되는 셈이다.

1970년 우리나라 인구가 3천2백만 명 정도였던 것을 고려하면, 70년대 이전까지 유학을 경험한 사람은 전체 인구 대비 0.06%에 불과하다. 물론 이 숫자에는 1950년 이전 일제 강점기에 유학을 다녀온 사람은 빠져있다. 이들에 대한 통계는 따로 없지만 비슷한 수준이라고 가정하면 이들을 합쳐도 유학 경험 비율은 전체 인구의 0.1~0.2% 수준에 불과하다. 이렇게 보면 당시 유학을 간다는 것이 얼마나 큰 특권인지 알 수 있다.[34]

반면 뉴스타파가 찾아낸 친일 후손 1,177명 가운데 유학을 다녀온 사람들의 비율은 27%나 됐다. 특히 주목할 점은 1900년부터 1940년대생인 친일 후손의 유학 경험 비율이 30%로 나타난다는 것이다. 통상 30살 이전에 유학을 간다고 보면 이들은 1970년 이전에 유학을 떠난 세대이다. 이 수치는 위에서 계산한 일반인들의 유학 비율과 비교하여 무려 150~300배에 이른다.

34 '연구, 유학, 훈련' 목적의 출국자는 70년대에 평균 1,700명으로 늘어난다. 80년대엔 폭발적으로 늘어나 81년에 처음으로 만 명을 넘어서고 1994년엔 10만 명을 넘게 된다. 그렇다고 해도 2000년 기준으로 전체 인구 대비 유학 경험자의 비율은 2~3% 수준에 불과하다.

이인호 이사장의 경우처럼, 유학 경험은 이들 한 사람 한 사람의 인생에서 무엇과도 비교할 수 없는 든든한 기반이 되었을 것이다. 실제로 이들 가운데 상당수는 우리나라 특정 학계의 1세대 학자로서 해당 학문의 기초를 닦고 틀을 세우는 지도적인 역할을 담당했다. 선진국에서의 유학 경험이라는 아우라와, 1세대 학자로서 학문의 기반을 닦은 '정초자' 역할을 했다는 세대적 행운이 맞물려, 이들은 커다란 학문적 권위를 누리게 되었고 수많은 제자를 거느리게 되었다.

학계뿐만이 아니다. 친일 후손들 가운데는 법조계와 의료계, 예술계에도 이런 유학 경험을 경쟁력으로 삼은 1세대 '정초자'들이 적지 않다. 그런 의미에서 보면 이인호 이사장과 마찬가지로 이들의 공적인 인생에서도 '해외 유학'이라는 것은 분명 상위에 속하는 키워드일 것이다.

친일파 후손들이 유학을 가장 많이 간 나라는 역시 미국으로, 전체의 64%를 차지했다. 두 번째로 많은 국가는 17%를 차지한 일본이었고 독일, 프랑스, 영국이 뒤를 이었다.

친일파 후손들의 유학 국가가 시대에 따라 변화하는 부분은 흥미롭다. 1900년대부터 1910년대에 태어난 후손들 중엔 일본으로 유학을 간 사람의 비율이 압도적이다. 일본의 식민지였던 만큼 당연한 얘기일 것이다. 1920년대생부터는 미국이 일본을 앞서기 시작한다. 1940년과 1950년 사이에 유학을 갔던 세대이다. 그리고 1930년대생은 미국과 일본의 비율이 7대 1, 40년대생부터는 10대 1 이상으로 벌어진다.

유학은 세계 체제의 중심부로 건너가 주변부에서 유용하게 써먹을 지식과 기술을 습득해오는 행위라고 볼 수 있다. 따라서 누구보다 세상의 흐름에 민감했을 친일 후손들의 이런 변화는, 한반도의 입장에서 바라본 세계의 '중심부'가 일본에서 미국으로 바뀌는 당시의 양상을 잘 보여주고 있다.

2 : 친일 혈통은 머리가 좋다?

한국 사회에서 사람을 판단할 때 출신 대학은 여전히 의미 있는 근거로 여겨진다. 과거에는 더욱 그랬다. 학점이 아무리 나빠도 특정 대학교의 졸업생이라는 이유만으로 취직이 되던 시절이 불과 20여 년 전이다. 이런 학벌 피라미드의 정점에 있는 학교가 바로 서울대학교다. 과거에도 그랬고 지금도 그렇고 서울대에 입학하는 것은 대단히 어렵다. 현재 서울대 학부 신입생 정원은 3천 명이다. 우리나라 한해 수험생은 60만 명이 넘으니 단순하게 계산해서 우리나라 수험생들의 서울대 진학률은 0.5%가 되지 않는다. 고등학교 한 반이 25명이라고 하면 8개 반 학생들 중에서 단 1명만 서울대에 진학하는 꼴이다. 서울대 학생들은 그야말로 한명 한명이 최상위권인 셈이다.

그런데 만약 특정한 사회 집단의 서울대 입학 비율이 20%가 넘는다면? 엄청나게 학습 능력이 뛰어나거나, 매우 높은 수준의 교육적 지원을 받은 집단일 것이다. 친일 후손들의 집단이 바로 그렇다. 뉴스타파가 학력과 직업 등을 확인한 친일파 후손 1,177명 가운데 268명이 서울대 출신으로 나타났다. 비율로 따지면 22.8%다. 일반인들의 45배가 넘는 비율이다. 연세대학교 68명, 고려대학교 51명을 합치면 이른바 SKY 대학 출신이 3분의 1에 달한다. 친일파들의 후손은 특별히 머리가 좋고 학습 능력이 뛰어난 것일까?

우선 이 1,177명은 각종 검색 작업을 통해 확인이 가능한, 이미 나름대로 성공한 사람들이라는 사실을 염두에 둬야 한다. 출신학교를 확인할 수 있을 정도로 성공한 사람들인 만큼 좋은 학벌을 가지고 있을 가능성이 크다는 얘기다. 통계학적으로 얘기하면 표본의 추출이 무작위적이지 않아서 체계적인 오류의 가능성이 존재한다는 뜻이다. 그 한계는 겸허히 인정할 수밖에 없다.

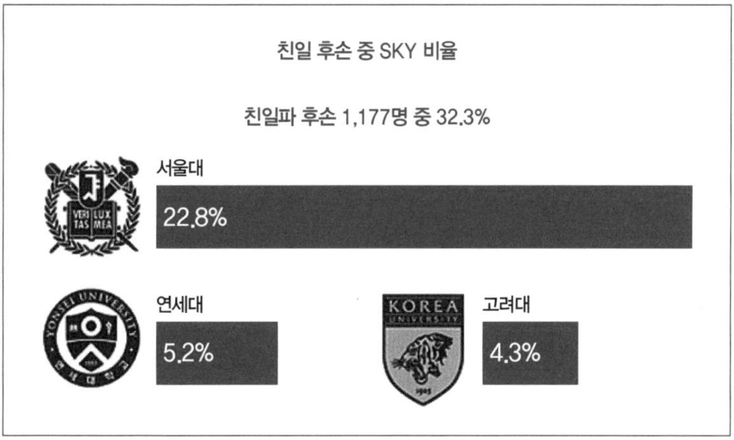

그러나 무작위적인 표본을 추출해 통계적으로 유의미한 결과를 내려면 몇 만 명에 이르는 친일 후손 전체의 명단이 있어야 하고, 그 가운데 추출된 표본들에 대해서는 출신 학교와 직업 등에 관한 정보가 완전하게 갖추어져 있어야 한다. 이것은 사실상 행정망을 통해 개인정보에 접근할 수 있는 국가만이 할 수 있는 일이다. 일개 언론사로서 뉴스타파가 할 수 있는 일은 여러 방법을 동원해 친일 후손들을 찾아내고 이들 한 사람 한 사람에 대한 정보를 직간접적인 경로로 최대한 수집하는 것 정도였다. 뉴스타파가 찾아낸 친일 후손들의 인구 사회학적인 특성을 얘기할 때 이러한 한계는 충분히 숙지해주었으면 한다.

이러한 한계를 인정한다고 하더라도 천 명이 넘는 상당히 큰 수의 표본 집단인 친일 후손 가운데 이른바 SKY 대학 출신이 1/3이라는 것은 그냥 지나치기 힘들 정도로 높은 수치다. 친일 후손들이 유전적으로 특별히 우수하다는 것을 믿지 않는다면 단순한 개인적 재능 이상의 배경이 작용했다고 보는 것이 합리적이다. 그 이유는 무엇일까?

뉴스타파는 친일 후손 가운데 접촉이 가능한 350여 명에게 일일이 편지나 메일을 보냈다. 여기에는 이런 질문이 포함됐다.

> "당신의 사회적 지위나 성취는 선조께서 쌓은 사회적 경제적 문화적 자본으로부터 어느 정도나 영향을 받았다고 생각하십니까? 0-100 사이의 점수로 평가해주시고 그 이유를 설명해 주십시오."

이 질문에 답변한 친일 후손은 모두 선대로부터 받은 영향을 0점에서 30점 사이로 매우 낮게 평가했다. 그러나 이들 가운데 상당수가 공통으로 덧붙이는 말이 있었다.

"재산 등의 경제적 도움은 받지 않았습니다. 다만 선대의 교육열이나 배움에 대한 자세로부터 영향을 받은 것은 사실입니다."

물론 친일 후손들의 인생행로를 하나하나 살펴보면 상당수가 경제적 사회적 자산을 물려받았기 때문에 위의 답변 자체가 거짓말인 경우가 많다. 그러나 그렇지 않은 경우라고 해서, 즉 눈에 보이는 자산을 물려받지 않았다고 해서, 그들이 순수한 의미의 자수성가를 이루었다고 볼 수 있을까?

선대와 부모가 자식들에게 물려줄 수 있는 자산의 종류는 여러 가지다. 눈에 보이는 것으로는 물질적 부를 물려주는 경제적 자산과 사회적 지위나 평판을 물려주는 사회적 자산 등이 있다. 그러나 눈에 보이지 않는 자산도 있으니 문화적, 교육적 자산이 바로 그것이다.

이인호 이사장의 경우가 그렇다. 본인은 장학금과 아르바이트로 유학비를 충당했다고 하지만 그 시절에 할아버지와 아버지가 모두 내로라하는 지식인이고 집안에 수많은 책이 있을 정도의 교육적 환경은 분명히 매우 특권적인 문화적 교육적 자산이다.

특히 결정적인 것은, 남녀차별이 엄존하던 시기에 여성임에도 불구하고 공부를 계속하라고 격려를 받을 수 있었고, 또 시야를 해외로 돌려 유학을 꿈꿀 수 있게 해주었던 방향 설정과 가이드의 역할이다. 여기에 약간의 경제적 지원이 (전액 학비가 어렵다면 최초의 등록금이라도, 등록금이 어렵다면 비행기 삯이라도) 추가된다면 전형적인 사회적 지위 세습의 스토리가 완성된다.

여기에 강력한 논거를 제공해주는 것이 친일 후손과 독립운동가 후손의 극명하게 다른 삶의 경로들이다. 양쪽 집단을 비교해보면, 친일 후손들의 인생 경로가 겉보기에는 '자수성가'처럼 보이지만 실제로는 그렇지 않다는 사실이 드러난다. 독립운동가 후손들의 이야기는 5장에서 다룬다.

3 : 친일 후손의 선호 직업은?

친일 후손들은 우리 사회의 어떤 분야에 가장 많이 진출해있을까? 뉴스타파 제작진이 가장 궁금해 했던 질문이다. 어쩌면 이번 취재를 시작하게 된 가장 중요한 이유 가운데 하나일 것이다. 친일 청산 문제에 관해 우리 사회에는 양 극단의 인식이 공존해왔다.

첫 번째는 '친일 청산에 실패해 지금까지도 친일파와 그 후손들이 우리 사회 곳곳을 장악한 채 한국 사회를 실질적으로 지배하고 있다'는 비관적 인식이고

두 번째는 '이런 인식은 크게 과장됐고 패배주의적이다. 이미 오랜 시간이 지난 만큼 친일 문제는 건드려서는 안 된다'는 현실 영합적 관점이다.

이러한 양극단 사이에서 유의미한 논의가 진행되기 위해서는 우선 정확한 사실관계가 드러나야 한다고 뉴스타파는 믿었다. 친일 후손들

의 현재를 파악하기 위해 그토록 애썼던 이유가 바로 여기에 있다.

의사

우리나라의 의사는 인구에 비해 적은 편이다. 2015년 통계로는 인구 천 명당 2.18명. 다른 OECD 국가의 2013년 자료와 비교해 봐도 최하위 권이다. 백분위로 표시하면 전체 인구의 0.2% 정도다. 그런데 뉴스타파가 확인한 친일 후손 1,177명 가운데는 의사가 무려 147명으로 12.5%나 됐다. 뜻밖이었다. 정치인이나 법조인, 공직자가 많을 것으로 생각했던 취재팀의 예상과는 전혀 다른 결과였기 때문이다. 이것을 어떻게 해석할 수 있을까?

> "친일 후손들의 경우 선조의 친일이라는 흠결이 있기 때문에 정치가나 공직자처럼 선대의 이력이 노출되기 쉬운 공적 영역에서 활동하는 엘리트를 지향하기보다는 비정치적인 직업을 선택하는 경향이 있었던 것 같습니다. 정치적인 변화에 영향받지 않으면서도 일정한 사회적 지위와 경제적 보상을 얻을 수 있는 의사라는 직업이야말로 안성맞춤이었을 것입니다."
>
> – 연세대 사회학과 김호기 교수 인터뷰 중

취재과정에서 만난 한 친일파 후손과의 인터뷰는 해방 이후 친일파

친일파 후손 직업 분석 표

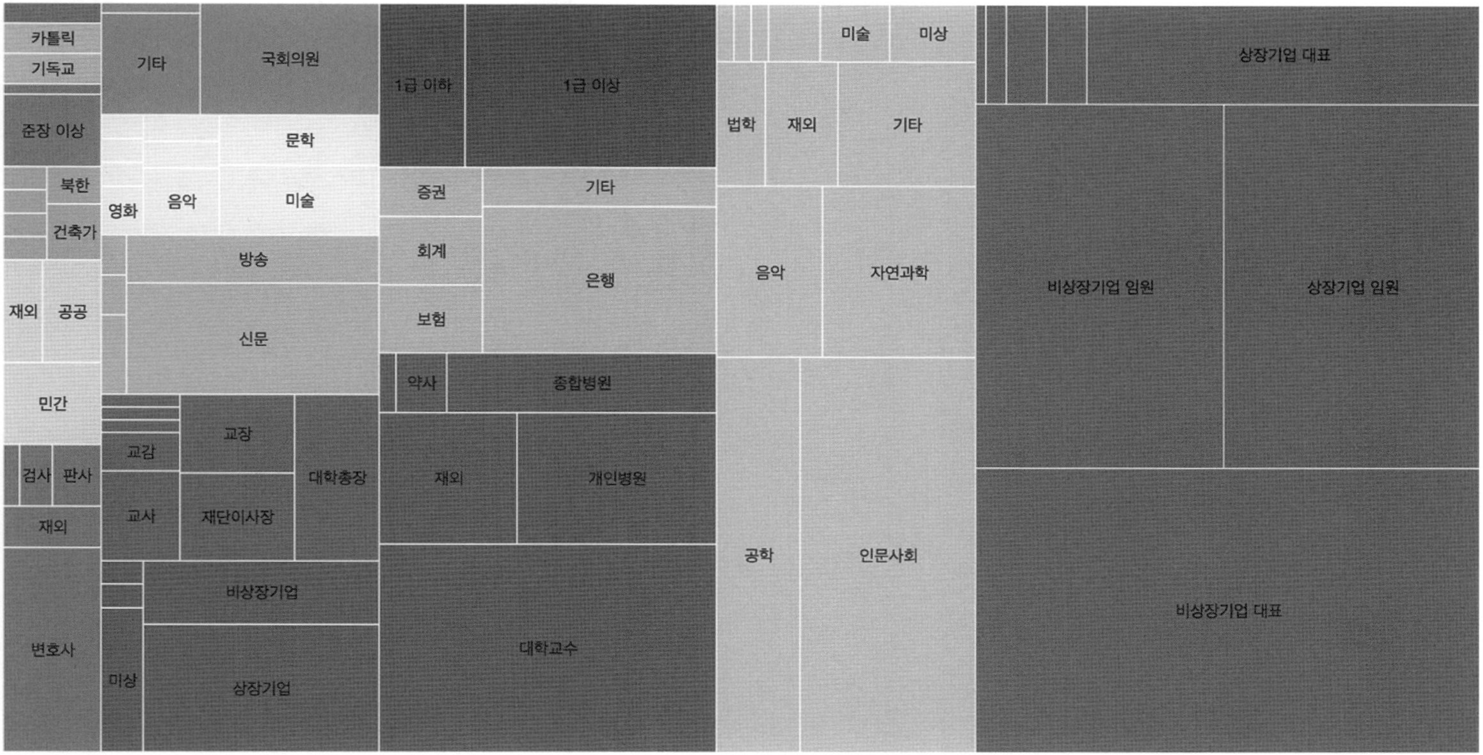
카톨릭
기독교
준장 이상
북한
건축가
재외
공공
민간
검사
판사
재외
변호사
기타
국회의원
문학
영화
음악
미술
방송
신문
교장
교감
대학총장
교사
재단이사장
비상장기업
미상
상장기업
1급 이하
1급 이상
증권
기타
회계
은행
보험
약사
종합병원
재외
개인병원
대학교수
미술
미상
법학
재외
기타
음악
자연과학
공학
인문사회
상장기업 대표
비상장기업 임원
상장기업 임원
비상장기업 대표

와 그 후손들 사이에서 공적 영역을 꺼리는 분위기가 있었음을 시사한다.

> "큰아버님이 게이오 대학을 졸업하고 관리도 하고 했는데 이승만 정권 때 국회의원에 출마하려고 하자 할아버지가 엄청나게 야단치셨다고 해요. 당신이 일본 사람들에게 돈을 내고 중추원 참의 벼슬을 얻어서 남들에게 손가락질 받았으니 정치하지 말라고. 그래서 자기 아들이 국회의원 출마했는데 돈 한 푼 제공을 안 했어요."
>
> – 친일파 손재하 후손 인터뷰 중

의사는 정치의 영향력에서 상대적으로 자유로운 직업이다. 정치인이나 관료, 고위공직자들이 정치적인 변동에 따라 부침이 큰 것에 비하면, 의사는 정치적인 상황이 어떻게 돌아가든지 일정한 사회적 지위와 안락한 생활을 기대할 수 있는 직업이다.

특히 믿고 있던 일본이 하루아침에 패망하고 그로 인해 순식간에 뒤집힐 듯했던 세상에서, 혹시나 큰 화를 당하지는 않을까 마음을 졸여봤던 친일파들의 입장에서는 의사라는 직업의 장점이 더 매력적으로 느껴지지 않았을까? 더구나 언제든 '친일'의 원죄 때문에 공격을 받을 수 있는 공적 영역과는 달리 의료계에서라면 선대의 친일 행적 같은 것도 문제가 되지 않는다.

그뿐만 아니다. 예전이나 지금이나 의대에 진학한다는 것은 상당한 경제적 뒷받침을 필요로 하기 때문에 꽤 높은 진입 장벽이 있다고 여겨진다. 지금이야 성장률이 낮아지고 사회적 기회가 줄어들면서 너나 할 것 없이 선호하는 직업이 되었지만, 과거 고도 성장기에 '머리 좋은 가난한 집안 자식'이 선택하기에는 비용 측면에서나 출세의 기회라는 측면에서 그다지 매력적이지만은 않았을 것이다.

친일파 후손 의사들 가운데는, 이름만 대면 알만한 의학계 거물들도 많았다. 이들 역시 다른 학문 분야의 친일 후손들처럼 선발 주자로서의 장점을 십분 누리며 '정초자'로서의 학문적 권위를 누려온 경우가 상당수이다. 단적인 예로 들 수 있는 것이 주치의다. 어느 나라든 의사라는 직업이 누릴 수 있는 가장 명예로운 자리 중 하나는 아마 왕이나 대통령의 주치의일 것이다. 우리나라에서 대통령 주치의는 차관급 대우를 받는다. 우리나라를 대표하는 의사로 인식되기 때문에 대통령 주치의 교체 시기가 되면 서울대 의대나 연세대 의대 같은 대표적 학교들이 물밑에서 치열한 경쟁을 벌이기도 했다.

의사로서의 최고 명예직인 대통령 주치의는 역대 16명뿐이었는데, 이 가운데 2명이 대통령 소속 반민규명위가 확정한 친일반민족행위자의 후손이고, 또 다른 2명은 민족문제연구소가 편찬한 『친일인명사전』에 들어간 친일파의 후손으로 확인됐다.

파워엘리트

공직, 정치, 법조, 언론

뉴스타파 제작진이 가장 관심을 가졌던 대목은 역시 '친일파의 후손 가운데 우리 사회의 공적 영역을 움직이는 파워 엘리트들이 얼마나 있을까?'였다. 정말로 이들 대부분이 한국 사회의 지배적인 위치에서 친일파의 후손으로 '암약'하고 있을까? 결론부터 말하자면 중요한 위치에 있는 사람이 상당히 많았지만, 한국 사회를 '쥐고 흔드는' 정도는 아니었다.

1,177명 가운데 정치인은 31명, 법조인은 30명, 공직자 55명, 언론인 46명이었다. 이들을 합치면 전체 친일 후손의 14% 정도다. 뉴스타파는 여러 전문가와 협력하여 결정한 기준에 따라 이들 가운데 공인으로 볼 수 있는 인사들을 공개했다. 전체 명단은 다음과 같다.

먼저 전·현직 국회의원이다.

이름	친일파 선조	직업	직책	관계
윤보선	윤치소	정치인	4대 대통령	윤치소의 장남
김남	김성수	정치인	국회의원	김성수의 7남
김상흠	김성수	정치인	국회의원	김성수의 4남
김성진	김서규	공직자	국회의원	김병원의 손자
김우평	김한승	정치인	국회의원	김한승의 차남

김원전	박지근	정치인	국회의원	박지근의 사위
김형오	지희열	정치인	국회의원	지희열의 손녀 사위
문태준	문명기	공직자	국회의원	문명기의 손자
박정훈	김한승	정치인	국회의원	지희열의 손녀 사위
박종율	박봉주	정치인	국회의원	박봉주의 증손자
박현서	박이양	정치인	국회의원	박이양의 손자
양정규	장헌식	정치인	국회의원	장헌식의 외손녀 사위
윤여훈	서병주	정치인	국회의원	서병주의 손녀 며느리
윤영선	윤정현	정치인	국회의원	윤정현의 장남
이종찬	이하영	공직자	국회의원	이하영의 손자, 이규원의 장남
이진	이병무	정치인	국회의원	이병무의 증손자
정구영	정석용	정치인	국회의원	정석용의 아들
정진동	고원훈	정치인	국회의원	고원훈의 사위
지갑종	고영희	정치인	국회의원	고영희의 증손 사위, 고희경의 손녀 사위
진성호	진희규	정치인	국회의원	진희규의 손자
홍영표	홍종철	정치인	국회의원	홍종철의 손자

박근혜 전 대통령이 빠져 있는 이유는, 아버지인 박정희 전 대통령이 분석대상에 포함되지 않았기 때문이다. 박정희 전 대통령은 민족문제연구소가 발간한 『친일인명사전』에는 등재되어 있지만 반민규명위가 선정한 1,006명에는 포함되지 않았다.

다음은 차관급 이상 고위 공직자와 정부부처, 검찰법원, 군 등 정치인 이외 나머지 명단이다.

이름	친일파 선조	직업	직책	관계
강종원	손재하	공직자	외교부 본부대사	손재하의 손녀 사위
구용서	구연수	공직자	상공부 장관	송병준의 외손자
김병국	김성수	공직자	청와대 외교안보수석	김성수의 손자
김상협	김연수	공직자	국무총리	김연수의 아들
김상희	서병조	공직자	법무부 차관	서병조의 외손자
김성진	김서규	공직자	보사부 장관	김병원의 손자
김인수	김정태	공직자	국민권익위 사무처장	김정태의 증손녀 사위, 김상형의 손녀 사위
문태준	문명기	공직자	보사부 장관	문명기의 손자
민복기	민병석	공직자	대법관	민병석의 아들
민태형	민종묵	공직자	통계청장	민종묵의 고손, 민철훈의 증손자
안병화	안종철	공직자	상공부 장관	안종철의 손자
유보선	유빈겸	공직자	국방부 차관	유빈겸의 증손자
윤영선	윤웅렬	공직자	농림부 장관	윤웅렬의 손자, 윤치호의 아들
이건무	조성근	공직자	문화재청장	조성근의 외증손자
이병도	조성근	공직자	문교부 장관	조성근의 사위
이순용	이재곤	공직자	내무부 장관	이재곤의 아들(5남)
이종찬	이하영	공직자	국방부 장관	이하영의 손자, 이규원의 장남
이현재	김서규	공직자	국무총리	김서규의 손녀 사위
장석윤	윤웅렬	공직자	내무부 장관	윤웅렬의 손녀 사위
장성환	장헌식	공직자	교통부 장관	장헌식의 3남
최문경	최연국	공직자	외무부 차관	최연국의 3남

현병철	현기봉	공직자	국가인권위원장	현기봉의 고손자
홍석현	김신석	공직자	미국 대사	김신석의 외손자
홍진기	김신석	공직자	법무부 장관	김신석의 사위
고명승	윤정현	군인	육군 대장	윤정현의 손녀 사위
채병덕	백홍석	군인	국방부참모총장	백홍석의 사위
이승훈	이달용	대학 교수	산자부 전기위원회 위원장	이재완의 증손 사위, 이달용의 손녀 사위
김유후	김한규	법조인	부산지검 검사장	김한규의 손녀 사위
오세욱	현기봉	법조인	광주지법 법원장	현기봉의 외증손자, 현준호의 외손자
홍석조	김신석	법조인	광주고검 검사장	김신석의 외손자
이인호	이명세	언론인	KBS 이사장	이명세의 손녀
김노경	이재완	의료인	대통령 주치의	이재완의 외증손자, 이달용의 외손자
민헌기	민영휘	의료인	대통령 주치의	민영휘의 증손자

주목할만한 점은, 친일 후손 가운데 이들 파워 엘리트의 비율은 후대로 내려올수록 점점 낮아진다는 사실이다. 과거 이승만 정부나 박정희 정부 시절만 해도 총리나 장관, 고위 법조인 중 상당수가 친일파 후손이었지만 90년대 이후부터는 그 비율이 줄었다. 이는 선대의 이력이 노출될 우려가 있는 정관계로 굳이 진출할 필요는 없었고, 자본권력이 사실상 정치권력을 지배하게 되면서 기업 경영이나 금융 분야 등에 대한 선호도가 높아졌기 때문으로 짐작된다. 또 다양한 파워 엘리트 그룹이 생겨나면서 친일파의 후손이라는 특정 인구 집단이 차지

하는 비중 자체가 축소된 면도 있을 것이다.

"친일파와 그 자손들이 완전히 우리 사회의 지배층이 되었다는 주장도 조금 문제가 있고요, 그렇다고 해서 해방 후에 한국 현대사를 보면 친일파와 그 가족들이 완전히 힘을 잃어버렸다고 주장하는 것도 문제가 있지요. 친일반민족행위가 지속해서 쟁점이 되었다는 것 자체가 한편으로 보면 역사가 잘못 갔다고 평가할 수도 있지만 다른

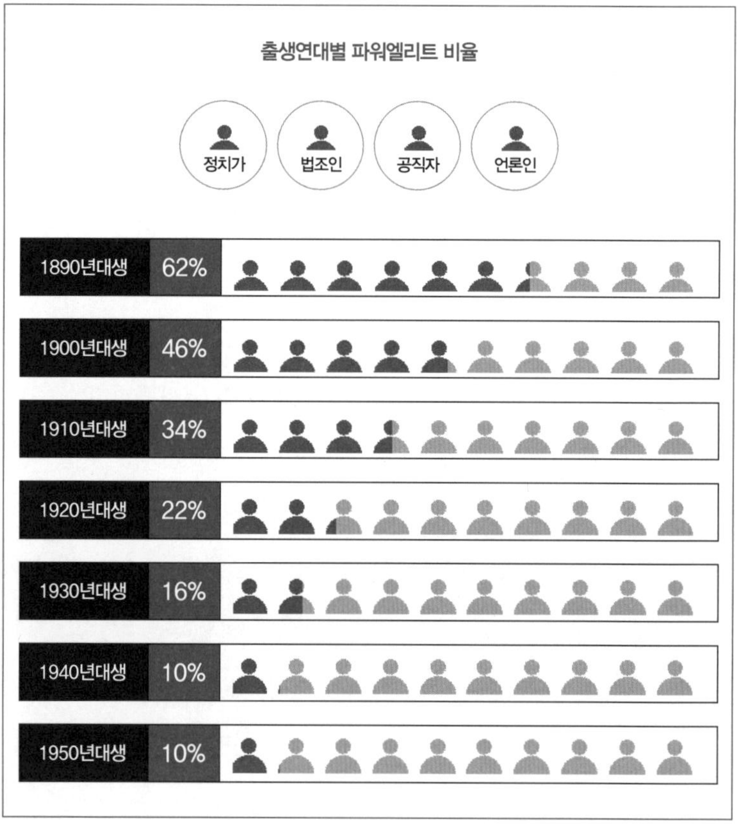

한편으로 보면 팽팽한 긴장을 유지했다, 우리 현대사 속에서 팽팽한 긴장을 유지하는 측면도 있다, 저는 그렇게 판단해요."

–정근식 서울대 사회학과 교수/친일반민족행위 진상규명위원회 위원 인터뷰 중

친일파 후손 중 언론인은 이른바 '조중동'과 KBS에 소속된 비율이 높았다. 조선일보 9명, 중앙과 동아는 8명, KBS는 6명으로, 이들을 합치면 언론인의 2/3를 차지한다. 조선일보와 동아일보는 사주 자신이 친일파의 후손이라 관계된 이들이 많다. 그러나 중앙일보와 KBS에 친일파의 후손이 많은 이유는 알 수 없다. 언론인 가운데는 지상파 방송의 앵커 출신도 있었고 해외에서 활약하고 있는 유명 언론인도 있었다.

기업인

뉴스타파가 찾아낸 친일파 후손의 직업 중 가장 비율이 높은 건 기업인이었다. 1,177명 가운데 376명으로 전체의 32%였다. 이 기업인 가운데 1/3 이상은 상장기업의 대표나 주주, 임원으로 나타났다. 우리나라 기업 330만여 개 가운데 상장기업은 2천 개가 채 되지 않는다는 점을 고려하면 이 비율이 얼마나 높은 것인지 짐작할 수 있다.

대표적인 친일파 후손 기업인으로는 삼성 가문이 있다. 삼성 가문

에서 일제 강점기 판사를 지냈던 홍진기 전 내무부 장관이 친일파로 유명하지만, 홍진기는 반민규명위가 선정한 1,006명에는 포함되어 있지 않고, 민족문제연구소가 만든『친일인명사전』에만 들어있다. 대신 홍진기의 장인인 김신석은 친일파 1,006명의 명단에 올라 있다. 이건희 삼성 회장 처지에서 보면 장인과 장인의 장인이 친일파 명단에 올라있거나 친일 논란이 있는 셈이고, 이재용 부회장의 경우는 외할아버지와 외증조할아버지가 그런 셈이다.

사돈인 삼성 가문 만큼은 아니지만, 홍진기의 직계 자손 쪽도 재계에서 매우 두각을 나타내고 있다. 홍석현 중앙홀딩스 회장과 홍석조 BGF 리테일 회장이 그들이다. 홍석현은 대중적으로 워낙 알려진 인물이라 따로 설명할 것이 없지만, 홍석조가 회장으로 운영하는 BGF 리테일이 'CU'라는 상표를 앞세워 편의점 업계 1위를 차지하고 있다는 사실, 그리고 그의 개인 자산이 1조 7천억 원으로 2016년 포브스(Forbes)가 집계한 우리나라 부자 순위에서 23위를 차지하고 있다는 사실은 모르는 사람들이 많다.

친일파 후손들의 소유한 다른 대표적인 기업으로는 삼양을 들 수 있다. 삼양은 1,006명의 명단에 포함된 친일파 김연수가 설립한 가족기업이다. 삼양의 김윤 회장을 포함해 전·현직 대표나 임원 가운데 김연수의 후손은 12명이다. 삼양의 주력 사업은 식품이지만 흔히 알려진 '삼양라면'과는 무관하다. 삼양 계열사 가운데 대중적으로 잘 알려진 것은 밀가루와 설탕 등을 제조하는 '큐원'이라는 상표와 패밀리레스토랑 가운데 하나인 '세븐 스프링스'다. 전통적인 제분 사업 등으로 시작해 지금은 외식 업계는 물론 바이오 사업 등으로까지 사업 영역을 넓혀가고 있다.

삼양사는 해마다 설립자인 김연수의 호를 딴 '수당상'을 학자들에게 수여하는데, 얄궂게도 역대 수상자 42명 가운데 4명이 친일파이거나 친일파의 후손이었다.

우리나라의 대표적인 무기 중개 업체도 빼놓을 수 없다. 이 회사는 지난 10년 동안 무려 6조 원이 넘는 무기 중개 실적을 올렸다. 이 회사의 대표와 이사 두 명은 친일파 강번의 후손이다. 강번은 조선총독부 중추원 참의를 11년이나 지냈고, 일제의 침략 전쟁 준비를 돕기 위한 어용단체 '조선임전보국단'의 발기인이기도 했다.

친일파는 우리 민족의 관점에서 보면 민족을 배신하고 나라를 팔아넘기는데 일조한 이들이지만, 보편적인 인류의 관점에서 보면 반인륜적인 전쟁 범죄에 협조한 사람들이다. 이런 전쟁범죄에 협조한 친일파의 후손이 해방된 나라에서도 여전히 전쟁을 위한 무기를 팔면서 그로 인해 거대한 부를 축적하고 있는 현실은 생각해보면 기괴스럽기까지 하다.

이밖에 D 그룹의 총수, S 건설의 회장 역시 친일파의 후손으로 드러났다. 상무 이상의 임원만 따져도 80명이 넘었다. 삼성, LG, 현대, SK 계열사에 적어도 한 명씩은 모두 있었다.

교수

명문대 학벌과 해외 유학으로 무장한 친일파 후손들은 학계에도 많이 진출했다. 대학교수는 1,177명 가운데 191명으로 단일 직업 가운데는 기업인 다음으로 많았다.

한국 사회에서 교수는 가장 강력한 오피니언 리더 집단이다. 관료나 정치인이 선발되는 인력 풀이기도 하다. 이래저래 현실에 큰 영향력을 미칠 힘을 가진 집단인 것이다. 친일 후손들 가운데 대학교수가 많다는 것은 어떻게 보면 정치 현실에서 살짝 발을 빼면서도 완전히 영향력을 포기하고 싶지는 않았던 집단 선택의 결과였을까?

친일 후손 가운데는 교수 사회의 신분 피라미드에서도 최고봉이라고 할 수 있는 서울대 교수가 상당히 많았다. 서울대의 전·현직 교수 가운데 무려 36명이 친일파의 후손이었다. 또 서울대 역대 총장 가운데 3명이 친일파의 후손이었다. 장관과 총리를 지낸 이헌재 전 총장을 비롯해 윤일선, 이장무 총장이 그들이다. 교수나 총장이나 단일 대학교 중에서는 가장 많은 숫자다.

친일 후손들이 서울대 등의 명문대를 졸업한 뒤 유학을 다녀와 다시 서울대 교수와 총장 등으로 자리를 잡는 현상은 해방 이후 우리 학문계의 현실을 압축적으로 보여주는 한 단면이다.

특히 친일파 후손 가운데 여성의 직업으로는 교수가 가장 많았는데, 그중에서도 예체능, 또 그중에서도 음대 교수가 가장 많았다. 교수 직업을 가진 남성 후손들의 전공이 인문사회과학과 자연과학, 공학 등으로 골고루 분포된 것과 대조적이다. 왜 그럴까? 성급히 일반화할 수는 없지만, 친일파 후손인 한 여성 음대 교수가 자신의 삶에 대해 인터뷰한 내용에서 단서를 발견할 수 있다.

> "6.25 전쟁 중에는 부산에 피아노가 거의 없었어요. 있다고 해도 한 두 집 있을까 말까 할 정도? 부모님께 엄청 졸랐어요. 크리스마스가 다가오니까 크리스마스 선물로 피아노를 사주시면 어떻겠느냐고."
>
> – 친일파 서병조 후손 인터뷰 중

전쟁 중에 크리스마스 선물로 피아노를 사줄 수 있는 부모가 당시 부산에 대체 몇 명이나 있었을까 궁금하지 않을 수 없다.

이 인터뷰에서 짐작할 수 있는 것은 일제 강점기와 해방 직후 세대는 음악에 접근할 수 있는 것 자체가 하나의 특권이라는 것이다. 클래식 음악을 듣고 그것을 흉내 내는 것만을 위해서도 생각보다 많은 자산이 필요했던 시기다. 음악에 재능이 많든 적든, 그럴 기회가 많았던 사람들이 더 훌륭한 실력을 갖추게 된다. 여기에 부모가 유학을 보내줄 재력까지 있다면, 음악가로서 아니 적어도 음대 교수로서 그 인생이 얼마나 탄탄대로일지 쉽게 짐작할 수 있다.

이렇게 음악 분야 역시 의학처럼 비정치적이면서도 당시에는 진입장벽이 상당히 높았던 영역이므로, 친일 후손들이 부담 없이 또 어쩌면 자연스럽게 진출할 수 있었던 분야로 추측된다. 앞에서 소개한 음대 교수는 해당 인터뷰에서, 자신의 자녀들도 음악 전공으로 미국에 유학을 보냈다고 덧붙였다.

이밖에 다른 분야의 친일 후손들 가운데는 천주교의 주교와 유명 영화감독도 포함돼 있었다. 우리 사회에 크나큰 영향력을 행사하는 인물들이다. 제작진은 이들에게 여러 차례 인터뷰를 요청했으나 모두 거절당했다. 뉴스타파 제작진은 전문가 집단과의 자문회의 등 많은 논의 끝에 이들의 명단은 비공개하기로 결정했다.

친일파 후손들 가운데 상당수가 우리 사회의 최상위 계층에서 활약하는 '잘 나가는' 사람들이라는 것이 확인됐다. 명문대를 졸업하고 외국 유학을 다녀온 사람의 비율이 높으니 어찌 보면 당연한 일이다. 그들이 지금의 위치에 올라가는 데는 선대로부터 받은 경제적, 사회적, 문화적 자산들이 결정적인 밑거름이 됐다. 그 자산들은 대부분 그들의 선대가 나라를 팔고 동족을 배반한 대가로 획득한 것이다.

문제는 친일파 후손들이 그러한 사실을 얼마나 철저하게 가감 없이 인식하고 있느냐이다. 수많은 후손들과 접촉해본 결과 그저 '나의 노력만으로 지금 이 자리까지 왔다'는 몰역사적인 인식만 갖고 있어도 그나마 나은 편이었다. '훌륭하신' 할아버지 덕에 지금의 지위를 획득한 것에 자부심을 갖고, 그 할아버지를 친일파라고 비난하는 자들이 문제라고 생각하는 반역사적인 인식을 갖고 있는 친일 후손들도 상당히 많았다.

"대한민국에서 태어난 것을 자랑스럽게 생각해온 사람들을 반민족주의자의 후손으로 만들고 또 누군가에게는 애국자라고 믿고 사랑했던 할아버지를 하루아침에 매국 친일파로 만들어버린 정치적 이벤트가 불쾌하다고 생각한 적은 있습니다."

—친일파 서상훈 후손의 이메일 중

"우리 할아버지가 친일파라면 일제 강점기 중산층은 다 친일파"

—이인호 KBS 전 이사장, 한겨레 신문 기자와의 전화 통화 중

이들의 이러한 태도는 우리 사회가 해묵은 친일 문제를 완전히 청산하고 진정한 화해로 나아가는데 가장 큰 걸림돌이 되고 있다.

4 : 혼맥으로 얽힌 친일 가문

32살의 신랑은 미국에서 고등학교와 대학교를 마친 뒤 스탠퍼드에서 MBA 과정을 밟고 있는 전도유망한 청년이다. 27살의 신부 역시 미국 파슨스 디자인 스쿨을 졸업한 뒤 일본 게이오대에서 어학연수를 받은 유학파. 분명 평범하지는 않은 한 쌍의 첫 출발. 신랑 신부의 일거수일투족에 연신 카메라 플래시가 터진다.

지난 2000년 화제가 됐던 이 결혼식의 주인공은 동아일보 김병관 전 회장의 둘째 아들 김재열과 삼성 이건희 회장의 둘째 딸 이서현이다. 국내 최대 재벌인 삼성 그룹과 대표적인 족벌 언론 동아일보의 결합이었다. 그러나 동시에 이 혼사는 두 친일 가문의 결합이기도 했다.

김재열은 대통령 소속 반민규명위가 친일반민족행위자로 규정한 김성수의 손자다. 고려대학교와 동아일보의 창업주인 김성수는 일제 강점기 시대 총독부 기관지 매일신보 등에 일제의 징병제를 찬양하고, 학병 지원을 권고하는 글을 여러 차례 기고했다.

이서현이 속한 삼성 가문은 앞에서 언급한 것처럼 친일파와 이중으로 연결되어 있다. 이서현은 친일파 김신석의 외증손자인 동시에 홍진기의 외손자가 된다. 외증조할아버지인 김신석은 국가가 결정한 친일파 1,006명의 명단에, 외할아버지인 홍진기는 민족문제연구소의 『친일인명사전』에 등재돼 있다.

현재 김재열은 삼성경제연구소 스포츠마케팅 부문 사장, 이서현은 삼성물산 패션 부문 사장이다. 이서현은 삼성물산과 제일모직의 합병으로 삼성그룹의 지주회사 위치에 오른 삼성물산의 지분 5.5%를 보유하고 있으며 중앙일보와 JTBC를 지배하고 있는 중앙홀딩스의 회장인 홍석현의 외조카이기도 하다. 이 부부는 한국의 재계와 언론계에서 가장 영향력 있는 부부 가운데 하나라고 해도 과언이 아닌데, 공교롭게도 둘 다 친일파의 후손이 되는 것이다. 청산되지 못한 친일의

김성수, 김신석, 홍진기

김성수 가계도

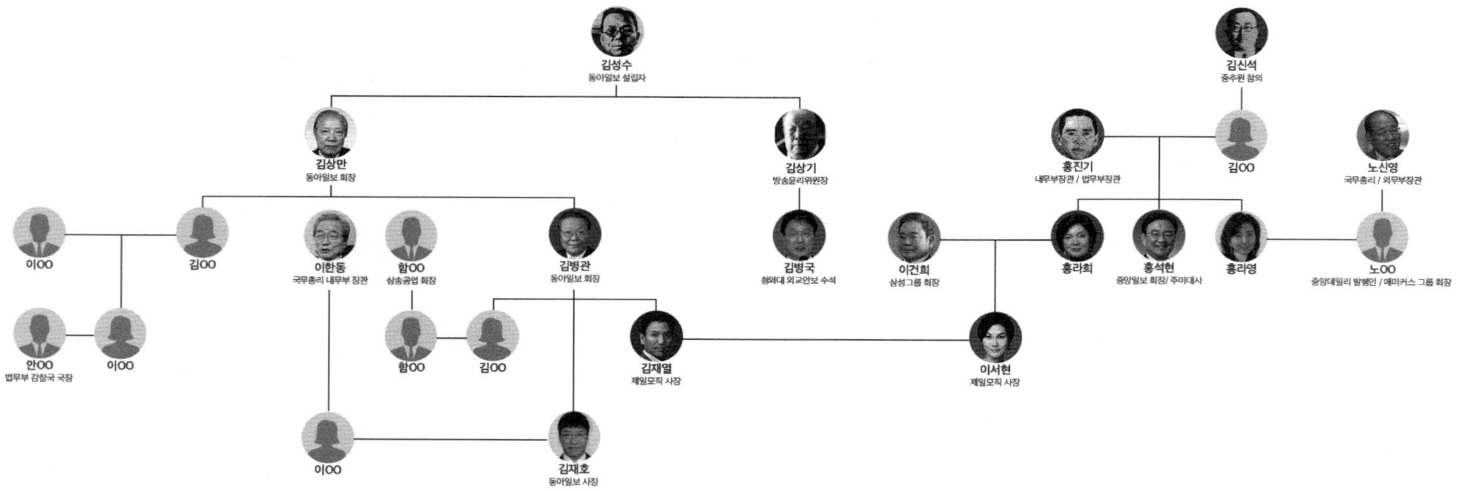
김성수
동아일보 설립자
김상만
동아일보 회장
김상기
방송윤리위원장
김신석
중추원 참의
홍진기
내무부장관 / 법무부장관
김OO
노신영
국무총리 / 외무부장관
이OO
김OO
이한동
국무총리 내무부 장관
함OO
삼송공업 회장
김병관
동아일보 회장
김병국
청와대 외교안보 수석
이건희
삼성그룹 회장
홍라희
홍석현
중앙일보 회장/ 주미대사
홍라영
노OO
중앙데일리 발행인 / 애머커스 그룹 회장
안OO
법무부 감찰국 국장
이OO
함OO
김OO
김재열
제일모직 사장
이서현
제일모직 사장
이OO
김재호
동아일보 사장

역사가 고스란히 드러나는 대목이다.

뉴스타파 광복 70주년 취재팀은 이렇게 친일 집안끼리 얽힌 혼맥을 20건이나 발견했다. 혼맥을 통해 서로 연결되는 가문은 모두 35개다. 대표적인 예가 친일파 방응모의 증손자인 조선일보 방상훈 사장이다. 방상훈 사장은 또 다른 친일파인 윤치호의 증손녀와 결혼했다.

친일파 현준호는 아들인 현영원을 당시 또 다른 친일파 김용주의 딸 김문희와 결혼시켰다. 김무성 전 새누리당 대표의 부친이기도 한 김용주는 민족문제연구소가 『친일인명사전』을 편찬할 당시에는 증거가 없어서 명단에 포함되지 않았지만, 최근 새로운 증거가 발견되면

방응모 가계도

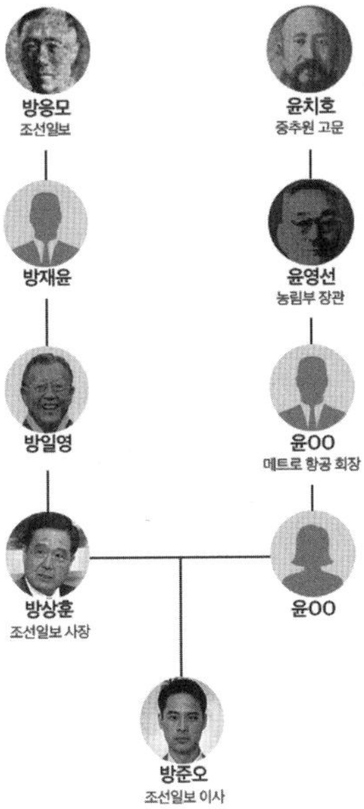

현준호 가계도

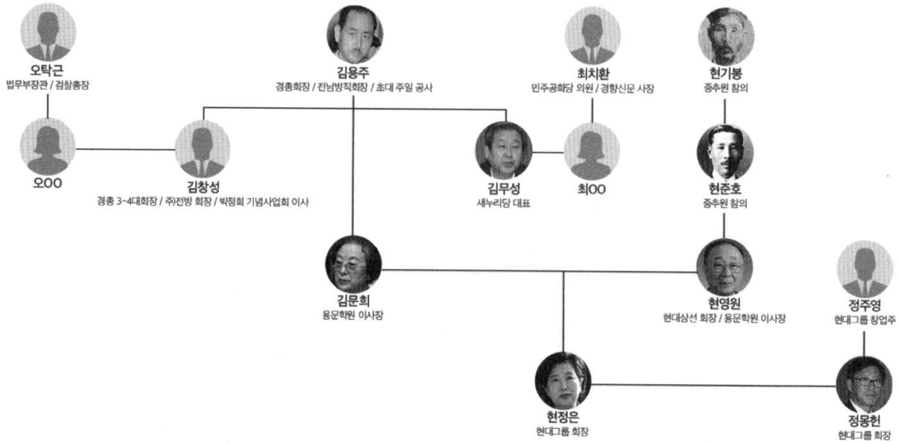

서 확실한 친일 인사가 됐다.[35] 이 결혼만으로도 친일 세도가 사이의 결혼이다. 그런데 현영원과 김문희 사이에서 난 딸 현정은은 현대가의 5남인 정몽헌과 결혼한다. 친일 집안과 재벌가의 혼맥이 구축된 것이다.

일제 강점기 최대의 거부이자 세도가였던 민영휘 집안은 다른 친일파 가문과 3건의 혼맥을 맺었다. 우선 일제 강점기 남작이었던 김춘희 가문의 딸과 손자를 결혼시켰고, 중추원 참의를 6번 지낸 장헌식의 아들과 손녀를 결혼시켰다. 또 그의 증손자는 일본군 육군 중장으

35 김무성 전 새누리당 대표의 부친 김용주의 친일 행적 증거는 '민족문제연구소'가 새롭게 발굴해 발표했으며, 뉴스타파가 이를 최초 보도했다. http://newstapa.org/28874

민영휘 가계도

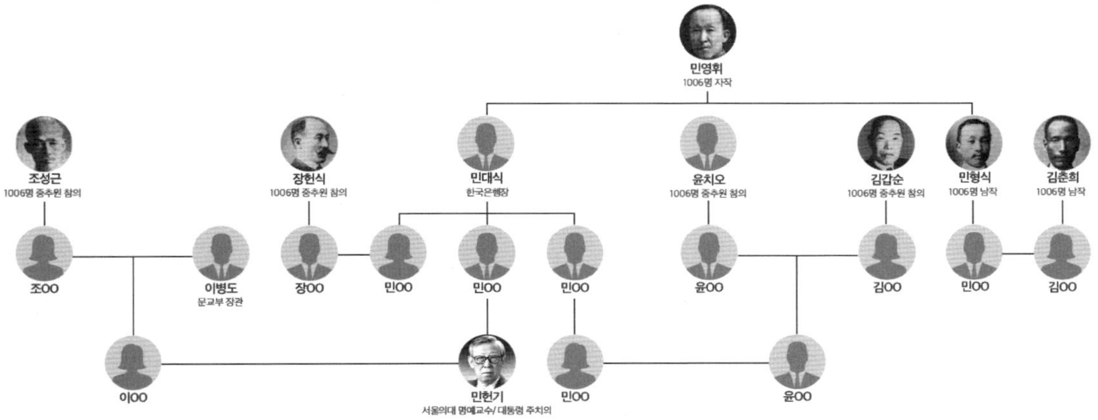

민영휘
1006명 자작
조성근
1006명 중추원 참의
장헌식
1006명 중추원 참의
민대식
한국은행장
윤치오
1006명 중추원 참의
김갑순
1006명 중추원 참의
민형식
1006명 남작
김춘희
1006명 남작
조OO
이병도
문교부 장관
장OO
민OO
민OO
민OO
윤OO
김OO
민OO
김OO
이OO
민헌기
서울의대 명예교수/ 대통령 주치의
민OO
윤OO

로 복무한 조성근의 손녀와 결혼하기도 했다. 민영휘의 후손들은 선대에서 물려받은 사학재단을 계속 운영하고 있다. 서울 강남 8학군의 대표적인 고등학교인 휘문고등학교를 운영하는 휘문재단이다.

친일파의 집안이라고 해서 자녀들을 결혼시킬 때 반드시 친일파 집안만 골라서 결혼을 시켰을 리는 만무하다. 오히려 '격에 맞는' 상대를 고르다 보니 그 상대방이 공교롭게도 친일 집안이었다고 보는 게 훨씬 현실적이다. 그럼에도 불구하고 친일 집안끼리의 혼사가 이렇게 많다는 것은 한국 사회의 '세도가'들 가운데 상당수가 선대의 친일 경력으로부터 자유롭지 못하다는 사실에 대한 방증일 것이다. 역시 친일 청산을 제대로 하지 못한 우리 역사의 아픈 결과다.

5 : 이들은 왜 고국을 떠났나?

어렵게 약속을 잡았다. 뉴스타파 취재진이 친일파 후손 수백 명에게 보낸 이메일 가운데 답변이 돌아온 것은 몇 통 되지 않았다. 오늘 만나기로 한 사람은 그중 한 명이다. 그는 취재진이 보낸 최초의 이메일을 본 뒤 직접 전화를 걸어왔다. 오랜 시간에 걸친 통화 끝에 그는 고민해보고 다시 전화를 걸겠다고 했다. 그리고 한 달이 지난 뒤 전화가 걸려왔다.

"내일 오전 10시, 신촌 로터리에 있는 OO커피점에서 만나죠."

약속 장소에 도착하니 10시 5분이었다. 허겁지겁 문을 열고 들어가 한 바퀴 둘러보니 와이셔츠 차림의 점잖아 보이는 노인 한 명이 눈에 띄었다.

"혹시 이OO 선생님 되시나요?"

악수를 하고 자리에 앉아 상대를 살펴보니 백발에 안경을 끼고 있는 모습이 척 봐도 대학교수나 선생님 같은 분위기다. 실제로 그는 대학교수를 지내고, 한 국책연구원의 원장까지 역임한 지식인이다.

그는 가장 먼저 프로그램의 제작 방향을 물었다.

"우선 친일파 후손들은 어떤 사람들인가, 그 인구 사회학적인 특징을 소개할 거고요, 재산 문제도 다룰 예정입니다. 마지막으로 친일파 후손들의 얘기를 직접 들어보고 그 얘기들을 소개하기도 할 겁니다."

설명을 들은 뒤 차분한 어조로 얘기를 시작한 그는 얼마 지나지 않아 흥분하기 시작했다. 훌륭한 분들이라고 믿고 지냈던 자신의 증조부와 조부가 친일파로 선정되고, 조상들이 묻혀있는 선산까지 환수당한 뒤 잠을 이루지 못한 밤이 많았다고 한다. 그러면서 그는 '친일반민족행위진상규명위원회'(이하 반민규명위)와 '친일반민족행위자재산조사위원회'를 원색적으로 비난하기 시작했다.

"포장만 다르게 해서 누구 말대로 하면 과거사 가지고 먹고 사는 애들이지. 그냥 자기네들 일자리 아닙니까. 조직도 몇 개씩 만들고 예산도 엄청나게 가져다 쓰고. 무슨 근거로 100년 전의 자료도 없이 역적 집안으로 만들고 재산을 환수해요. 무슨 근거로…

수백억 쓰면서 장관급 만들어 놓고 고작 삼 년 동안 조사해서 너네 집은 죽일 놈 집안이야, 이거는 참…

내가 글도 못 쓰는데 진정서를 수없이 냈어요."

그러나 그의 진정은 받아들여지지 않았다. 소송도 해봤지만 결국 패소했다.

"내가 후손된 도리로서, 내가 이렇게 무능력하고 무력하고. 이래도 되는 건지, 잠이 안 와요. 솔직하게."

그의 불만은 주로 반민규명위가 분명한 근거도 없이 자신의 선조를 친일파로 몰았다는 것이다. 과연 그 말은 사실일까?

그의 증조부 이재완은 조선 왕실의 인척으로, 일제 강점기 후작 작위를 받았다. 대한제국이 일제에 철도 부설권을 넘길 때 일본공사관과 각서를 교환했다. 그 공로로 대한철도회사 사장에 임명됐다. 일제의 국권강탈 후 그는 일본 육군 중장의 예우를 받았다. 조선 총독을 지낸 사이토 마코토는 그의 비망록에서 이재완을 이렇게 평했다.

"실로 일본에 대한 공로가 크다."

그의 조부 이달용은 아버지의 작위를 습작했다. 일제가 만든 친일 유학 단체인 조선 '유도연합회'(이인호 이사장의 할아버지 이명세가 활약했던 바로 그 단체다)에서 참의로 활약했고, 일제의 전쟁 준비를 위한 '조선임전보국단'의 발기인으로 참여하기도 했다.

이재완 결정문

이재완은 1910년 10월 7일 일본 정부로부터 한일합병에 관한 공로와 대한제국 황실의 종친이었던 점이 고려되어 〈조선귀족령〉에 의거하여 후작의 작위를 받았으며, 1922년 8월 11일 사망할 때까지 작위를 유지하였다. 따라서 한일합병 직후 일본 정부로부터 후작의 작위를 받은 이재완의 행위는 〈일제강점하 반민족행위 진상규명에 관한 특별법〉 제2조 제7호 "한일합병의 공으로 작위를 받거나 이를 계승한 행위"에 해당된다. 이재완은 일본정부로부터 한일합병에 관한 공로로 1911년 1월 13일, 은사공채 33만 6천 원을 받았으며, 1912년 8월 1일 '귀족의 작위와 은사금을 받은 자로서 한일관계에 특히 공적이 현저한 자'로 인정되어 한국병합기념장을 받았다. 또한 이재완은 같은 해 12월 7일 정4위, 1918년 12월 20일에는 종3위에 각각 서위되었다. 이러한 그의 행위는 〈특별법〉 제2조 제19호 "일본 제국주의의 식민통치와 침략전쟁에 협력하여 포상 또는 훈공을 받은 자로서 일본 제국주의에 현저히 협력한 행위"의 조항에 해당한다. 이상의 내용을 근거로 이재완의 행위를 〈특별법〉 제2조 제7호, 제19호에서 규정하고 있는 친일반민족행위로 결정한다.

–친일반민족행위 진상규명위 결정문 중 이재완 부분 발췌

이달용 결정문

이달용은 1922년 8월 11일 부친인 후작 이재완이 사망함에 따라 〈조선귀족령〉에 의거하여 1922년 10월 20일 작위를 계승하였다. 이달용이 작위를 계승함으로써 이재완이 수작할 당시 받았던 은사공채에 대한 권리를 동시에 승계받았으며, 조선 귀족에 대한 예우 역시 계승하였다. 그는 1945년 8월 15일 광복이 될 때까지 조선 귀족이자 후작으로서의 지위를 유지하였다. 이달용은 중일전쟁 발발 직후인 1937년 8월 말 소장 귀족들을 중심으로 조직된 전쟁협력단

체인 '동요회' 활동에 참여하여 국방헌금을 헌납하였다. 또한 그는 1922년 10월 작위를 계승한 이후 일본정부로부터 종4위, 정4위, 종3위의 서위를 받았다.

따라서 후작의 작위를 계승하고, 동요회를 통해 국방헌금을 헌납하였으며, 일본정부로부터 귀족으로서 서위를 받은 이달용의 행위는 〈일제강점하 반민족행위 진상규명에 관한 특별법〉 제2조 제7호 "한일합병의 공으로 작위를 받거나 이를 계승한 행위"에 해당한다. (중략) 이상의 내용을 근거로 이달용의 행위를 〈특별법〉 제2조 제7호, 제13호에서 정하는 친일반민족행위로 결정한다.

–친일반민족행위 진상규명위 결정문 중 이달용 부분 발췌

그의 친척 가운데는 이민을 간 사람이 많다고 한다. 그래서 진정서를 낸다거나 소송을 진행하는 작업을 혼자서 감당하느라 무척 힘이 들었다고 한다. 그의 친척들이 이민을 간 이유는 무엇일까?

뉴스타파 제작진은 친일파 후손 가운데 국적을 포기한 사람들이 얼마나 되는지 확인해보기로 했다. 엄청난 인내와 시간이 필요한 작업이었다. 『대한민국 관보』에 나온 수십만 명의 국적 포기자를 일일이 엑셀에 입력한 뒤, 확보된 친일파 후손들의 명단과

이재완(출처: 민족문제연구소)

맞춰보는 일이다. 동명이인이 있을 수 있으므로 생년월일까지 확인해야 한다. 한 해 국적 포기자가 2만 명 가량인데, 그 2만 명을 다 입력해서 비교해 봐도 국적을 포기한 친일 후손이 단 두 명만 나오는 경우도 있었다. 이런 비교 작업을 한 해 한 해 반복해서 밝혀낸 친일 후손 국적 포기자의 숫자는 346명이었다.

국적을 포기한 친일파 후손들의 국적 포기 시점을 분석해보니 흥미로운 결과가 나왔다. 1960년대부터 1990년대까지 수십 명 수준에 불과했던 국적 포기자가 2000년대에 급증한 것이다.

친일 후손들이 줄지어 한국을 떠났던 2000년대에는 대체 무슨 일이 있었던 것일까?

2002 국회, 친일파 708인 명단 발표

2004 친일반민족행위 진상규명특별법 통과

2004 친일인명사전 발간 시민 모금, 11일 만에 5억 원 모금

2005 친일반민족행위 진상규명위원회 발족

2006 친일반민족행위자 재산조사위원회 발족

2000년대 초반부터 시민단체와 국회가 친일청산의 기치를 들기 시작했고, 이어 노무현 정부가 본격적으로 국가 차원의 과거 청산 작업을 진행했다. 친일 후손들은 이 같은 친일청산 작업에 대한 불만 때문에 한국을 떠난 것일까? 아니면 단순한 우연의 일치일까?

우리나라 전체 국적 포기자

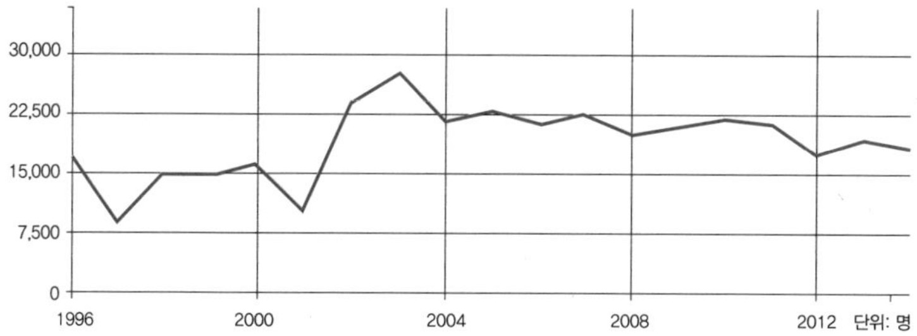

우리나라의 전체 국적 포기자 그래프다. 이 그래프를 보면 확실히 2000년대 들어 국적 포기자가 늘어나는 모습을 볼 수 있다. 1990년대 후반 외환위기의 영향 때문으로 추측할 수 있다. 친일 후손들도 같은 흐름을 보인다. 그러나 친일 후손들의 국적 포기자 증가 폭은 전체 국적 포기에 비해 훨씬 가파르다.

또 한가지 주목할 점은 2010년대의 추세다. 2009년 반민규명위의 활동 기간이 종료되는 등 친일 청산 작업이 일단락되자, 그 이후 친일 후손들의 국적 포기는 눈에 띄게 줄어든다. 그러나 전체 국적 포기 추세는 크게 줄어들지 않고 있다.

이렇게 친일 후손들의 국적 포기 그래프는 우리나라 전체 국적 포기 추세와 일부 부합하는 면도 있지만, 이들이 고국을 떠나려고 한 큰 이유가 2000년대의 전 사회적인 친일 청산 분위기와 무관하지 않다는 것을 분명히 보여주고 있다.

친일 후손 국적 포기자 그래프

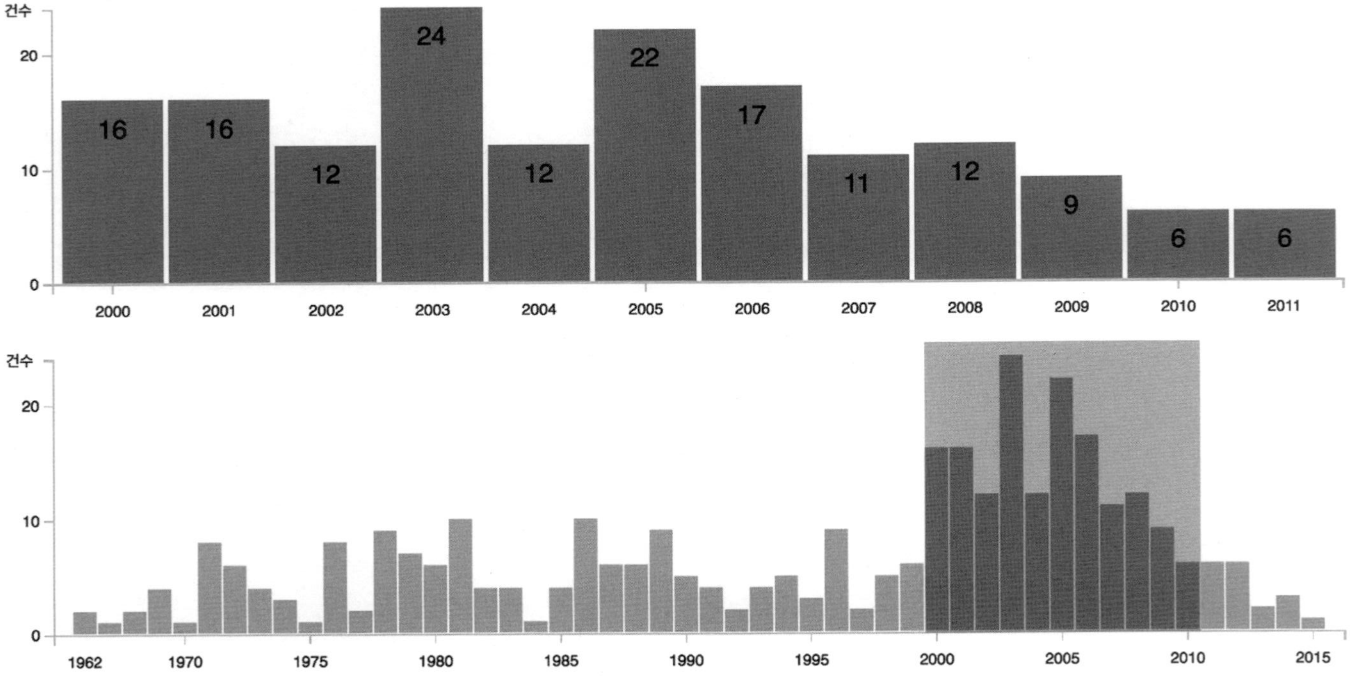

4장

부의 대물림

親日忘却

1 : 부와 권세

"거긴 뭐 하러 가게요?"

50대 마을 주민은 다소 귀찮은 듯 반문했다.

"네. 취재 왔거든요."

이내 손가락을 산 쪽으로 가리키며

"저쪽으로 조금만 가면 있을 거예요."

고맙다는 인사를 건넨 뒤, 곧장 주민이 가리켰던 방향으로 향했다. 마을 주민의 혼잣말이 취재진의 귀 끝에 걸렸다.

"거긴 뭐 하러 찾아갈까? 가 봐도 별거 없을 텐데."

야트막한 야산 초입에 들어서자 무덤이 나타났다. 양지바른, 비교적 넓은 곳에 위치하고 있었다. 취재진이 찾고자 했던 친일파 민상호의 묘지다. 민상호는 한일 합병의 공로 즉, 국권 침탈에 협조한 대가로 국권 침탈 직후인 1910년 10월 일제로부터 조선 귀족 남작 작위를 받았고, 그 다음 해에는 은사 공채 2만5천 원을 받았다. 그는 조선총독부 자문기구인 중추원 고문과 참의를 지냈다. 일제로부터 욱일중광장(旭日重光章) 서훈을 받기도 했다.[36] 1933년 민상호가 세상을 떠난 뒤 그의 아들 민영욱이 남작 작위를 물려받았다. 민상호, 민영욱 부자는 2009년 친일반민족행위자 1,006명에 확정됐다.

동족을 배신한 대가로 권세와 일신의 영화를 누렸던 친일파 민상호. 중추원은 조선총독부 자문기구였지만, 중추원 참의는 중추원 의장인 조선총독부 정무총감과 마주앉아서 회의하고 '답신서' 등으로 의견을 개진할 수 있는 자리로, 일제 강점기에 조선 귀족 다음으로 조선인이 진출할 수 있는 최고위급 감투였다. 한마디로 고위급 친일파의 상징이다.[37]

그의 무덤이 있는 경기도 이천시 마장면 장암리 일대 40만m^2가 넘는 넓은 임야는 민상호의 후손들이 소유하고 있다가 2009년에 국가

....

36 반민규명위, 『친일반민족행위 진상규명보고서』, 2009.

37 반민규명위가 발간한 『친일반민족행위 진상규명보고서』 1-2 권에 따르면 "일제가 중추원을 설치한 것은 대한제국 말기 일제의 침략과정에 협력한 고위관료들을 중추원 의관에 임명하여 이들의 협력을 끌어내려는 데 있었다"며 "중추원 참의들은 매년 개최되는 중추원 회의에 참석하여 조선 총독이 정한 두세 개의 자문 안에 대하여 발언하거나 '답신서'를 제출하는 형태로 조선 총독의 식민지배정책에 협력하였다. 전시체재기에 이르러 일제는 더욱 적극적으로 중추원 의관을 활용하고자 하였고, 중추원 의관들은 침략전쟁 및 황민화 정책의 선전, 그리고 징병, 징용 등의 강연 선전 등에 협력하였다"고 설명하고 있다.

민상호와 민상호 묘지

에 귀속조치 됐다. 시가로 100억 원이 넘는다. 이천에 있는 임야가 2009년 국가로 귀속된 이후에는 후손들의 발길이 끊겼다고 한다. 그래서일까? 몇 년간 사람의 손길이 닿지 않은 탓인지 무덤 주변으로 잡초가 무성했고, 묘비에는 군데군데 이끼가 성큼 자라고 있었다.

민상호는 경기도 이천시 마장면 외에도 전국 각지에 많은 전답을 소유하고 있었다고 한다. 그런데 정부 차원에서 친일 청산 논의가 본격적으로 시작될 무렵인 2000년대 중반, 그의 후손들이 그 대부분을 매각했다고 알려졌다. 팔릴 만한 것은 죄다 처분하고, 임야만 남았다. 재산을 처분하고 떠난 그의 후손들은 지금 어디서, 어떠한 삶을 누리고 있을까?

취재진은 마을로 다시 내려와 오랫동안 민상호의 묘와 토지를 돌봐왔다는 60대 마을주민을 만날 수 있었다. 그의 아버지, 할아버지가 대대로 민상호의 재산을 관리했다고 했다. 큰 부잣집 주변에는 어김없이 관리해주는 마을 사람들이 있기 마련이다. 그는 민상호 후손들을 또렷하게 기억하고 있었다.

그의 말에 따르면, 1950년대 이승만 정부 시절 민상호의 후손들은 "이승만 대통령의 전용차(지프 차량)를 빌려 타고 이천으로 내려올 정도였다"고 한다. 해방 이후에도 위세가 수그러들지 않았음을 보여주는 증언이었다. 또 민상호는 이곳 이천뿐만 아니라 안성과 공주에도 수십만 평에 이르는 전답을 소유하고 있었다고도 했다. 일제 강점기에 민상호가 "커다란 장죽을 들어 논과 밭을 가리키며 '이곳은 내 땅이다'라고 하면 곧바로 자기 소유의 땅이 되었다"는 일화도 소개해줬다. 할아버지로부터 들었다는 것이다.

그의 말이 어느 정도 부풀려져 있는지 확인할 길은 없다. 하지만 민상호에게 장죽은 담배를 피우는 도구인 동시에 권력을 과시하는 수단이었을 것이다. 그의 막힘없는 증언에서 일제 강점기 민상호가 누린 부와 권세가 해방 이후에도 그의 후손들에게 별 탈 없이 대물림됐음을 짐작할 수 있었다. 이런 현실이 어디 민상호 한 명 뿐이겠는가. 이번에는 잠시 시간을 더듬어 일제 강점기 말기, 강원도 영월 지역으로 가보도록 하자.

온 마을이 떠들썩하다. 너비아니와 명태전, 맥적구이 등 지글지글 각종 전 부치는 소리와 고소한 기름 향기가 가득하다. 널찍한 가설무

대가 세워졌고 당대 최고의 명창과 고수의 공연이 이어졌다. 한바탕 울고 웃게 만든 춘향전 공연에 이어, 구성진 가야금 가락에 맞춰 화려한 승무가 펼쳐진다. 곧이어 경기 민요가 흥을 돋운다. 한 장소에서 한꺼번에 이런 공연을 보는 게 난생 처음이었을 마을 사람들은 신바람이 났다. 잔치와 공연은 여러 날 계속됐다.

일제 강점기 어느 날, 강원도 영월에서 열린 잔치 풍경이다. 고 안비취 명창(1926~1997)은 지난 1993년 이 잔치에 초청 공연을 갔던 기억을 술회한 바 있다.[38] 이날 잔치에서 안비취 명창은 경기민요를 불렀다. 안비취 명창의 증언에 따르면, 자신을 포함해 조선 말기 판소리 5대 명창인 이동백, 산조 명인 정남희, 춘향모 역의 당대 일인자였던 박초월, 가야금 병창의 명인 오태석, 줄타기의 명고수 이정업, 조선의 마지막 무동이었던 김천흥, 나중에 중요무형문화재 제27호로 지정받는 강선영 등이 가설무대에 올랐다고 한다. 말 그대로 당대 최고의 연예인들이 총출동한 셈이다. 얼마나 돈이 많으면 이들을 죄다 불러 잔치를 벌일 수 있었을까? 잔치를 마련한 이의 권세와 재력을 짐작할 수 있다.

그 주인공은 장준영이다. 아버지를 위해 거창한 잔치를 마련했다고 한다. 장준영은 1942년 조선총독부 자문기구인 중추원 참의 자리를

38 고 안비취 명창의 증언은 1993년 9월 서울시 남산동 안 명창의 자택에서 이뤄졌는데, 그 녹취 자료는 국악음반박물관 홈페이지 명인실에 실려 있다. 안비취 명창은 1975년 경기민요 인간문화재로 인정받았다. 그의 증언을 바탕으로 영월 잔치날 풍경을 재구성한 것이다.

차지했다. 그리고 2009년 대통령 소속 '친일반민족행위진상규명위원회'(이하 반민규명위)는 그를 친일반민족행위자 1,006명에 포함했다.

당시 반민규명위의 『친일반민족행위 진상규명보고서』를 보면 장준영은 평북 후찬군 일대 100만 평의 광업권을 설정할 만큼 큰 부자였다. 또 강원 신사神社 공사에 1만 원, 육영 사업비에 6만 원, 국방헌금 1천 원을 내기도 했다. 장준영은 1941년 10월 조선임전보국단 강원도지부 발기인으로 참여하기도 했다. 조선총독부 중추원 참의로 재직 중이던 1942년 9월에는 원목생산조합 강원도 설립위원에 임명됐고, 1944년에는 조선총독부 상공경제회 설립위원으로 임명되었다.[39]

그는 1949년 반민특위에 체포됐지만, 곧바로 보석으로 풀려났다. 국사편찬위원회가 보관하고 있는 반민특위 조사기록에도 그와 관련한 기록은 찾아볼 수 없다. 당시 그의 재산이 국가에 귀속되거나 몰수됐다는 기록도 없다.

민족문제연구소가 발간한 『친일인명사전』에는 장준영은 해방 이후에도 강원도 평창군 부암광산과 홍천군 가족광산을 운영한 것으로 나온다. 해방 이후에도 별다른 조처 없이 부를 그대로 유지해왔음을 알 수 있다. 뉴스타파 취재진이 확인할 수 있었던 장준영의 후손은 모두 5명이었다. 5명 중 4명이 서울대, 고려대, 연세대 등 이른바 'SKY' 출신이었다. 그들의 직업은 대학교수와 중견기업 사장, 변호사, 재벌 대기업의 임원으로 우리 사회의 엘리트층을 형성하고 있었다.

39 반민규명위, 『친일반민족행위 진상규명보고서』 4권.

해방 60년이 지난 뒤, 2006년 대통령 소속 '친일반민족행위자재산조사위원회'(이하 친일재산조사위)가 출범하면서 본격적으로 친일재산을 조사하기 시작했다. 장준영의 친일재산도 그 대상이었다. 모두 12건을 조사했다. 그러나 친일재산으로 확정해 국가로 귀속 조치한 것은 1건에 그쳤다. 충북 단양군 대강면 장림리에 있는 하천 162m^2가 그것이다. 시세로는 129만6천 원에 불과했다. 한때 300만m^2가 넘는 광업권을 가졌을 정도로 막대한 부를 축적했던 그의 재산은 어디로 간 것일까?

어디 장준영뿐이겠는가, 충남 공주 출신으로 1930년대 말 한때 대전 시내 2/3를 소유하는 등 일제 강점기 시기 최대의 땅 부자로 알려진 김갑순, 조선 귀족 출신으로 막대한 재산을 축적했던 민영휘, 무려 7,000만m^2의 땅을 가졌다는 송병준 등 친일파가 소유했던 재산은 가늠하기조차 힘든 규모였다. 해방 70년이 된 지금 그들의 재산은 어디로 갔을까? 대한민국 정부는 이 친일재산 가운데 얼마나 찾았을까?

2 : 마지막 보도자료

장완익 변호사는 요즘 몸이 두 개라도 모자랄 지경이다. 법무법인의 대표 변호사인데다 현재 〈4 · 16세월호참사 특별조사위원회〉 비상임위원을 맡고 있다. 〈친일과 망각〉 취재가 한창이던 2015년 7월 중순, 취재진은 그에게 인터뷰를 요청했다. 그의 바쁜 일정을 알고 있기에 내심 미안했지만 장 변호사는 선뜻 받아들였다. 그는 〈친일반민족행위자 재산의 국가귀속에 관한 특별법〉에 따라 2006년 공식 출범한 친일재산조사위의 사무처장을 맡아 4년 남짓 활동했다.

서울 서초동에 있는 법무법인 사무실에서 그와 마주 앉았다. 약속보다 좀 늦게 도착하는 바람에 서둘러 인터뷰를 시작하려는 순간, 그는 문서 한 장을 꺼내 보여줬다. 2010년 7월 7일자 보도자료였다. 제목은 〈친일재산 국가귀속 임무 완수 관련 보도자료〉로, 친일재산조사위가 발표한 '마지막 공식 보도자료'였다. 2010년 활동 종료 후 친일

재산조사위 홈페이지가 더는 운영되지 않는 지금, 이 마지막 보도 자료를 인터넷을 통해서 찾아보기는 힘들게 됐다.

장 변호사가 건넨 보도 자료는 A4 용지로 4쪽 분량이었다. 위원회의 종료를 알리며 그동안 활동 경과와 친일재산의 국가귀속 현황을 총괄적으로 정리한 것이다. 위원회의 역사적인 의미도 담고 있었다.[40] 보도 자료를 보니, "국가귀속이 결정된 친일재산은 특별법 25조에 따라 독립유공자와 그 유족의 예우를 위한 지원금 또는 독립운동 관련 기념사업 등에 먼저 쓰이게 될 예정"이라는 대목도 눈에 띄었다.[41]

그가 하필 이 보도 자료를 보여준 이유는 뭘까? 2006년부터 2010년까지 친일재산조사위에서 사무처장으로 활동한 장완익 변호사는 기자들을 상대로 '대변인' 역할까지 도맡았다. 당시 기자들로부터 가장 많이 받았던 질문이 뭐였는지 물어봤다. 짐작한 대로 "위원회가 어느 정도 친일재산을 찾아내 국가에 귀속시킬 수 있을 것인가?"였다. 그는 주로 "아직은 전혀 가늠할 수 없다"거나 "실제로 남아 있는 재산

....

40 친일재산조사위가 발표한 마지막 공식 보도 자료에 따르면, 2006년 7월 13일 공식출범해 2010년 7월 12일 활동을 종료했던 4년 동안 이완용과 송병준 등 친일파 168명에 대한 2,475필지 13,069,403m² (시가 2,373억 원, 공시지가 1,111억 원)의 친일재산을 국가로 귀속했다고 밝히고 있다. 또 해방 이후 지적공부상 일본인 명의로 남아있던 토지를 조사해 3,520필지 3,201,711m²(공시지가 455억 원)을 국가로 귀속되는 재산임을 확인했다고 밝히고 있다.

41 국가에 귀속된 재산은 대부분 국가보훈처로 이관됐다. 보훈처는 2014년 독립유공자 후손 지원에 쓰여야 할 국가 귀속 친일재산 가운데 450억 원을 투입해 광복회관을 신축하겠다고 밝혔다. 독립유공자 후손들은 2005년 개·보수한 회관을 왜 신축하느냐며 보훈처에 반대의 뜻을 나타내고 있다. (2015년 1월 1일 경향신문 기사 참조)

이 어느 정도인지는 조사해봐야 알 수 있다"는 식으로 조금은 의례적으로 답했다고 한다.

해방 이후 오랜 시간이 지난 것을 고려할 때, 4년이라는 짧은 활동 기간에 그래도 여의도 1.5배 규모의 친일 재산을 국고로 환수한 것은 적지 않은 성과였다는 게 당시 다수 언론의 총평이었다. 이 작업을 실무에서 주도했던 장 변호사는 친일재산조사위의 활동을 어떻게 평가하고 있을까?[42] 친일재산조사위 활동을 종료한 지 5년이 흘렀지만, 장완익 변호사에게 다시 묻고 싶었다. 자신이 몸담았던 위원회의 활동에 대해서 어떻게 평가를 하는지 궁금했다. 말하자면 의례적인 답변 말고 그의 진심을 듣고 싶었다.

조금 망설이더니 그가 답했다.

"처음에 제가 위원회 시작하면서 몇조 원은 국가에 귀속할 수 있지 않겠냐는 생각을 했습니다. 재산이 많이 남아있지 않을까 싶었는데, 조사하고 보니까 없어요."

평소 조용한 말투지만, "조사하고 보니까 없어요"라는 대목에선 약간 목소리가 높아졌다. 이럴 때 취재진은 난감하다. 머릿속에 응대할

42 친일재산조사위의 마지막 보도자료에도 위원회 활동 의미에 대해 "친일재산의 국가귀속은 민족을 배반한 역사적 과오는 그 시효가 없으며, 아무리 오래된 것이라도 시대를 초월하여 분명히 바로잡아야 한다는 역사적 교훈을 후대와 세계사에 남긴 것"이라고 강조하고 있다.

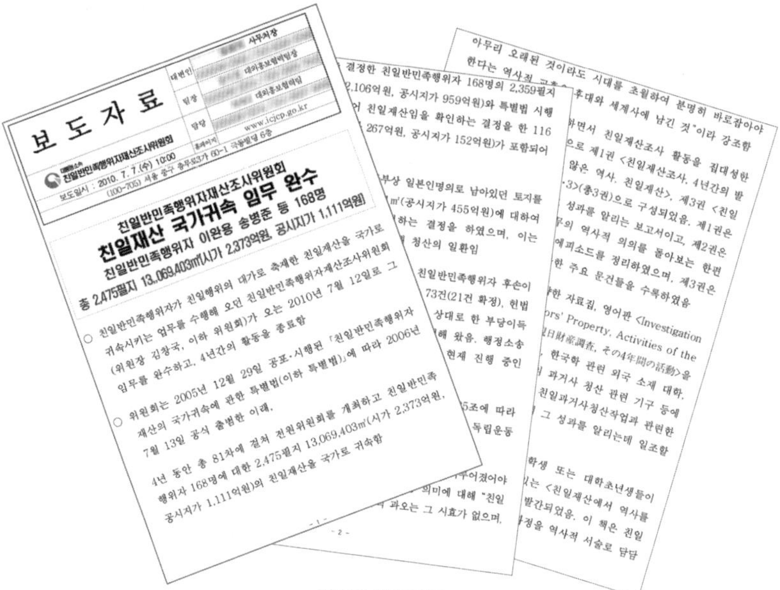
보 도 자 료

대한민국 친일반민족행위자재산조사위원회

보도일시 : 2010. 7. 7.(수) 10:00

(100-705) 서울 중구 충무로3가 60-1 극동빌딩 6층

대변인 사무처장

팀장 대외홍보협력팀장

담당 대외홍보협력팀

홈페이지 www.icjcp.go.kr

친일반민족행위자재산조사위원회

친일재산 국가귀속 임무 완수

친일반민족행위자 이완용 송병준 등 168명

총 2,475필지 13,069,403㎡(시가 2,373억원, 공시지가 1,111억원)

○ 친일반민족행위자가 친일행위의 대가로 축재한 친일재산을 국가로 귀속시키는 업무를 수행해 오던 친일반민족행위자재산조사위원회(위원장 김창국, 이하 위원회)가 오는 2010년 7월 12일로 그 임무를 완수하고, 4년간의 활동을 종료함

○ 위원회는 2005년 12월 29일 공포·시행된 「친일반민족행위자 재산의 국가귀속에 관한 특별법(이하 특별법)」에 따라 2006년 7월 13일 공식 출범한 이래,

4년 동안 총 81차에 걸쳐 전원위원회를 개최하고 친일반민족행위자 168명에 대한 2,475필지 13,069,403㎡(시가 2,373억원, 공시지가 1,111억원)의 친일재산을 국가로 귀속함

- 1 -

마지막 보도자료

마땅한 말이 떠오르지 않았기 때문이다. 일순간 사위가 죽은 듯이 조용해졌다. 취재노트에 받아 적어가는 취재진의 볼펜 소리가 선명하게 느껴질 정도였다. 두 사람 사이에 어색한 침묵이 잠시 흐르다 장 변호사의 말이 이어졌다.

"너무 늦었다는 생각을 매일 했습니다. 너무 늦게 시작했다. 모든 재산이 처분되고 나서 빈껍데기만 조사하는 게 아니냐. 그런 생각을 많이 했습니다."

장완익 변호사의 답변에는 친일반민족행위자들의 재산을 끝까지 추적해서 제대로 찾아낼 수 없었던 상황에 대한 아쉬움이 짙게 배어 있었다.

2006년 친일재산조사위 조사관들은 친일재산을 추적하는 과정에서 친일 후손들이 알짜배기 땅은 모두 처분한 사실을 수없이 확인했다. 돈 되는 땅은 팔아버리고 조상의 분묘가 있는 임야 정도만 남겨 놓았던 것이다.

친일파 정교원 후손의 경우가 대표적이다. 정교원은 조선총독부 중추원 참의와 함께 황해도, 충청남도 도지사를 지냈다. 정교원은 특히 일제 말기 민간 최대 전쟁협력단체였던 '조선임전보국단'의 상무이사와 '국민정신총동원조선연맹'의 상무이사와 전무이사 등을 맡아 '내선일체'를 주장하고 침략전쟁을 위한 식량의 공출과 징병을 독려하는 수많은 글을 기고하였다.[43] 그는 1944년 3월 중일전쟁에 협력한 공로를 인정받아 일제로부터 1940년 4월 29일자로 욱일중수장을 받았다.[44] 해방 이후 1949년 3월 30일 정교원은 반민특위에 체포됐다. 그해 6월 첫 공판에서 정교원은 "재판관 사실 신문에 60의 노구를 구부리며 눈물을 머금고 비통한 표정으로 '내가 이미 저지른 죄는 나의 경력 자체가 일본의 침략전쟁에 협력했다고 표시되어 있음을 이제 새삼스러이 무어라 말 할 게 있겠습니까' 하면서 기소 사실을 순순히 시인했다"고 한다.[45] 그러나 그해 8월 병보석으로 석방됐고, 6.25 전쟁이 터지면서 재판은 중단됐다. 이후 정교원은 납북됐다.

정교원의 후손은 경북 성주군 등 전국 곳곳에 8만 5천여 평의 토지

43 반민규명위, 『친일반민족행위 진상규명보고서』 중 정교원 보고서에 그의 친일행적이 자세히 나온다.

44 반민규명위, 『친일반민족행위 진상규명보고서』 중 정교원 보고서.

45 1949년 6월 20일자 조선일보 2면 기사, 반민규명위 발간 『친일반민족행위 진상규명보고서』 중 정교원 보고서에서 재인용.

와 임야를 소유하고 있었다. 그런데 친일재산조사위가 출범하기 직전인 2006년 5월, 정교원의 후손들은 모든 땅을 매각한 뒤 미국에 이민을 떠났다. 더구나 정교원의 후손은 세금도 체납했다. 이들은 평택시 토지를 매각하면서 발생한 양도소득세 2천여만 원을 내지 않은 채 국적을 포기한 것이다.[46]

뉴스타파 취재진이 정교원의 후손을 추적했는데, 후손 3명이 2002년쯤, 미국에 이민을 간 사실을 『대한민국 관보』 등을 통해 확인할 수 있었다. 실제 2006년 여름, 친일재산조사위 출범 초기부터 친일재산의 국고 귀속 작업의 어려움을 지적하는 언론보도가 잇따랐다. 장 변호사는 이런 현실을 지적하며 '선배'들을 원망했다.

"친일재산 조사를 왜 빨리 안 했느냐, 우리 선배들이 해방되고 나서 정부 수립하고 나서 제대로 못 해서, 우리가 왜 고생하느냐, 진짜 원망스러울 정도였습니다."

친일 과거사 청산 작업이 보다 빨리 이루어졌어야 했다는 안타까운 소회였다. 우리 현대사에 발자취를 남긴 이들 가운데, 장 변호사의 '원망'으로부터 자유로울 수 있는 사람이 얼마나 될까? 장 변호사의 이어진 말은 취재진의 폐부를 찔렀다.

"아득한 옛날 같습니다. 4년 동안 열심히 했죠. 맡은 일 해야 하니까요. 그런데 사회가 얼마나 변했을까… 별로 변한 게 없는 거 같아요."

46 친일파 후손들 재산 대거 빼돌렸다, 경향신문, 2006.9.11

그의 말대로 2010년 친일재산조사위의 활동은 끝났다. 그럼 친일 청산도 종료됐는가? 독일은 지금도 나치 전범들에 대한 추적을 멈추지 않고 있다. 우리의 친일 청산과 과거 극복 또한 이대로 끝내 버릴 수는 없다. 지금 우리 '후배'들의 책무는 없는지 생각해 보아야 한다. 앞으로의 70년이 지난 뒤 '또 다른 책망과 원망'을 듣도록 내버려 둘 수는 없지 않겠는가.

장완익 변호사가 취재진에게 '마지막 보도자료'를 건넨 이유를 짐작하고도 남았다. 아직 친일청산의 할 일은 여전히 많은데, 위원회의 활동을 마감해야 했던 아쉬움의 다른 표현이 아니었을까? 순간, '날은 저물어 가는데 갈 길은 멀다日暮途遠'는 옛 경구가 상투적이지 않아 보였다. 그와의 만남이 끝날 무렵 8층 사무실 안으로 오후 햇살이 들어오고 있었다.

3 : 친일 재산을 찾아라

2006년 8월 18일, 서울 충무로 극동빌딩. 친일재산조사위의 출범 기자회견이 열리는 날이다. 국민들에게 공식적으로 위원회 활동을 알리는 자리였다. 이날 기자회견에 역사학자 이준식도 참여했다. 그는 친일재산조사위의 상임위원을 맡았다. 평소 침착한 성품이지만 오늘은 긴장될 수밖에 없었다. 그에겐 그만큼 특별한 날이다.

이준식 친일재산조사위 상임위원은 독립운동가의 후손이다. 한국광복군 총사령관을 지낸 지청천 장군이 그의 외할아버지다. 2015년 여름, 그의 외조부가 다시 조명을 받았다. 영화 '암살'의 흥행 때문이었다. 이 영화에서 잠깐 지청천이 언급된다. 배우 전지현이 역을 맡은 저격수 안옥윤이 자신을 "한국 독립군 이청천 부대 제3지대 저격수"라고 소개하는 장면이 나온다. 이청천은 바로 지청천 장군의 본명이다. 지청천 장군의 딸, 지복영 여사는 임시정부에서 여성광복군으로 활동했는데, 그는 1995년 아버지의 무장 항일투쟁의 일대기를 담은 『역사의 수레를 끌고 밀며』라는 책을 내기도 했다.

1949년 반민특위 좌절 이후, 친일재산조사위가 탄생할 수 있었던 건 역설적으로 친일파 후손들의 소송 덕분이었다. 1990년대 정부와 각 지자체는 '조상 땅 찾아주기 사업'을 추진했다. 오랫동안 무연고의 땅을 되찾아준다는 명목으로 이뤄진 이 '조상 땅 찾아주기 사업'을 이용한 것이 친일파 후손이었다. 친일파 후손들이 '조상 땅 찾기' 소송을 통해 친일행위로 취득한 선대의 재산을 속속 찾아가기 시작한 것이다.

대표적인 사례를 소개하면, 1990년 이완용의 증손자 이윤형은 정부를 상대로 서울 북아현동 545번지 등 시가 30억 원대 토지가 이완용의 땅이었으니 돌려달라는 소송을 제기했다. 이완용의 후손들은 승소한 뒤 땅을 매각하고 캐나다로 이민을 떠난 것으로 알려졌다. 친일파 송병준의 후손도 2002년 부평 미군기지 땅을 놓고 소송을 했다. 시가 3천억 원에 이르는 어마어마한 땅이었다. 2004년 한 해 동안 정부가 찾아준 토지 가운데 약 110만 평이 친일파의 토지인 것으로 확인됐다.[47]

이같은 친일 후손들의 볼썽사나운 행태가 전해지면서 국민적 분노가 들끓었다. 친일파의 후손이 재산을 찾아가는 일이 없도록 하자는

47 홍경선, 『친일파와 일제 시대 토지』, 한울아카데미, 2006.

사회적 분위기가 형성됐다. 나아가 남아있는 친일 재산을 조사해 국고로 귀속시켜야 한다는 여론이 이어졌다. 결국 2005년 12월 29일 최용규 의원 등이 발의한 〈친일반민족행위자 재산의 국가귀속에 관한 특별법〉이 당시 한나라당 의원 전원이 불참한 가운데 국회에서 통과됐다.[48] 이 법을 근거로 친일재산조사위원회가 만들어졌으니, 60년 만에 국가 차원의 친일재산 추적이 가능하도록 길을 열어 준 건 바로 친일 후손들의 탐욕인 셈이다.

2006년 8월 18일 오전 기자회견을 막 준비 중이었지만, 친일재산조사위는 이미 한 달 전부터 서울 충무로 극동빌딩 6층에 사무실을 꾸려 공식 업무를 시작했다. 위원회 조사관들은 친일재산을 찾기 위해 먼저 친일 후손들의 가계도를 작성해야만 했다. 친일파와 그 후손들에 대한 정확한 가계도를 확보해야만 친일 재산의 추적이 가능했기 때문이다.

친일재산조사위 조사관들은 공보를 살펴보고 위원회 사무실에서 가까운 종로구청 등을 찾아가 호적부를 찾아가며 가계도를 그려나갔다. 그것도 안 되면 친일파의 묘비도 찾고 족보까지 샅샅이 살폈다. 본관, ○○파까지 일일이 확인하다 보면 하루 24시간이 부족할 정도였다. 더구나 동명이인도 많았기에 가계도를 여러 번 그렸다 지웠다

48 당시 야당이던 한나라당은 반대표시로 본회의에 불참했고 여당이던 열린우리당과 민주당, 민주노동당 소속 의원들만 표결에 참여했다. 당시 155명 투표 전원찬성으로 통과됐다.

반복하며 한 명씩 완성해나갔다. 이런 노력에도 3대와 4대 심지어 5대에 걸쳐 있는 한 집안의 가계도를 오롯이 그린다는 것은 말처럼 쉽지 않았다. 조선총독부 중추원 참의를 지낸 친일파 김한승의 경우, 부인이 무려 7명이었다. 정실 5명과 첩 2명이다. 김한승 후손들의 가계도를 온전히 그리는 데만 수많은 인력과 시간을 투입해야 했다.

무엇보다 위원회를 괴롭힌 건 증빙할 자료의 멸실滅失이었다. 일제강점기 당시 조선총독부의 자료는 해방 직전 없어진 경우가 많았다. 1945년 8.15를 전후해서 조선총독부 건물에서는 며칠 동안 밤낮으로 검은 연기가 피어올랐다는 증언이 다수 나온다. 기밀을 포함해 수많은 주요 자료가 폐기된 것이다.[49] 해방 이후에 남아있던 자료도 6.25 전쟁을 거치면서 온데간데없이 사라지거나 없어졌다. 호적부 등 자료가 없다면 난감할 수밖에 없다. 더구나 주로 북한에서 활동했던 친일파와 그의 후손들의 경우 가계도를 그리는 게 사실상 불가능했다.

여기에 친일 후손들의 '꼼수'도 한몫했다. 조사관들은 친일파와 그의 후손들의 호적부를 추적하는 과정에서 황당한 경우를 발견하게 된다. 분명히 이 구청에서 다른 구청으로 옮겨 호적 등록을 했다고 하는데, 이름이 가뭇없이 사라져 버린 현상이다. 조사관들 사이에서 이는 '호적 세탁'으로 불리었다. 당시 친일재산위원회 전문위원으로 일했던

49 국가기록원에 따르면, 조선총독부 기록물은 문서 약 3만3천여 권, 도면 85만여 매이다. 1945년 이전 조선총독부 문서과에서 관리했던 조선총독부 자체 문서만 약 14,000권에 이른다.

홍경선 청운대 교수는 “친일 후손의 호적을 추적 조사하는 과정에서 분명히 여기서 호적을 빼갔는데, 다른 지역에 등록할 때는 전혀 다른 명의로 신고하는 경우도 있었다”고 말했다. 이럴 경우 “친일 선대와의 관계가 완전히 끊겨 재산 추적이 한동안 어렵게 된다”고 했다.

족보에도 비슷한 ‘꼼수’가 일어났다. 조사관들은 호적부 외에 족보까지 봐야 했다. 그런데 특정 인물을 추적하는 과정에서 해당 인물이 족보에서 사라지는 현상이 나오는 것이다. 홍경선 교수는 “어느 특정한 친일파를 추적하다 보면, 일정 시기에 족보에서 없어졌다가 상당 시간이 지난 후에 다시 족보에 등장하는 경우도 있었다”고 말했다. 호적 세탁과 족보 삭제 현상은 빈번하게 발견됐다. 친일파의 후손들이 선대로부터 상속받아 대물림되고 있는 친일재산의 추적은 험난하기만 했다.

친일후손 중에는 중간에 개명改名을 하는 경우도 다반사였다. 뉴스타파가 확인한 1,177명 가운데 20명 정도가 개명한 것으로 파악됐다. 이 중에는 이름을 두 번 이상 바꾼 경우도 발견됐다. 게다가 친일 후손 가운데 국적을 포기하고 이민을 선택한 경우도 있었다. 또 친일재산조사위 활동 초기부터 중국이나 일본에 있는 것으로 파악되거나 추정되는 국외 지역의 친일 재산은 아예 추적을 포기해야 했다. 설령 찾는다고 해도 국가에 귀속시킬 현실적 방안이 없어 쉽지 않았기 때문이다. 여기에는 외교적 문제도 고려해야만 했다.

그러나 이런 어려움은 친일재산의 국가귀속 결정을 놓고 친일 후손들이 보였던 낯 뜨거운 반발에 비하면 아무것도 아니었다. 난관은 아직 닫치지 않았다.

친일재산조사위 출범 기자회견이 열리기 전, 이준식 친일재산조사위 상임위원은 장완익 사무처장, 김창국 위원장과 잠시 담소를 나눴다. 그리고 출범 기자회견에서 다음과 같은 기대를 피력했다.

"개인적으로 친일반민족행위자의 후손 가운데, 단 한 명이라도 자발적으로 나와서, 친일재산을 국가에 반납했으면 좋겠습니다. 그런 후손이 나왔으면 좋겠습니다."

이 같은 바람은 평소 그가 품고 있던 생각에서 나온 것이었다. 이준식 상임위원은 "독립운동가 후손이라고 해서 과하게 대접받을 필요도 없고, 친일파 후손이라고 해서 무작정 비난해서도 안 된다"고 강조해왔다. "친일파 후손들이 선대의 친일 행적을 깨끗이 인정한다면, 오히려 격려해주고 칭찬해 줘야 한다"고 말하곤 했다.

그러나 기자회견 당일부터 심상치 않은 일이 벌어졌다. 친일재산조사위원회 사무실 복도에 60대 남자가 나타났다. 친일재산조사위 직원들을 향해 자신의 조부를 친일파로 매도하지 말라며 거세게 항의하기 시작했다. 이 남자는 "이런 (친일재산) 조사위원회가 발족하면 나를 비롯해 60여 년간 친일 잔재 속에 사는 국민들은 어쩌란 말이냐", "친일파에 대해 법률이 정한 범위는 무엇이며 조부가 친일파라는 정확한 자료를 대라"며 고함을 질렀다.[50]

50 "우리 조상이 왜 친일행위자냐" 친일재산조사위에 항의, 연합뉴스, 2006.8.18

이준식 상임위원의 바람은 그저 희망으로 그쳤다. 이후 친일 후손들은 오히려 적반하장의 행태를 보였다. 친일재산조사위원회의 출범 기자회견이 있던 날의 항의 소동은 앞으로 다가올 친일파 후손들의 반응에 대한 예고였고, 험난한 조사 활동의 전조였다.

4 : 내 땅을 빼길 수 없다

2009년 8월의 무더위가 조금 누그러지던 늦은 오후, 집으로 들어가려는 방은희(가명)씨[51]를 아파트 경비원이 불러 세웠다. 오전에 통지서 한 장이 왔는데 찾아가라고 했다.

"대체 뭐지?"

방 씨는 별생각 없이 통지서를 받아 들었다. 발신자를 보니 친일재산조사위로 돼 있었다. 가슴이 뛰기 시작했다. 얼마 전 다른 기관인 반민규명위로부터 할아버지가 친일반민족행위자로 결정됐다는 통지서를 받았던 탓에, 새로 날라 온 이 통지서가 뭘 뜻하는지 짐작하고도 남았다.

방 씨는 떨리는 손으로 통지서를 뜯어 읽었다. 그 안에는 자신과 가

51 방은희(가명)씨와는 전화통화는 2015년 7월 이뤄졌다. 그의 부탁으로 이름은 가명 처리했다. 2009년의 상황은 그와의 전화통화를 정리한 것이다.

족들의 명의로 돼 있는 경북 문경의 하천 토지가 친일 재산이라며 국가의 귀속으로 최종 확정해 결정하겠다는 결정문이 담겨 있었다.

방 씨의 할아버지는 방인혁이다. 2009년 반민규명위는 그를 친일반민족행위자로 결정했다. 방인혁은 일제 강점기 충청북도 지방의 유지이며 조선총독부 자문기구인 중추원 참의를 지냈다. 또 1935년 한일 병합 조약 체결 25년을 기념해 민간인 공로자로 선정돼 조선총독부로부터 시정 25주년 은배 1조를 받기도 했다.[52]

이 하천 토지는 사실상 재산가치도 없는 데다, 얼마 전 국가에 수용 조치됐다. 하지만 방 씨는 무엇보다 억울함이 앞섰다. 방 씨는 평소 돌아가신 할아버지를 선인善人으로 생각하며 자랐다. "왜정(일제 강점기) 때 기부를 많이 했고 학교를 짓는데 자금을 기증도 하고, 지역유지로 존경받았다"고 말했다. 그런 할아버지를 친일반민족행위자로 규정하고 물려받은 토지마저 친일재산으로 확정해 국가에 귀속시키겠다니, 더 이상 가만히 있을 수는 없겠다 싶었다.

그러나 방 씨는 할아버지가 친일파가 아니라고 항변하고, 국가를 상대로 친일재산이 아니라고 소송을 한다고 해서 해결될 일도 아니라고 판단해 체념했다. 방 씨는 뉴스타파와의 전화 통화에서 "억울하지만 관련 증거자료를 찾을 수도 없고 계란으로 바위 치기를 하는 것 같아 소송을 포기했다"고 밝혔다. 결국 이 땅은 2009년 10월 29일 자로

52 반민규명위, 『친일반민족행위 진상규명보고서』 4권.

친일재산으로 확정돼 국가에 귀속됐다. 방 씨는 "더 이상 국가가 자신들을 괴롭히지 않았으면 좋겠다"며 "조용히 살고 싶다"고 말했다.

그러나 방 씨의 경우와는 달리, 상당수 친일파 후손들은 '조용히 살지' 않았다. 국가의 결정에 적극적으로 저항하고 반발했다. 각종 소송을 제기한 것이다. 김연수, 민영휘, 이건춘, 조성근, 이달용 등 대표적 친일반민족행위자의 후손들은 국가를 상대로 취소 소송을 잇달아 제기했다. 〈친일반민족행위자 재산의 국가귀속에 관한 특별법〉이 헌법에 어긋난다며 헌법재판소에 위헌소송을 제기했다. 선대가 친일파가 아니라며 친일반민족행위 결정에 대한 취소 소송을 내고, 친일재산 국가귀속 결정이 재산권을 침해한 것이라며 취소 소송을 냈다. 2006년 이후 친일파 후손들이 국가를 상대로 제기한 소송은 뉴스타파 취재진이 확인한 것만 239건으로 집계됐다. 이 소송에 참여한 친일파 후손은 모두 202명이다.[53]

소송에 참여한 후손들을 친일파별로 분류해보면, 삼양사 설립자 김연수의 후손과 조선 최대 갑부였던 민영휘의 후손이 각각 30명으로 가장 많았다. 그 뒤를 이어 김정태 후손 14명, 윤정현 후손 11명, 이달용 후손 10명, 조성근 후손 9명, 박철희 후손 6명 순으로 집계됐다. 친일파 후손별로 소송제기 현황은 아래 그림과 같다.

53 친일 후손이 복수의 소송에 참여한 경우가 있기에 소송 건수와 참여 후손의 명단의 수치가 정확히 일치하지는 않는다.

친일파 후손별 소송제기 현황

또 이들 소송에 참여한 친일파 후손들 가운데는 국적 포기자가 11명, 해외 거주자가 28명인 것으로 나타났다. 이 가운데 49명은 직업을 확인할 수 있었는데 기업인 19명, 의료인 9명, 대학교수 6명, 금융인 6명, 법조인 1명 등으로 파악됐다.

이 낯부끄러운 소송 한복판에서, 오히려 소송 취하를 요청하는 친일 후손들도 나타났다. 친일파 민영은[54]의 후손 5명은 지난 2011년 3월 청주 도심지의 청주중학교와 서문대교, 성안길 부근에 있는 12필지(총 1천894.8㎡)의 도로를 철거하고 토지를 인도하라며 청주시를 상대로 소송을 냈다. 이른바 '민영은의 땅 찾기 소송'을 낸 것이다.

54 일제 강점기의 충북 지역 유지로 조선총독부 중추원 참의도 지냈다. 2009년 반민규명위는 그를 친일행위자 1,006명에 포함시켰다.

그러자 민영은의 외손자인 권 모 씨 형제가 청주지법 앞에서 소송 취하를 촉구하는 피켓 시위를 벌였다. 이들 형제가 든 피켓에는 "민영은 선생의 외손자입니다. 청주시를 상대로 한 토지반환 소송은 조상을 욕되게 하는 짓입니다. 청주 시민을 위한 법원의 판결을 기대합니다"라고 적혀 있었다. 권 씨 형제는 2013년 청주시 승소 판결이 나오자 연합뉴스와의 전화 인터뷰에서 "우리는 친일파에 피해 입은 많은 사람과 같이 숨을 쉬고 동시대를 살아가고 있다"며 "그렇다면 우리 할아버지 땅이니 내놓으라고 할 게 아니라 숨죽이고 나누는 삶을 살아가는 것이 상식이자 도리"라고 말했다.[55]

친일후손들이 국가를 상대로 낸 소송 가운데, 세간의 이목이 쏠린 것이 '친일재산 국가 귀속 결정에 대한 위헌 소송'이었다. 친일파 후손 42명은 국가를 상대로 위헌소송을 냈다. 국가의 친일재산 귀속조치가 적법한 것이냐? 사유재산권을 침해한 것이냐? 중대한 결정이었다. 4년을 끌어오다 2011년 3월 31일 그 결정이 내려졌다. 결과는 7 대 2, 합헌 결정이었다.[56] 국가의 친일재산 귀속 결정이 적법하다는

55 친일 민영은 외손 "이제야 청주시민 볼 면목 생겨", 연합뉴스, 2013.11.5.

56 정확히 말하면 헌재는 재판관 5명(합헌)대 2명(일부한정위헌)대 2명(일부위헌)의 의견으로 합헌 결정했다. 헌재는 결정문에서 "해당 조항은 민족의 정기를 바로 세우고 일본제국주의에 저항한 3.1운동의 헌법 이념을 구현하기 위한 것이므로 입법 목적이 정당하다"며 "친일반민족행위자 후손의 재산 가운데 후손 스스로 경제적 활동을 통해 취득한 재산, 친일재산 이외의 상속재산 등을 단지 선조가 친일행위를 했다는 이유만으로 몰수하는 것은 아니기 때문에 연좌제 금지 원칙에 반한다고 볼 수 없다"고 판시했다.

것이었다. 친일 후손들의 이 낯 뜨거운 소송은 4년에 걸친 치열한 공방 끝에 판가름이 난 것이다.

유미라 헌법재판소 공보심의관은 이날 결정에 대해 "친일 재산을 환수하는 문제는 역사적으로 매우 이례적인 공동체적 과업이므로 헌법에 어긋나지 않으며, 민족정기를 바로 세우고 일본 제국주의에 저항한 3.1운동의 헌법 이념을 구현하기 위한 것"이라고 평가했다. 친일재산 국가 귀속에 대한 합헌 결정은 헌재가 2013년 9월 창립 25주년을 맞아 '헌재 주요 결정 10선'을 뽑는 온라인 조사를 시행했는데, 1,554표로 가장 많은 선택을 받기도 했다.[57]

57 2013년 9월 1일 연합뉴스, 순위 결과를 더 보면 '대통령 긴급조치 위헌'이 1천477표, '국회의 노무현 대통령 탄핵 기각'이 1천458표로 각각 2위와 3위에 올랐다.

5 : 역시 강남3구

접근이 가능한 모든 자료를 뒤져 찾을 수 있는 만큼 찾았다. 그리고 친일반민족행위자의 후손 1,177명의 명단을 작성했다. 이들의 학력과 직업도 확인했다. 뉴스타파 취재진은 여기서 좀 더 나아가고 싶었다. 이들이 어디에서 어떻게 살고 있는지 궁금했다. 거주지와 소유 주택은 적어도 그 사람의 재력이 어느 정도인지 가늠해 볼 수 있는 척도라고 판단했다.

하지만 거주지를 파악한다는 것은 쉽지 않은 과제였다. 언론사들이 제공하는 인물정보 데이터베이스에는 직업과 학력, 기본 경력 정도는 나오지만, 거주지를 제공하는 경우는 거의 없다. 고민이 계속됐다. 어떻게 찾아낼 수 있을까?

하나의 아이디어가 떠올랐다. 친일파 후손들이 국가를 상대로 낸 각종 소송자료를 확인해보자는 것이다. 판결문과 소송자료를 찾아보면, 원고 즉 친일 후손들의 주소지가 나온다는 점에 착안했다. 앞서 설명한 대로 2006년 이후 친일파 후손들이 국가를 상대로 제기한 소송을 하나하나 확인해보니 모두 239건이었고, 이 소송에 참여한 친일파 후손은 202명이었다. 이들의 주소지는 일단 확인할 길이 열린 셈이다. 선대의 반민족 행위를 부정하고 친일재산의 국가 귀속에 반발하며 소송을 낸 사람들은 대체 어디에 살고 있을까?

이들 가운데 상당수는 10억 원이 훌쩍 넘는 고급 아파트를 소유하고 있었다. 보통의 서민들이 평생을 노력해도 꿈꾸지 못할 고가의 집들도 적지 않았다.

일부를 소개하면, 조선 귀족 이해승의 후손은 서울 성북동 2층 저택에서 살고 있다. 대지 면적이 949m²에 이른다. 공시지가로는 30억 원이지만 시세로는 2~3배 이상일 것으로 추산된다. 조선 귀족 자작 민영휘의 후손 중 한 명은 서울 청담동 최고급 빌라를 소유하고 있었다. 한강을 제대로 조망할 수 있는 로열층으로 29억 원을 호가했다. 그 빌라 2층에는 기사 대기실을 따로 둘 정도였다.

중추원 참의를 지낸 삼양사 설립자 김연수의 후손은 서울 강남의 29억 원대 빌라에서 살고 있었고, 자신의 이름을 딴 '문명기호'라는 전투 비행기를 일제에 헌납했던 문명기의 후손은 공시지가 18억 원의 아파트를 갖고 있었다. 중추원 참의를 지낸 박철희의 후손은 서울 강남에서 29억 원대 아파트를 소유하고 있었다.

이는 겉으로 드러난 재산일 뿐이지만, 그들의 부를 가늠할 수 있는 중요한 단서가 된다. 친일 재산을 국가에 귀속 조치했다지만 이들이

사는 데 어려움은 별로 없어 보였다.

뉴스타파 취재진은 친일 후손들의 거주지를 더 파악하고 싶었다. 그래서 친일재산조사위가 친일 재산의 국가귀속을 결정하면서 고시한 자료를 살펴보기로 했다. 취재진은 무려 5천 건이 넘는 국가귀속 대상 토지를 확인하고 해당 토지의 등기부 등본을 열람했다. 이를 통해 친일파 후손들의 주소를 확인할 수 있었다. 이사를 한 경우는 새롭게 현 거주지를 확인했다. 전세 세입자인 경우는 제외했다. 말하자면 실소유 형태로 부동산 보유 지역을 최대한 찾으려고 했다.

석 달이 넘는 오랜 작업 끝에 친일반민족행위자 후손들이 소유하고 있는 주택 475곳을 확인했다. 지역별로 보면 서울과 경기도가 각각 300곳과 100곳으로 전체의 84%를 차지했다. 서울로만 보면 강남구, 서초구, 송파구 등 이른바 강남 3구가 130곳으로 전체 43.3%에 이르는 것으로 나타났다. 서울에 거주하는 친일 후손의 절반 가까이가 강남 3구에 주택을 소유하고 있었다.

주목할 점은 강남 3구 이외의 거주 지역도 부촌에 집중돼 있다는 것이다. 가령 서울 영등포구에는 친일파 후손의 거주지 10곳이 확인되는데, 6곳이 상대적으로 부촌인 여의도동에 몰려있었다. 나머지는 신길동 1곳, 대림동 1곳, 영등포동 1곳, 양평동 1곳 등이었다. 서울 서대문구도 마찬가지 현상이었다. 모두 31곳이 확인됐는데, 이 가운데 절반 가까운 14곳이 연희동에 위치하고 있었다. 연희동은 서대문구에서도

친일파 후손 거주지 분석

4
인천광역시
299
서울특별시
100
경기도
6
강원도
4
충청북도
4
충청남도
11
대전광역시
1
경상북도
15
대구광역시
3
전라북도
1
울산광역시
12
광주광역남도
6
경상남도
7
부산광역시
1
전라남도

'마당 있는 고급 주택'이 상대적으로 많은 곳으로 알려져 있다.

주거형태로 보면 단독주택의 경우 한남동, 이촌동, 성북동, 평창동 등 전통적인 강북 부촌에 많이 분포됐다. 1970년대 강남이 본격적으로 개발되면서부터는 강북에서 강남지역으로 이동이 시작된 것으로 보인다. 서울 강남 3구와 경기도 분당지역에 아파트를 소유한 사람을 합하면 144명으로 나타났다. 친일파 후손들의 주거형태도 세월이 흐르면서 사대문 안의 전통적인 '강북'지역 부촌에서 신흥 부의 상징인 '강남'지역으로 이동한 것으로 풀이된다.

'조물주'보다 더 좋은 직업은 '건물주'라는 우스갯소리가 있다. 뉴스타파 취재진의 확인결과 23명의 친일파 후손들이 상가와 임대주택을 소유한 임대사업자인 것으로 나타났다.

새로운 상가 지역으로 급부상하고 있는 홍대 앞에 위치한 한 5층 건물, 겉으로는 허름해 보였지만 시세가 평당 6천만 원 선으로 130억 원이 넘는다. 이 건물은 방태영의 아들이 소유하고 있다. 방태영은 조선총독부 중추원 참의와 조선총독부의 선전 기관지인 매일신보 편집인을 지내며 학병 지원을 선동했다.[58] 이 상가의 주인의 자녀 2명은 모두 유학을 다녀온 미국 시민권자다. 최근 이 자녀들에게 상가의 지분 일부를 증여한 것으로 확인됐다. 일정하게 상속이나 증여를 통해 부의 대물림이 이뤄지고 있는 사실을 엿볼 수 있다.

58 반민규명위, 『친일반민족행위 진상규명보고서』, 2009.

서울 강남구 삼성동에 있는 시가 40~50억 원을 호가하는 한 건물도 마찬가지였다. 이 건물은 일제 강점기 중추원 참의를 지낸 김서규 아들의 소유였다가 2001년 김서규의 손자에게 상속된다. 김서규의 아들과 손자는 둘 다 대학교수다. 김서규는 일제 강점기 때 조선총독부 중추원 참의와 도지사를 지냈으며, 3.1운동 당시 군민을 단속해 대한민국 임시정부가 그에게 현상금을 걸기도 한 인물이다. 일본 천황과 일제를 찬양하는 한시를 발표하기도 했다.[59]

서울 이태원동에는 친일파 민영휘 후손이 소유했던 저택이 있다. 대지 324m^2 규모다. 수십억 원을 호가한다. 민영휘는 한일병합의 공로를 인정받아 1910년 10월 일제로부터 귀족 자작의 작위를 받고 그 다음해 5만 원의 은사 공채를 받았다. 1918년에는 동양척식주식회사와 함께 식민지 경제수탈의 핵심 역할을 담당했던 조선식산은행의 설립위원을 맡았다.[60] 관료에서 경제인으로 변신했던 민영휘는 일제 강점기 조선 최대 부자로 알려졌다. 경기도 용인 등 전국 곳곳에 660만

59 1925년 10월 조선총독부 시정 15주년에 김서규가 쓴 장문의 한시를 소개하면, '명치성대 경술년에 일본과 한국이 비로소 일가가 되었네, 빛나는 천자의 명의 하늘로부터 내려오니, 一視同人이라는 말 다정하네. 데라우치(저자주 – 초대 총독) 노백이 머리 조아리며 제수받아 삼가 천황의 뜻을 받들었네. (중략) 기미년 소요(저자주 – 3.1운동)는 감당하기 어려워 사람들이 위정자에게 허물을 돌렸지만 군중이 잠시 미혹에 빠진 것이 아니겠는가. 덕망이 높은 사이토 남작(저자주–3대 총독)이 새로 대명을 받고 천황에게 사례하니 차에서 내려 곧 문화정치를 베푸니 일사분란하게 다스림이 질서가 있게 되었네. (후략) 반민규명위, 『친일반민족행위 진상규명보고서』에서 인용

60 반민규명위, 『친일반민족행위 진상규명보고서』, 2009.

m^2의 땅을 소유했던 것으로 추정된다.[61]

민영휘 후손이 소유했던 서울 이태원동 저택의 폐쇄 등기부 등본을 확인해보면, 적어도 1970년 이전부터 민영휘의 증손자가 소유하고 있는 것으로 나온다. 이후 1980년 민영휘 증손자는 이 주택을 아들에게 물려주고, 이후 다시 부인에게 소유권을 넘겼다. 그리고 친일재산조사위가 민영휘의 친일재산을 본격적으로 조사하던 2008년 돌연 저택을 매각했다. 저택의 마지막 소유자인 민영휘 후손은 1972년 미국 국적을 취득했다.

61 홍경선, 『친일파와 일제 시대 토지』, 한울아카데미, 2006.

6 : 빙산의 일각

경기도 김포군 하성면, 경기도 광주군 도척면, 고양군 신도면, 용인군 이동면, 여주군 북내면. 전남 진도군 군내면과 의신면, 일제 강점기 대표적인 친일파인 이완용이 보유했던 토지의 일부다.

이완용이 축적했던 땅을 모두 합산해보면, 대략 4,300만m^2로 추산된다.[62] 지금 시가로 따지면 가늠하기조차 어려울 정도다. 그런데 2006년 친일재산조사위가 조사해보니 이완용의 후손들은 해방 직전 소유했던 땅 대부분을 일본인들에게 모두 매각한 것으로 드러났다. 친일재산조사위가 찾아내 국고에 귀속시킨 이완용 후손의 친일 재산은 약 6천여m^2에 불과했다. 시가로 따져 1억7천만 원이었다.

나라를 팔고, 일제에 협력한 대가로 축적한 친일파의 전체 재산은

62 홍경선, 『친일파와 일제 시대 토지』, 한울아카데미, 2006.

얼마나 될까? 정확한 수치를 밝히는 것은 현재로서는 사실상 불가능한 작업이 됐다. 추적할 수 있는 자료가 상당 부분 없어졌기 때문이다.

2015년 6월, 친일파 후손들의 재산과 거주지를 추적하던 뉴스타파 취재진은 관련 자료를 찾다 흥미로운 책을 발견했다. 제목은 『친일파와 일제 시대 토지』, 저자는 홍경선 청운대 교수다. 홍 교수는 2006년부터 4년 동안 친일재산조사위에서 전문위원으로 친일재산 조사와 추적 업무를 담당한 경력이 있다. 또 그 이전에는 최용규 의원(당시 열린우리당) 보좌관으로 재직하면서 〈친일반민족행위자 재산의 국가귀속에 관한 특별법〉 입법에 주력했다.

이 책에서 그는 일제 강점기때의 각종 자료 등을 근거로, 일제 강점기 동안 친일파가 축적한 토지 규모를 추산해 냈다. 홍 교수의 추정치는 대략 1억3천만 평, 즉 4억3천만m^2에 이른다.[63] 4억3천만m^2는 현재 서울시 면적의 2/3에 해당한다. 상상을 초월하는 규모다.

그렇다면 이들 토지는 해방 이후 어떻게 됐을까? 지난 2006년 친일재산조사위가 해방 후 60년 만에 처음으로 정부 차원에서 친일 재산을 조사하기 시작했다. 당시 친일재산조사위가 조사 대상으로 삼은 토지는 전국적으로 5천 필지였다. 면적으로 환산하면 2,181만m^2였다. 이것은 홍경선 교수가 추산한 친일파 축적 토지의 5% 수준이다.

63 홍경선 교수는 1910년 토지조사 이후, 친일파의 재산을 정확히 추산하는 것은 사실상 불가능하다면서, 다만 그 윤곽을 설정해 1억3천만 평 이상으로 추산했다.

친일파 소유 토지 면적

그러나 이 토지도 최종적으로 국가에 귀속시키지는 못했다. 친일재산조사위가 친일 재산으로 확정해 국가에 귀속시킨 토지는 1,300만m^2에 불과했다. 홍 교수의 추정치로 따져볼 때, 다시 3%대로 줄었다. 정부는 국가로 귀속시킨 토지를 매각해 독립운동가 후손 지원에 사용하겠다고 약속했다. 그렇다면 실제 국가에 귀속된 토지 가운데 실제 매각된 것은 얼마나 될까?

뉴스타파 취재진은 2015년 6월 국가보훈처에 정보공개를 청구했다. 모두 130만m^2가 매각됐다는 답변이 왔다. 결국 친일반민족행위자가 일제 강점기에 축적한 것으로 추정되는 토지로 따져볼 때, 불과 0.3%만이 국가에 귀속돼 매각 처리된 셈이다. 4억3천만m^2의 0.3%. 해방 후 70년 동안 친일 청산이 얼마나 제대로 이뤄지지 못했는가를 상징적으로 보여주는 수치다.

친일재산조사위가 환수한 친일 재산을 금액으로 환산해보면 모두 2,105억 원어치다. 친일파별로 보면 이해승 후손으로부터의 환수 금 친일파의 땅, 얼마나 환수했을까?

액이 320억 원으로 가장 많았다. 이근호 후손 150억 원, 박희양 120억 원, 김춘희 115억 원, 민상호 110억 원, 박철희 84억 원 등의 순이었다.

1948년 제헌국회는 〈반민족행위처벌법〉을 제정했다. 친일파를 단죄하기 위해 사형, 징역형 등 신체형은 물론 재산몰수형도 함께 부과할 수 있도록 했다. 이 재산몰수에는 부동산은 물론 동산, 고서화, 금까지도 모두 포함됐다.

그러나 60년이 지난 2006년의 상황은 전혀 달랐다. 친일재산에 대한 조사권한이 극히 제한적이었기에, 토지를 중심으로 조사를 벌일 수밖에 없었다. 근본적인 조사의 한계였다.[64] 분명 이완용의 후손을 포함해 수많은 친일 후손들은 전국 각지에 땅을 팔아 금이나 건물, 고서화, 골동품 등 다른 형태로 바꾸거나, 다른 땅을 매입하는 등 재산을 변형시키고 증식시켰을 것이다.[65]

이에 대해 추적할 방법은 친일재산조사위에 현실적으로 주어지지 않았다.[66] 친일파 후손들은 서울과 경기도 등 수도권 지역에 있는 땅을 팔아서 현금화하거나, 다른 땅을 매입하기도 했다. 이 가운데 정부에 수용돼 개발된 친일 후손의 땅은 제3자에게 분양된 뒤여서 이를 친일재산으로 규정해 국가에 귀속 조치할 수 없었다. 〈친일반민족행위자 재산의 국가귀속에 관한 특별법〉 3조에는 "제3자가 선의로 취득하거나 정당한 대가를 지급하고 취득한 권리를 해하지 못한다"고 규정해놓고 있기 때문이었다. 60년의 세월이 흐르는 동안 알짜배기 땅은 매각돼 다른 형태로 변형된 상태였다.

64 2007년 11월 28일 진실화해를위한과거사정리위원회, 군의문사진상규명위원회, 일제강점하강제동원피해진상규명위원회, 친일반민족행위진상규명위원회, 친일반민족행위자재산조사위원회 등 5개 기관은 '과거사정리 활동평가와 향후 과제'를 주제로 공동토론회를 개최했는데, 조사권한의 없는 현실을 위원회의 활동의 한계로 지적했다.

65 이준식 전 친일재산조사위 상임위원은 2015년 8월 뉴시스와 인터뷰에서 "이완용은 부동산 투기의 귀재였다. 부동산을 자주 사고팔면서 현금화해 당시 '현금왕'이라고 불렸다"고 말했다.

66 실제 친일재산조사위는 국보나 보물급 문화재 등 친일 후손들이 소유하고 있는 귀중품 등이 국가 귀속 대상에 해당하는지 여부를 문화재청 등 관련 기관에 의뢰하고 목록까지 작성하고자 했다. 그러나 실제로 국가에 귀속된 사례는 없었다.

친일파별 국가귀속 금액

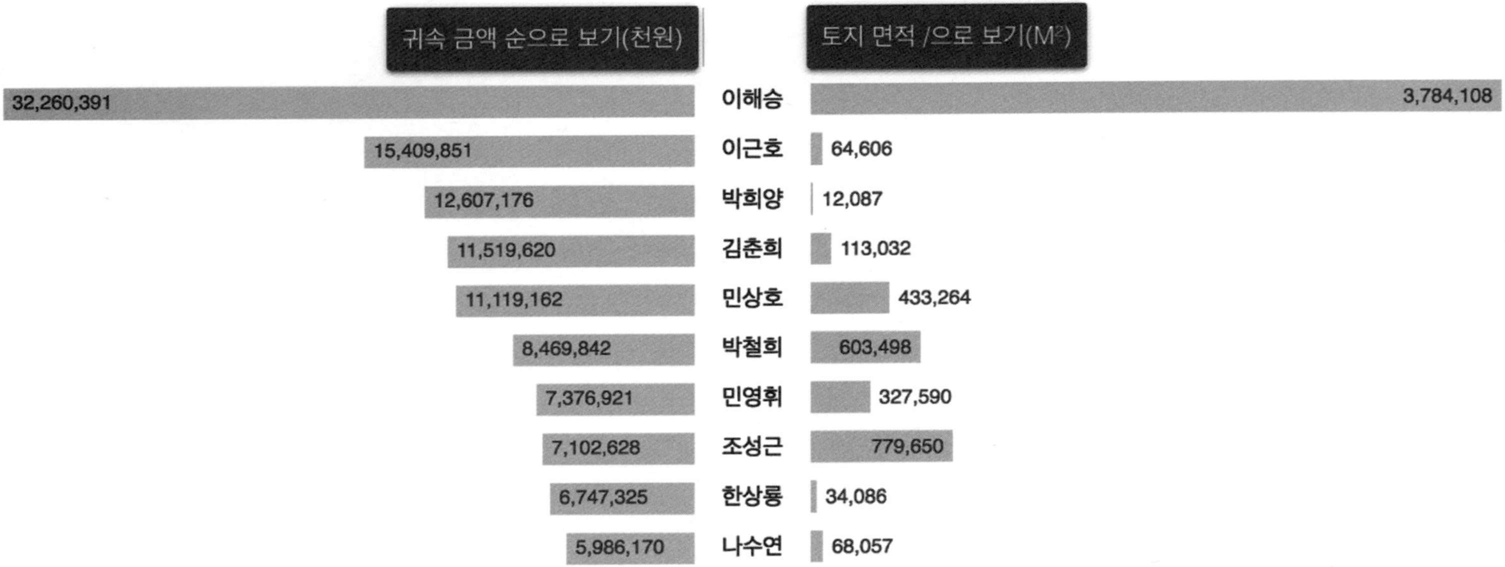
귀속 금액 순으로 보기(천원)
토지 면적 /으로 보기(M²)
32,260,391
이해승
3,784,108
15,409,851
이근호
64,606
12,607,176
박희양
12,087
11,519,620
김춘희
113,032
11,119,162
민상호
433,264
8,469,842
박철희
603,498
7,376,921
민영휘
327,590
7,102,628
조성근
779,650
6,747,325
한상룡
34,086
5,986,170
나수연
68,057

이준식 전 친일재산조사위 상임위원은 친일파 이해승 후손의 경우를 지적했다. "친일파 이해승의 후손이 세운 그랜드힐튼 호텔은 끝내 국가 귀속을 하지 못했다. 호텔이 지어진 땅 자체가 이해승의 땅인데, 상식적으로는 이 재산도 친일재산이니 국가에 귀속시키고 싶은데, 법 논리상으로는 불가능했다"고 했다.

또 이해승 후손은 〈친일반민족행위자 재산의 국가귀속에 관한 특별법〉이 제정되기 직전 경기도 포천의 임야를 급하게 매각하기도 했다. 100억 원대가 넘는 토지였다. 이준식 전 상임위원은 "나중에 알고 봤더니 시세보다 싸게 판 것으로 확인됐는데, 위원회를 괴롭힌 사안 중 하나였다"고 또렷하게 기억했다. 이준식 전 상임위원은 "위원회에서 재산을 조사하다 보니, 그중에는 몰락한 친일 후손이 있었다. 제대로 재산관리를 못 해서인지 재산이 별로 없는 경우도 가끔 있었다"고 했다. 그러나 "상당수의 친일 후손들은 선대로부터 물려받은 재산을 잘 활용해서 지금도 대부분 한국사회에서 기득권층에 속해있는 것으로 파악됐다"고 말했다. 이렇게 친일파 재산의 국가 귀속의 길은 점점 멀어지고 말았다.

5장

독립운동을 하면 3대가 망한다

1 : 두 아들은 요절, 셋째는 자동차 운전수

친일 후손들이 선대가 물려준 경제적, 사회적, 문화적 자본에 힘입어 사회의 주류로 성장한 반면, 독립 운동가들의 후손은 해방된 조국에서조차 선대의 신산한 삶을 그대로 물려받은 경우가 대부분이다. 이인호 KBS 전 이사장의 할아버지인 친일파 이명세 등에 의해 성균관대학교 총장에서 쫓겨난 '조선의 마지막 선비' 심산 김창숙 선생의 경우가 대표적이다.

김창숙 선생의 첫째 아들 김환기는 아버지와 함께 상해 망명길에 올랐고, 아버지의 명을 받아 군자금을 모집하기 위해 조선에 잠입했다가 일제 경찰에 체포되어 고문을 당하고 그 후유증으로 죽었다. 불과 19살이었다.

둘째 아들 김찬기는 국내에서 독립운동을 하던 중 몇 차례 체포됐다가 풀려났고, 이후 임시정부가 있던 중경으로 망명하였으나 망명

김창숙 선생 (출처: 매일신문)

도중 사망하였다. 당시 나이 31살이었다.

셋째 아들 김형기는 다행히 살아남았으나 제대로 교육을 받지 못해 좋은 직업을 얻지 못했고 생활이 곤궁했다. 말년의 김창숙 선생이 이명세 등에 의해 성균관대학교 총장직에서 축출당하고 여관방을 전전하며 간신히 생계를 유지할 때, 셋째 아들 김형기가 자동차 운전사를 하며 부친을 부양했다.

이 당시 세상 사람들이 심산의 아들이 운전사 노릇을 한다고 비웃자, 김창숙 선생이 아들을 위해 시를 한 수 써주었다. 두 아들을 독립운동에 바치고 셋째 아들에게조차 변변한 경제적, 사회적 유산을 물려주지 못한 아버지의 마음이 절절하게 와 닿는다.

아들에게

내 아들이 차를 끈다고
세상 사람 모두가 비웃고 조롱하네
다시 그 아비를 비방하여

거짓 꾸밈, 잘 하게

자식을 가르쳤다 이르네

비웃고 헐뜯은들

무엇을 상심하랴

편안한 마음으로 생업에 종사하라

가정의 생계를 돌보는 이 없다면

하루아침 당장에 망하고 말 것이라

옛적에 연암燕巖공은

전을 지어 기렸다.

예덕穢德 선생을

너희들 조금도 슬퍼하지 마라

천한 직업 그것이

바로 천직天職이니라[67]

67 김창숙, 심산사상연구회, 『김창숙 문존』 p89. 김상웅, 『심산 김창숙 평전』에서 재인용.

2 : 반민특위 김상덕 위원장의 가족사

뉴스타파 〈친일과 망각〉 제작진은 취재 과정에서 독립운동가 김상덕 선생의 아들인 김정륙 씨를 만났다. 친일 후손들의 현재 모습을 추적하는 것이 취재의 본류였지만, 이러한 친일 후손들의 삶에 대해 독립 운동가들의 후손들은 어떻게 생각하는지 의견을 듣고 싶었기 때문이다.

김정륙씨의 아버지인 김상덕 선생은 일본 와세다 대학교 유학 시절이던 1919년 조선인 유학생들의 뜻을 모아 〈2.8 독립 선언〉을 주도했다. 〈2.8 독립 선언〉이 같은 해 곧이어 일어난 〈3.1 만세 운동〉의 촉매제가 된 것은 널리 알려진 바다. 이후 만주로 망명한 김상덕 선생은 다양한 독립운동 분파 사이의 통합을 이루는데 온 힘을 기울였고,

임시 정부에 참여해 국무위원을 역임했다. 해방 이후에는 국회의원이 되어 반민특위 위원장으로 친일 청산이라는 역사적 과업을 수행하려 했으나 이승만의 명령을 받은 경찰의 반민특위 습격으로 목적을 이루기 어렵게 되자 위원장직을 사퇴했고, 곧이어 일어난 한국 전쟁 당시 북한군에 의해 납북됐다.

김상덕 선생 (출처: 국가보훈처)

김상덕 선생의 장남인 김정륙씨는 어린 시절을 중국에서 보냈다. 김정륙씨가 기억하는 가족사는 고난의 연속이었다. 아버지가 독립운동을 하느라 오랫동안 집을 떠나면 남은 가족들은 생계유지가 곤란했다. 가난하나마 안정된 정착생활을 오래 누리는 것조차 사치였다.

1937년, 임시 정부가 있던 난징이 일본군의 공격을 받게 되자 독립운동가와 그 가족들은 충칭으로 피난을 가야 했다. 김정륙 씨의 어머니는 남편의 도움 없이 젖먹이를 포함한 어린 자식 셋을 이끌고 그 먼 길을 걸어야 했다. 2년여에 걸친 우여곡절 끝에 충칭에 도착했지만, 어머니는 그만 얼마 지나지 않아 쓰러지고 말았다. 쓰러진 뒤에는 빠듯한 살림살이 때문에 제대로 치료도 받지 못하고 숨을 거두고 만다.

김정륙씨가 보관하고 있는 어머니 사진

김정륙 씨는 지금도 어머니의 사진을 소중히 간직하고 있다.

당시 어머니의 나이 불과 39살. 남겨진 세 남매의 나이는 9살과 7살, 그리고 3살이었다. 어머니가 돌아가신 뒤부터는 더 자주 밥을 굶었다. 아버지 김상덕은 어린아이들을 농가에 방치하다시피하고 임시정부 일에 매달렸다. 아이들끼리 있던 집에는 한 달에 한 번씩밖에 돌아오지 못했다.

김정륙 씨는 지금도 보름달만 뜨면 집에 돌아오던 아버지를 기억한다. 아버지는 집에 돌아오는 길에 먹을거리를 장만해왔다. 그러나 충칭의 고온다습한 날씨에서 아버지가 마련해 온 음식은 길어야 일주일이 지나면 모두 상해버리고 그때부터는 굶거나 혹은 알아서 먹을 것을 구해야 했다. 그래도 아버지 앞에서는 배고픈 내색을 하지 않았다고 한다.

"아버지가 오면 보통 3일 정도 머물다 가시는데 이 3일 동안은 아버지가 밥을 해먹이고 나머지 동안 곡식을 쌓아두면 안전한데, 셋 다 해먹을 줄을 모르니 빵 이런 종류를 사 들고 오게 되거든요. 그렇게 한 달 가운데서 열흘은 우리가 삽니다. 나머지 20일은 아버지가 그냥 하늘에 맡겨버린 것 같아요. 그 세 자식을… .

제가, 다섯 살짜리가 농장에 숨어 들어가서 복숭아도 따고 배도 따고 포도 같은 것도 따고 고구마도 따고, 이것 가지고 셋이 나누어 먹으면서 버텨갑니다. 그런데 우리는 그때 아버지를 원망하기는커녕 목이 빠지게 아버지만 기다리는 거예요. 아버지는 꼭 달이 휘영청 밝은 보름 그 무렵에 옵니다. 달 밝은 밤을 이용해서 달빛을 빛 삼아 집으로 온다는 것을 제가 알았어요.

그래서 보름쯤 되면 애들 꾀어서 술래잡기도 하고 놀면서 아버지를 기다리는 거예요. 저 끝자락에 아버지가 보이면 쫓아가서 팔짝 뛰어 안기거든요. 아버지가 이 액션에 (속아) 넘어간 거예요. 아 잘살고 있구나, 그렇게."

그러나 끝까지 아버지를 속일 수는 없었다.

어머니를 잃고 6개월 뒤, 이번에는 세 살배기 막내 여동생 영이가 영양실조로 숨졌다. 진단서에는 영양실조로 적혀 있었지만 굶어 죽은 것과 다름없었다. 여동생을 땅에 묻고 돌아오던 날, 어린 정륙은 처음으로 아버지의 눈물을 보았다.

"영이를 애장하고 돌아온 날, 아버지가 몰래 우시더라고요. 그러더니 다음 날, 여태 보지도 못했던 진수성찬을 차려서 우리 남매를 먹이시더라고요. 그러더니 둘이 손잡고 양자강으로 내려가요. 저 하류 쪽으로 계속 내려가는데 전혀 안 가봤던 낯선 곳으로 가요. 까불면서 가다 보니까 아버지는 말 한마디도 없이 죽 걸어가고 있어요. 그걸 느끼면서 아버지를 쳐다보고 걱정이 되기 시작한 거예요.

반나절 걸어서 가 닿은 곳이 고아원이었습니다. 어린 남매를 고아원에 데려가면서 맛있는 밥 한 상을 차려주고 무언의 행보를 하던 아버지의 심정이, 저는 그게 궁금합니다. 많이 아팠을 거예요."

그로부터 6년 뒤 해방이 되자 서울로 돌아온 아버지는 국회의원이 되어 반민특위 위원장을 맡았다. 살림살이도 조금 나아졌다. 그러나 반민특위는 좌절됐고 곧이어 한국전쟁이 일어나자 김상덕 선생은 납북되고 만다.

독립운동을 하던 아버지의 친구들이 그나마 남아있어 그들의 도움으로 대학에 들어갈 수는 있었다. 그러나 학비를 감당할 수 없어 중퇴했다. 대학 중퇴면 그나마 독립운동가 후손 가운데서는 매우 높은 수준의 학력이다.

납북된 아버지 때문에 남은 가족들에게는 '빨갱이'라는 멍에가 씌워졌다. 독립 운동가의 후손이라는 명예 대신에 '빨갱이'라는 멍에를 뒤집어쓴 김정륙 씨는 평생 번듯한 직장에는 취업할 수 없었다. 그래서 그는 연좌제를 혐오하게 됐으며 친일 후손들에게도 선대의 죄과를 물어서는 안 된다고 믿고 있다. 그는 평생 막노동과 신문 배달을 하며 가족을 먹여 살렸다.

자랑스러운 아버지의 기억을 오히려 원망으로 기억하며 힘들게 살아가던 김정륙 씨에게 또 한 번의 시련이 찾아온다. 1988년 김정륙 씨의 아내가 신부전증으로 쓰러지게 된다. 병원비가 없어 좌절에 빠진 김정륙 씨에게 기적 같은 구원의 손길이 내려온다. 김대중 당시 평화민주당 총재가 이 사실을 알게 된 것이다. 김대중 총재는 김정륙 씨의 아내가 입원해 있던 경희의료원에 손주항 부총재를 직접 보내 김 씨가 독립 운동가의 후손임을 설명하고 잘 치료해줄 것을 당부한다. 이후 김대중 총재는 당시로써는 거금인 3백만 원을 따로 보내기도 했다. 한숨 돌리기는 했지만, 신문 배달로 생계를 꾸리면서 중환자까지 감당하기는 쉽지 않았다. 독립운동가의 아들 김정륙 씨는 그야말로 숨 돌릴 틈 없이 생계에 치여 살아야 했다.

"제 아내가 힘든 걸 알면 치료를 안 하려고 합니다. 자기 때문에 남편이 고생하는 거로 생각을 하고 치료를 안 하려고 해요. 그래서 집에 들어오면 절대 그런 티를 낼 수 없어요. 새벽 한 시에 들어와 씻고… 그러다 보니까 동료들하고 제가 같이 점심을 한 적이 없어요. 보통 자장면이나 볶음밥, 이런 정도로 하는데 저는 형편상 그렇게 할 수가 없어요. 그래서 아파트 단지에 있는 공원 거기에서 빵으로 점심을 대신하기도 하고."

병풍을 펼쳐 보는 김정륙 선생

김정륙 씨의 집은 의정부 외곽에 있는 24평 아파트다. 거실에는 김상덕 선생의 흉상이 놓여 있고, 작은 방에는 병풍 하나가 있다. 그의 아버지 김상덕 선생이 주도한 〈2.8 독립 선언문〉 원문이 적혀져 있는 12폭짜리 병풍이다. 도쿄 YMCA에 있는 원본을 그대로 필사한 필사본이다. 그러나 그는 자신의 좁은 집에서는 이 병풍을 끝까지 펼 수가 없다.

"집이 좁아서 이거를 못 내놓고 있어요. 좀 넓은 곳으로 가면 늘 이것을 보면서 여생을 보내려고 합니다."

김정륙씨의 신산했던 삶은 민족의 위기 앞에 제 한 몸 돌보지 않고 평생을 바쳤던 독립운동가 후손들의 삶이 어떠했는지를 대표적으로 보여준다. 어린 시절 어머니와 누이동생을 잃었고, 대학을 끝내 졸업하지 못했다. 납북한 아버지 때문에 연좌제에 걸려 평생 제대로 된 직장을 갖지 못했고, 지금도 어렵게 살아가고 있다.

뉴스타파가 찾아낸 1,177명 친일 후손들의 삶과는 마치 빛과 그림자처럼 엇갈린다. 분명 역사에서는 이쪽이 빛이고 저쪽이 그림자인데, 현실에서는 정반대다. 생각할수록 참혹하고 부끄러운 일이 아닐 수 없다.

3 : 독립운동가 후손은 4분의 3이 월 소득 200만 원 이하

한국일보가 광복 70주년을 맞아 의미 있는 조사를 했다. 독립운동가와 그 후손들의 모임인 광복회 회원 6,381명 전원을 대상으로 생활실태 설문조사를 한 것이다. 응답자는 1,115명으로, 뉴스타파가 조사한 친일 후손의 숫자와 거의 비슷하다. 조사에는 독립 유공자 1대가 58명, 자녀 대인 2대가 469명, 손자 대인 3대가 509명, 증손자 대인 4대가 53명 참여했다.[68]

독립유공자와 가족들은 '사회적 무관심'과 '경제적 빈곤'을 토로하고 있었다. 복수 응답으로 '과거 겪었거나 지금 겪고 있는 어려움'에 대해 물었더니 46.4%가 '사회적 무관심'을 꼽아 가장 많았다. 그러나

68 이하의 논의는 한국일보 2015년 8월 12일자 "'독립운동 하면 3대가 망한다' 현실로" 기사에서 인용한 것이다.

39.9%가 '생활의 어려움'을, 33.3%가 '연금 승계가 끊길 우려'를 지목해 경제적인 어려움이 크다고 대답한 사람의 비율이 가장 높았다. 경제적으로 얼마나 어렵기에 이런 설문 결과가 나왔을까.

조사 결과는 충격적이다. 독립운동가와 그 후손들의 월 개인 소득이 200만 원을 넘는 경우는 4분의 1도 되지 않았다. 50만 원 미만이 10.3%, 50~100만 원이 20.9%, 100~200만 원이 43%였다. 2015년 3분기 기준 2인 이상 가구 평균 소득이 월 440만 원 남짓이고 4인 가구 최저 생계비가 166만 원 정도인 것을 고려하면 독립운동가 후손들의 생활 수준이 어느 정도인지 가늠할 수 있다.

더구나 이 액수에는 이들이 받는 연금 (52만 원~188만 원)이 포함된 만큼 순소득만을 따지면 사실상 빈곤층이라고 보아도 무방한 수준이다. 이들이 소유한 자산 역시 국민 평균을 한참 밑돌았다. 70% 이상이 자산 2억 원 미만이었다. 자산 5천만 원 이하가 28.3%였고, 5천만 원 이상 1억 원 미만이 21.1%, 1억 원 이상 2억 원 미만이 20.9%였다. 한국은행과 통계청의 〈2013년 국민 대차대조표 작성 결과〉에서 나타난 우리나라 가구당 순자산 3억 3,085만 원에 훨씬 못 미치는 액수다.

이 같은 결과는 주관적 계층인식에도 그대로 영향을 미치고 있었다. 응답자 중 자신이 '하층'에 속한다고 답한 비율이 73.7%를 차지했다. 뉴스타파가 찾아낸 친일 후손 1,177명 가운데 상당수가 서울, 그것도 강남에 집을 소유하고 여유롭게 살아가는 것과 비교하면 너무나 큰 차이다.

친일 후손들과 독립 운동가 후손의 대조적인 인생행로 가운데 가장 결정적인 지점, 그리고 가장 안타까운 지점은 바로 학력의 차이다. 독립운동가 후손 가운데 학력이 중졸 이하인 사람이 40%나 됐다. 학교 문턱에도 가보지 못한 '무학'이 4.7%, 초등학교 졸업이 22.8%, 중졸이 12.8%였다. 고졸 학력을 가진 사람은 25.7%로, 전체적으로 고졸 이하가 3분의 2, 66%다. 앞 장에서 언급한 김정륙 씨의 학력이 대학 중퇴로 '독립운동가 후손 가운데는 매우 높은 수준'이라고 했던 이유를 이제 이해할 수 있을 것이다.

뉴스타파가 찾아낸 친일 후손 가운데 3분의 1가량이 서울대나 연세, 고려 대학 출신이었고 27%가 유학을 다녀온 사실을 떠올려보라. 당대 누구 못지않은 지식인들이었던, 그래서 누구보다도 배움의 가치를 잘 알았을 독립 운동가들은 지금 지하에서 자신의 후손들과 친일파들의 후손들을 비교해보며 피눈물을 흘리고 있을지도 모른다.

6장

친일과 훈장

親日
忘却

1 : 대한민국 훈장을 받은 친일파는 누구인가?

440개의 훈장

2018년 6월, 김종필 전 국무총리가 사망했다. 문재인 정부는 故 김 전 총리에게 국민훈장 무궁화장을 추서해 논란이 됐다. 김 전 총리는 1961년 5.16 군사쿠데타의 주역으로, 박정희 독재정권의 2인자 역할을 해왔다. 헌정 질서를 파괴하고 독재 권력에 참여한 그의 삶을 놓고 대한민국 훈장을 수여하는 것이 온당한 처사인지 의문이 제기될 수밖에 없다. 대한민국 국무총리를 역임한 이에게 관행상 이뤄져 온 서훈 방식에 대한 재평가도 함께 요구되고 있다.

훈장의 수여자는 대통령이다. 역대 대통령은 훈장을 일종의 통치 수단으로 삼아왔다. 그 대표적인 게 박정희였다. 박정희는 국가재건최고회의 시기인 1962년과 63년 본격적으로 독립운동가에게 건국훈장을 수여하기도 했지만, 동시에 친일파들에게도 무더기로 훈장을 수여했다.

그렇다면 친일파[69] 가운데 1945년 해방 이후 대한민국 훈장을 받은 사람들의 규모는 어느 정도일까? 뉴스타파는 2016년 3월부터 7월까지 민족문제연구소와 공동으로 72만 건의 대한민국 서훈 내역과 『친일인명사전』에 등재된 친일파 명단을 하나하나 대조했다.[70]

그런데 대한민국 훈장을 받은 친일인사 명단을 확정하는 일은 만만치 않은 작업이었다. 무엇보다 대한민국 서훈 기록 72만 건 가운데 정확한 인적 사항을 파악할 수 없는 사람이 약 6천 명가량 됐다. 주로 1950년대 서훈자들로, 한국전쟁 시기에 수여된 무공훈장 서훈자들이었다. 주민등록번호 등 신원을 파악할 수 있는 정보가 기재돼 있지 않았다. 이 때문에 동명이인 여부를 제대로 확인하기 힘들었다.

문제는 전체 상훈을 관리하는 정부도 정확한 명단을 파악하지 못하고 있다는 점이다. 2016년 훈장 취재 당시, 상훈 기록에 나온 인물의 인적사항을 묻는 뉴스타파 질문에 '행정자치부(지금의 행정안전부)' 상훈과 공무원은 "특정인의 서훈내역을 추정만 할 뿐이지 확정할 수

69 이 글에서 지칭하는 친일파는 '친일반민족행위진상규명위원회' 선정 친일반민족행위자 명단 1,006명과 2009년 민족문제연구소 『친일인명사전』에 등재된 4,389명을 대상으로 한다.

70 당초 훈장 취재의 시작은 KBS였다. 2015년 1월 KBS 탐사보도팀 기자들은 정부를 상대로 3년 간의 소송 등을 통해 서훈 기록 72만 건 전체를 최초로 입수했다. 그러나 KBS 간부들의 반대에 막혔고, 결국 뉴스타파를 통해 온전하게 방송할 수 있었다.

없다"고 밝혔다. 동명이인을 확인할 수 없다는 뜻이었다.

결국 뉴스타파가 독자적으로 확인해야만 했다. 6천여 명 가운데, 사후 국가유공자로 국립 현충원에 안장된 경우 묘비를 찾아 거기에 기재된 훈장 내역을 하나하나 확인했다. 현충원 묘비 기록은 유족들이 의뢰한 내용을 토대로 한 것이겠지만, 고인의 수훈 사실을 입증하는 근거가 될 수 있다고 판단했다. 또 군인이나 경찰의 경우 한국전쟁 시기 당사자가 속했던 부대의 전투기록과 당시 신문자료 등을 찾았다. 이런 방식으로 뉴스타파 취재진이 파악한 친일 인사의 서훈 내역이 80여 건에 이른다.

그런데 현충원에 안장돼 있지 않아 묘소를 찾지 못한 경우도 많았다. 또 현충원에 안장돼 있다 하더라도 묘비에 훈장 내역을 기재해 놓지 않은 경우도 있었다. 이런 친일 인사들의 경우 대한민국 훈장을 받았을 것으로 추정은 되지만 명단에선 제외해야만 했다.

현장 취재와 서훈 분석을 병행한 결과, 1948년 대한민국 정부 수립 이후 훈포장을 받은 친일파는 222명, 훈장 수여 건수로는 모두 440건이 확인됐다. 친일파에 대한 각 정부별 훈장 수여 건수로 보면 이승만 집권 시기 162건, 박정희 집권 기간에는 206건으로 가장 많았다. 이어 전두환 정부 28건, 노태우 정부 22건으로 나타났다. 김대중 정부와 노무현 정부에서도 각각 7건과 2건이 확인됐다. 이승만과 박정희 정권 때 친일 인사들에게 준 훈장은 모두 368건으로 전체의 83.6%였다.

대한민국 훈장을 받은 친일 인사 222명 가운데 2009년 대통령 소

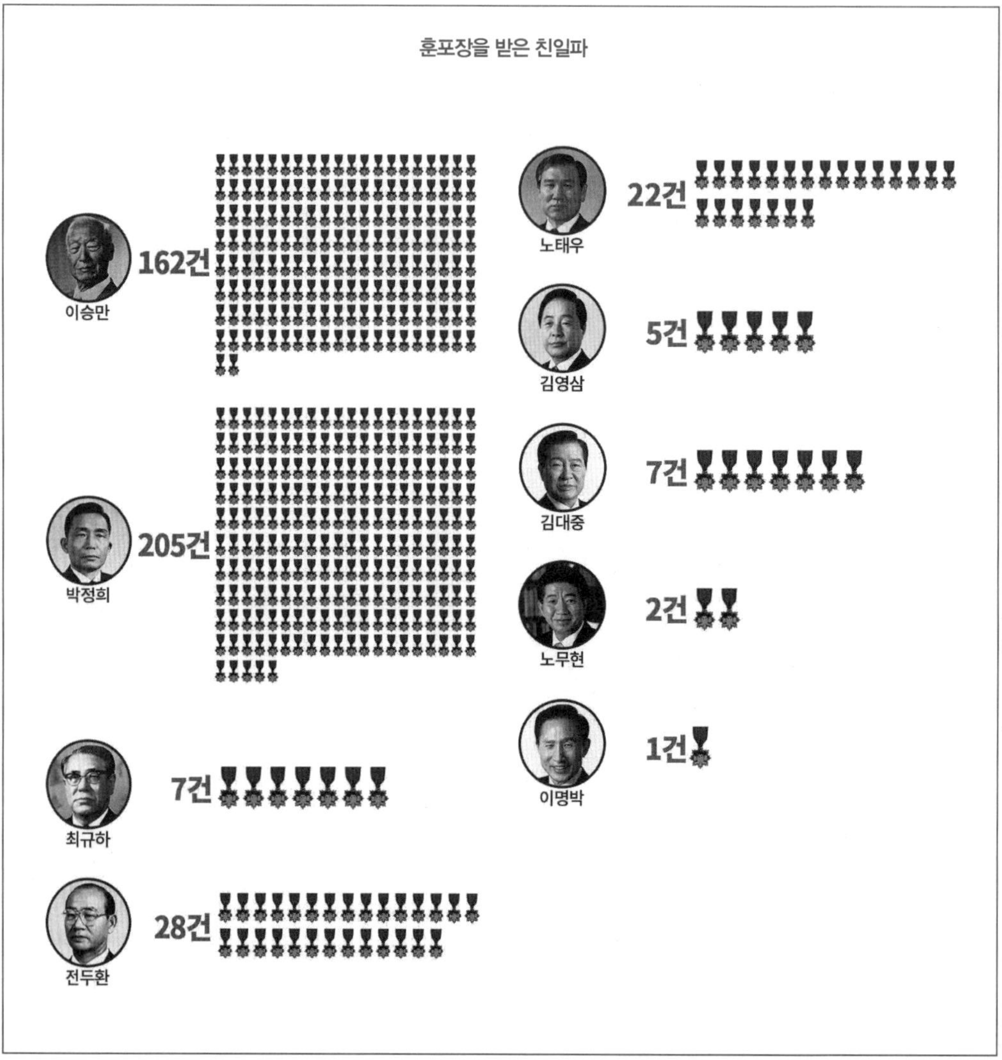

훈포장을 받은 친일파
162건
이승만
205건
박정희
7건
최규하
28건
전두환
22건
노태우
5건
김영삼
7건
김대중
2건
노무현
1건
이명박

직업별 훈장 수여 건수

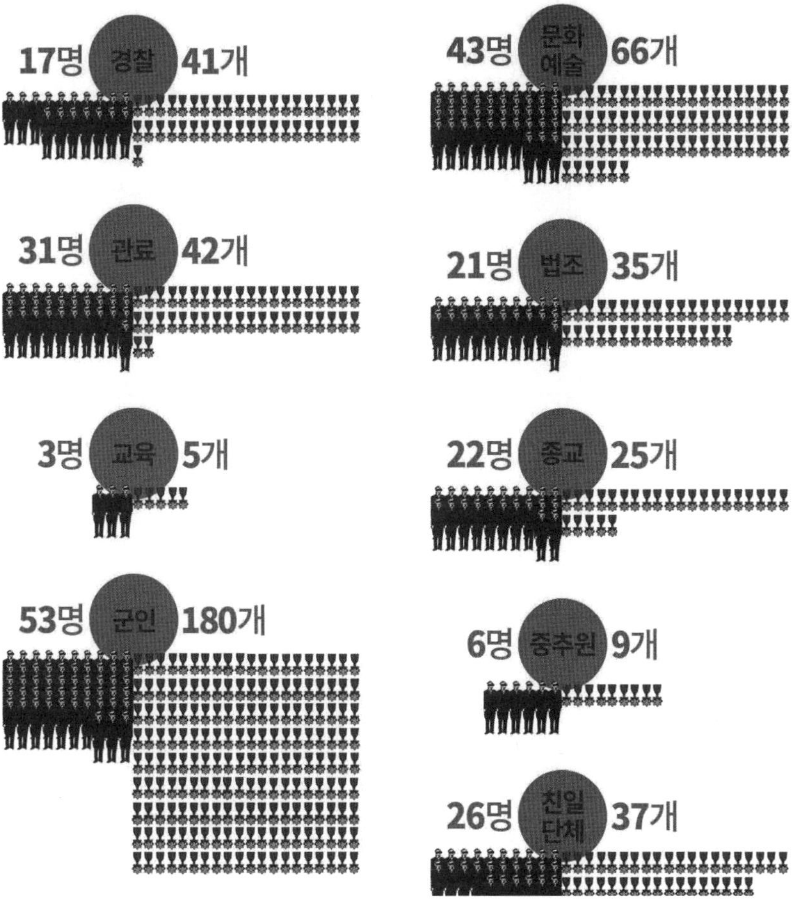
17명 경찰 41개
43명 문화 예술 66개
31명 관료 42개
21명 법조 35개
3명 교육 5개
22명 종교 25개
53명 군인 180개
6명 중추원 9개
26명 친일 단체 37개

연도별로 분류한 친일파 훈장 수여

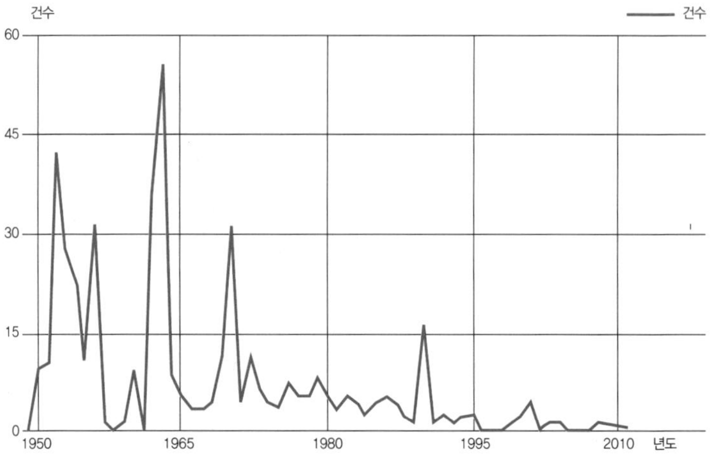

속 '친일반민족행위진상규명위'로부터 친일반민족행위자로 규정된 이도 적지 않다. 모두 105명이다. 또 일제로부터 훈장과 각종 감사장을 받은 이들 중 해방 후 대한민국 정부에서도 훈장을 받은 이는 48명에 이르렀다.

뉴스타파는 연도별로 친일파에 대한 훈장 수여 빈도도 분석했다. 5.16 쿠데타 직후인 1962년과 1963년에 집중됐고, 1970년에도 많았다. 박정희가 친일 인사들에게 무더기로 훈장을 준 이유는 무엇이었을까? 친일 인사들은 훈장을 통해 무엇을 얻고자 했을까?

윤경로 『친일인명사전』 편찬위원장(전 한성대 총장)의 분석은 이렇다.

"군사 쿠데타 직후 시기는 정치적으로 상당히 큰 변동기인데, 이때 박정희로서는 자기의 우군이 어느 때보다 필요한 시기였을 겁니다. 대통령으로서 할 수 있는 그런 권한을 제대로 이용해서 그리고 또 받은 사람 입장에서도 국가의 이름으로 훈장을 받는 건 국가로부터 (안전을) 보장을 받는 거니까 그런 서로 간 쌍방 간 이해가 떨어지고."

– 윤경로 전 한성대 총장

이들 친일인사들에게 수여된 대한민국 훈장은 어떤 의미였을까? 그것은 독재에 부역한 대가였고, 과거 부끄러운 친일행적을 감추는 면죄부는 아니었을까?

"병으로 못 간다고 전보만 치고 출석도 안 했다"[71]

1949년 5월, '반민족행위특별조사위원회'(반민특위) 충청북도 조사실에 60대 노인이 일제의 식민통치와 침략전쟁에 적극 협력한 '반민족 행위' 혐의로 불려 나왔다. 그는 1942년 6월부터 해방 직전인 45년 6월까지 3년 동안 조선총독부 자문기구인 중추원 참의를 지냈다. 반민특위 조사관은 그에게 중추원 참의가 된 경위를 물었다. 그의 해명은 이랬다.

71 이 글은 국사편찬위원회 반민특위 조사기록 중 『피의자신문조서』 기록을 바탕으로 정리한 것이다.

"본인은 발언할 견식見識도 없고 성격상 중추원 참의는 절대 수락 못 하겠다고 즉시 반소反消를 요구하였습니다. 윤태빈 충북지사는 "회의 때 발언 안 해도 좋고 또 참석하기 싫으면 안가도 좋다. 지방 순회강연도 물론 안 해도 좋으니 기어이 승낙하라"고 했다."

– 반민특위 『피의자신문조서』중 (1949년 5월 19일)

충북 도지사의 강권에 의해 어쩔 수 없이 중추원 참의가 됐다고 말한 이는 바로 김원근이다. 그는 충북 지역에서 잘 나가는 사업가였다. 반민특위 조사관은 '궤변'이 아니냐고 호통치며 중추원 참의 회의에 몇 차례나 참석해 무슨 발언을 했는지 물었다. 김원근의 대답은 '궤변'의 연속이었다.

"첫해 하도 가라고 충북도에서 떠들기에 갔더니 전연全然 언어 불통不通인데 총독이 무어라고 지껄이고, 다음 정무총감이 지껄이고, 또 어느 군인 한 놈이 무어라고 떠드는 소리만 약 2시간여 듣고 그대로 나와서 이후에는 가지 않았고 그 후는 줄곧 병病으로 못 간다는 전보만 치고 출석 안하였습니다. 발언 운운할 여부도 없었습니다."[72]

– 반민특위 『피의자신문조서』중 (1949년 5월 19일)

72 김원근의 기록은 반민특위 『피의자신문조서』와 『친일반민족행위 진상규명보고서』(김원근 편)을 기초로 작성된 것이다.

하지만 김원근의 말과는 달리 중추원 참의 활동의 사실史實은 이렇게 기록돼 있다. 1942년 6월 중추원 참의에 임명된 직후 그는 중추원 참의 회의에 출석해 조선총독에게 이런 건의 사항을 내놨다.

> "(전략) 우리 2,400만 반도의 민중도 드디어 황국신민으로서 은택을 받게 되었음을 커다란 영광으로 여기고, 반도에 부과된 특수사명을 완수할 염원에 불타고 있습니다. (중략) 지방적 민도에 비춰 감히 미력하나마 생각하는 바를 드리고자 합니다.
> 〈징병제도에 대한 의무교육의 급시〉
> 수년 이래 갈망해 오던 조선인 징병제의 실현은 반도 민중을 동등하게 같은 정도로 할 수 없지만, 반면에 적령자임에도 불구하고 국어(일본어)를 이해하지 못하는 자라서 모처럼의 은전도 받을 수 없는 사람들이 상당수에 이른다고 알고 있습니다."
>
> —『친일반민족행위규명위원회 결정보고서』 김원근 편

기록에 나타난 김원근의 행적을 보면 징병제를 적극 찬성하는 등 일제가 저지른 침략전쟁에 적극 협력하자고 조선총독에게 건의한 것으로 확인된다. 실제 중추원 참의 김원근의 친일 행적은 화려하다. 전시체제 친일단체인 '국민총력조선연맹' 이사와 '조선임전보국단' 발기인 및 평의원으로 활동했다. '조선임전보국단'은 1941년 일제가 만든 최대의 침략전쟁 지원 단체였다. 또 1937년에는 비행기 '충북호' 자금으로 5천 원을 헌납하고, 수차례 중일전쟁의 승리를 축하하고 '일본군의 분투'에 감사하는 광고를 경성일보에 게재하기도 했다.

그러나 1949년 8월 김원근은 아무런 처벌도 받지 않고 불기소 처분을 받는다.[73] 그의 불기소 사유는 많았는데 그중 하나가 "도내道內 영육英育사업에 공적이 현저한 사실"이었다. 그 영육사업이란 게 그가 1924년 청주에 대성보통학교와 1935년 청주상업학교 등을 설립했다는 것이다.

김원근은 일제 강점기에 이미 학교 설립과 관련된 포상을 받았다. 1929년 일본 기원절을 기념해 교육공로자로 선정돼 조선총독부로부터 금시계 1개를 받았고, 1931년에도 또다시 교육공로로 표창장과 탁상시계 1개를 받았다. 1940년 조선교육회가 펴낸 『교육공로자 표창후보 이력서 편』 4권에는 '청주 대성보통학교를 설립'하고 '재단법인 청주상업학교 이사장 선임'됐다는 것을 교육공로 사유로 밝히고 있다. 친일반민족행위자였던 김원근은 반민특위에서 불기소 처분을 받은 후 15년이 지나 대한민국의 교육가로 화려하게 복귀한다.

73 이로부터 60년 후인 2009년 대통령 소속 '친일반민족행위진상규명위원회'는 김원근을 친일반민족행위자로 확정할 수 있었다.

2 : 화려한 복귀

1963년 11월, 서울 시민회관[74]

"스승의 은혜는 하늘 같아서 우러러볼수록 높아만 지네" 식장에 스승의 노래가 울려 퍼졌다. 박정희 대통령이 시민회관을 찾았다. 곧이어 교육 공로자에 대한 훈장 수여식이 진행했다.

박정희는 이날 직접 국민훈장을 수여하는데 이 자리에서 김원근도 국민훈장 동백장을 받는다. 공적 사유는 "사학의 발전과 우수한 인재 양성에 이바지"했다는 것. 이에 앞서 김원근은 1962년에도 국민포장을 받았다. 사유는 '대성 여자중고등학교 등 교육기관을 설립하여 유능한 인재양성에 기여'했다는 것이다. 김원근은 학교를 설립했다는 이유로 일제와 대한민국 정부 즉 병립 불가능한 두 체제로부터 모두

74 현재의 명칭은 세종문화회관이다.

동아일보 1964년 11월 14일자 기사

포상을 받은 것이다.

김원근이 훈장을 받던 이 날, 또 다른 친일반민족행위자 3명도 박정희로부터 교육 공로자란 사유로 대한민국 훈장을 받는다. 배상명, 이숙종, 그리고 민영휘다. 김원근 등 이들 4명은 2009년 대통령 소속 '친일반민족행위진상규명위원회'가 친일반민족행위자로 지정한 인물이다.

민영휘는 동족을 배반하고 나라를 팔아먹은 대가로 일제로부터 자작 작위와 함께 막대한 은사금과 각종 포상을 받은 대표적 친일파다. 그런데 휘문고를 설립했다는 공로로 국민훈장 모란장이 수여됐다. 사망 30년이 지나, 대한민국 교육 공로자가 된 것이다.

이숙종은 '애국금차회', '조선임전보국단 부인대' 지도위원 등 각종 친일단체에서 일제의 침략전쟁을 찬동했던 인물로 성신여대 설립자다. 이숙종은 1942년 5월 매일신보에 '다시 한번 굳게 해야 할 진충보국의 결의'라는 제목의 글을 기고하는 데 내용은 이렇다.

"조선에도 징병령이 2년 후부터 실시되게 된 것은 너무도 기다리던 일이라 그 감격을 이루 헤아릴 수 없으며, 군국의 여성을 길러 낼 조선 교육계의 책임은 더욱 큰 것은 물론이나 나로서도 교육자란 입장에서 그 책임과 함께 광영을 느꼈습니다."

– '다시 한 번 굳게 해야 할 진충보국의 결의' 1942년 5월 12일 매일신보 2면

배상명은 친일단체였던 '조선임전보국단 부인대' 지도위원으로 선출돼 황국신민과 징병 독려를 주창했던 인물이다. 그의 이름을 따서 상명대를 설립했다. 배상명이 1942년 5월 매일신보에 기고한 '역사에 남을 여성이 되자'라는 글 중 한 대목을 소개하면 이렇다.

"1944년부터 징병령이 조선에도 실시되게 된 것은 반도민중의 더 말할 수 없는 기쁨이지만 아직까지 지원병에 부치던 반도인에게 이제는 떳떳한 제국의 군인으로서 국방의 중책을 지게 된 것은 크나큰 광영이며, 더구나 반도여성으로서 받는 이 감격은 영원히 잊혀지지 않을 것입니다. 나는 우선 교육자인 입장에서 반도의 여성을 어떻게 교육하며 더구나 군인의 아내요 어머니인 중책을 담당하여 나갈 군국여성을 연성하는 데 종래보다 더 한층 결의를 새로이 하며 교양과 지식을 길러나갈 것을 다시 한번 느끼는 기회를 가지게 될 것입니다."

– '역사에 남을 여성이 되자' 1942년 5월 13일 매일신보 2면

이렇듯 배상명과 이숙종 모두 징병을 찬양하며, 소위 여성 교육가로서 일제에 충성을 다짐했다. 이들은 각각 1937년과 1936년, 현 상명대의 전신인 상명고등기예학원과 현 성신여대 전신인 성신여학교를 설립했다.

박정희가 직접 나와 친일반민족행위자 4명에게 국민훈장을 수여했던 그날, 동아일보는 "교육에 평생 바친 선생님들을 기리 새겨 훈장 수여"라는 제목으로 훈장 수여 소식을 전했다. 이는 박정희의 친일파에 대한 대한민국 훈장 서훈의 전주곡이었다. 5.16 쿠데타로 집권한 박정희는 이후 각계에 포진한 친일파에게 훈장을 무더기로 수여하기 시작했다.

일왕에서 박정희로 충성의 대상이 바뀌었을 뿐

뉴스타파는 서울에 있는 대학 가운데 친일파 중 대한민국 훈장을 받은 이가 설립했거나 총장을 지낸 곳을 집계해 봤다. 모두 15개 대학이 나왔다. 이들은 대통령 소속 '친일반민족행위진상규명위'에서 친일반민족행위자로 규정됐거나, 민족문제연구소의 『친일인명사전』에 등재된 인물이다.

이름	대학	이름	대학
김활란	이화여대 총장	백낙준	연세대 총장
서은숙	이화여대 이사장	송금선	덕성여대 이사장
김성수	고려대 설립자	이숙종	성신여대 이사장
고황경	서울여대 학장	조기홍	성신여대 총장
권상로	동국대 총장	조동식	동덕여대 총장
박인덕	인덕대 설립자	황신덕	추계학원 이사장
배상명	상명대 설립자	박일경	명지대 총장
신봉조	상명대 이사장	이항녕	홍익대 총장
곽종원	건국대 총장	김두헌	숙명여대 총장

뉴스타파는 특히 여성 교육계 친일 인사를 대상으로 그들의 인맥을 추적했다. 일제 강점기 친일 행적과 해방 이후 행적을 교차 분석했다.

1937년 설립된 '애국 금차회'. 친일파 박홍식의 부인 등이 참여한 이 단체의 이름은 '금비녀까지 바치며 일제의 침략전쟁을 지원하자'는 뜻이다. 이 친일단체의 간사와 발기인에 6명의 인사가 참여한다. 고황경, 김활란, 조기홍, 송금선, 이숙종, 서은숙이다.

이들 6명의 관계는 1939년부터 40년 사이, '부인문제연구회'로 이어진다. 이들은 이 단체에서 활동하며 황국신민으로서 징병을 독려하고 침략 전쟁에 임하는 어머니의 자세를 강연하는 등 일제의 침략전쟁을 적극 지지하고 나섰다.

그리고 1941년, 조선 최대 민간 전쟁협력단체인 '조선임전보국단'이 결성된다. 8명이 임전보국단 부인대 지도위원으로 임명된다. 고황경, 김활란, 배상명, 박인덕, 서은숙, 송금선, 이숙종, 황신덕이 그들이다. 이들은 조선의 청년과 처녀를 전쟁터와 근로정신대로 보내자고 주창했다. 이들 중 김활란 등의 친일 발언을 발췌하면 이렇다.

"국가를 위해서는 즐겁게 생명을 바친다는 정신이다. 모든 것이 내 것이 아니다. 내 남편도 내 아들도 물론 국가에 속한 것이다. 최후의 내 생명까지 국가에 속한 것이라는 것을 절실히 깨달아야 한다. 그러고 보면 국가에 속한 내 남편이나 아들, 또 내 생명이 국가에서 요구될 때 쓰인다는 것은 너무도 당연한 일이다."

– 김활란, '징병제와 반도여성의 각오' 1942년 12월 신시대 제2권 제12호

"우리 어머니들은 첫째 우리의 자녀를 건강하게 기르십시다. 우리의 아들은 지금부터 우리 개인의 소유가 아니요, 천황 폐하의 적자요, 국가의 것이니까, 아무쪼록 튼튼하게 길러서 바칩시다. 둘째, 우리는 어떻게 하면 우리의 아들들이 원만한, 명예스러운 군인이 되어 멸사봉공을 하도록 그 정신을 넣어둘 것인가를 생각하여 실행하십시다."

– 박인덕, '징병제 실시와 반도여성의 각오' 1942년 6월 3일 기독교신문

"저는 어머니가 아니니까 좀 추상적이 될지 모르겠습니다만, 어머니 자신이 먼저 황국신민 된 신념을 가지고 아이들에게 어릴 때부터 자장가 속에라도 나라의 관념을 넣어 주며 길렀으면 합니다. 즉 어

머니의 재교육이 필요합니다."

– 고황경, '임전보국단 부인대 주최 좌담회 2: 자장가 들릴 때에도 충군애국의 뜻 담아' 1942년 6월 1일 매일신보

해방 이후에도 이들의 행태는 크게 변하지 않는다. 다만 그 대상이 일왕에서 박정희로 바뀌었을 뿐이다. 이들이 이사장과 총장을 했던 대학들은 박정희 정권이 내세운 전체주의적 교육 정책을 충실하게 따른다.

그래서일까? 친 독재의 길을 걸었던 이들에게 수여된 대한민국 훈장 공적 사유에는 유독 '국민교육헌장 이념 구현 유공'이 많다. 고황경, 박인덕, 배상명, 서은숙, 송금선, 조기홍 등이 국민교육헌장 이념 구현에 기여했다는 명목으로 국민훈장을 받았다.

반공투사로 변신한 친일반민족행위자들

한국전쟁은 민족 최대의 비극이었지만, 친일반민족행위자들은 친일파라는 흔적을 지우는 기회로 적극 활용했다. 이들은 한국전쟁에서 전공을 세웠다는 이유로 무더기 훈장을 받는다. 대표적인 인물이 악질 친일경찰의 대명사 노덕술이다. 수많은 독립 운동가를 체포하고 고문했던 그는 일제로부터 훈8등 서보장까지 받은 인물이다.

노덕술은 해방 조국에서도 반민특위 활동을 적극 방해하는 등 반민족 행위를 지속했다. 이승만은 그에게 무려 3개의 훈장을 줬다. 노덕술은 1950년과 51, 53년 3차례 무공훈장을 받는다. 소속기관은 육군본부 헌병사령부였다. 악질 친일파인 그가 대한민국 훈장을 받은 사실이 처음으로 확인된 것이다. 노덕술은 일제로부터 훈8등 서보장을 받은 사실이 알려졌지만, 해방 후 대한민국 정부의 훈장을 받은 사실은 이전까지 알려지지 않았다.

일제 헌병으로 역시 독립운동가를 고문했던 신상묵도 모두 8개의 대한민국 훈장을 받는다. 모두 17명의 친일 경찰이 37건의 대한민국 훈장을 받은 것으로 확인됐다.

독립군을 토벌하고, 고문한 것으로 악명높은 간도특설대 등 일제 군인 출신도 대거 대한민국 훈장을 받았다. 뉴스타파 취재 결과 일제 강점기 군인 출신 53명이 모두 180개의 대한민국 훈장을 받은 것으로 확인됐다. 이 중 상당수는 국가 유공자 대우를 받아 국립현충원에 안장돼 있다. 이승만 시기 친일파에 대한 훈장 수여는 주로 일제 강점기 경찰과 군인 출신에 집중됐다. 한국전쟁은 전 민족에겐 최고의 비극이었지만, 친일 경찰과 군인들에게는 신분 세탁의 공간이 된 셈이다.

3 : 두 얼굴의 훈장

독립을 꿈꾼 식민지 청년과 한국인 판사들

1943년 대구복심법원. 조선의 독립을 꿈꾼 청년이 재판을 받는다. 키 190cm에 이르는 건장한 체구다. '치안유지법' 위반으로 체포돼 1년 동안 경찰의 취조 과정에서 혹독한 고문을 당했다. 일본 유학을 다녀온 26살 심재인이다.

그런데 심재인은 유학 시절 풍채 좋던 몸은 사라지고 뼈만 앙상하게 남았다. 그의 사진은 일신의 영달을 버린 가시밭길, 독립운동의 험난함을 절절하게 보여준다. 이 모습을 보고 심재인의 아내는 계속 울기만 했다고 한다. 심재인에게는 사후 1990년 건국훈장 애국장이 추서됐다.

심재인에게 이토록 큰 고통을 안겨준 판사 3명 중 2명이 한국인이었다. 나항윤과 고재호다. 이들은 둘 다 해방 이후 대법관 자리까지 올라갔고 대한민국 훈장도 받았다. 고재호는 1983년 전두환으로부터

1937년 일본 유학 직전에 심재인(가운데)이 친구들과 함께 찍은 사진(출처: 심재인 장남 심진표 소장).

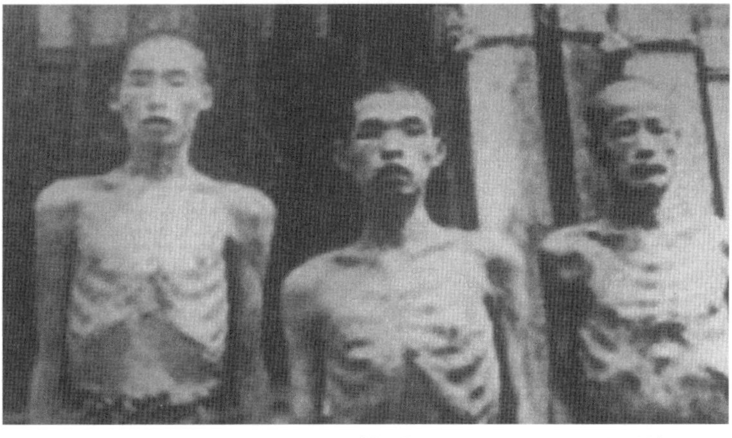

대구형무소 출옥 직후 사진, 왼쪽 첫 번째가 심재인 (출처:『고성독립운동사』 2016, 고성문화원)

국민훈장 무궁화장을 받는다. 사유는 "인권옹호와 사회정의 실현 및 후진 양성에 기여"했다는 것이다.

2016년 7월 취재 도중 만난 한 독립운동가 후손은 자신의 외할아버지를 재판한 한국인 판사에 대해 이렇게 이야기하며 허탈한 웃음을 지었다. 그는 "지금이라도 살아 계신다면 우리 가족이 아니라 우리 민족에게 어떤 반성이나 회개 같은 게 좀 있어야 하지 않겠느냐"며 "아주 늦게라도 그런 마음이 조금 있으면 한다"고 밝혔다. 독립운동가를 재판했던 일제 판사와 검사들은 대부분 세상을 떠났다.

당시 뉴스타파 취재진은 '대한변호사협회'를 찾았다. 이들 일제 강점기 한국인 판사 중 일부는 해방 이후 변호사회 회장을 지낸 이도 있었다. 그래서 변호사협회 차원에서 어떤 입장을 낼 수 있는지 물었다. 변호사협회 관계자는 이 문제를 충분히 공감한다고 밝혔다. 하지만 일제하 한국인 판검사들의 친일 전력과 관련해 "지금까지 협회의 입장을 밝힌 적이 없다"고 했다. 공식 인터뷰는 하지 못했다.

〈고향의 봄〉과 〈지원병을 보내며〉

동요 〈고향의 봄〉 작사가로 널리 알려진 이원수. 고향 마산에는 그의 문학관이 있다. 그는 1984년 전두환으로부터 금관 문화훈장을 받는다. 이원수가 1984년 훈장을 받은 사유를 보면, 문학단체 활동을 통한 '항일투쟁과 아동문학 발전'이라고 돼 있다. 하지만 그가 일제 강점기에 쓴 동시를 보면 훈장 사유로 적혀 있는 '항일투쟁'이라는 단어가 무색해진다. 이원수가 1942년에 발표한 동시 중 하나다.

지원병 형님들이 떠나는 날은
거리마다 국기가 펄럭거리고
소리높이 군가가 울렸습니다.
반자이(만세) 소리는 하늘에 찼네
나라를 위하여 목숨 내놓고
전장으로 가시려는 형님들이여
우리도 자라서 어서 자라서
소원의 군인이 되겠습니다.
굳센 일본 병정이 되겠습니다.

– 이원수, 지원병을 보내며, 1942년

이원수는 2009년『친일인명사전』문학인 명단에 수록된다. 경남 마산에 있는 이원수 문학관에는 이 〈지원병을 보내며〉라는 친일 동시도 함께 전시돼 있다. 〈고향의 봄〉과 〈지원병을 보내며〉라는 서로 다른 작품을 남긴 이원수를 우리는 어떻게 평가해야 할까? 공公과 과過, 공도 있으면 과도 있는 법이라는 말로 풀어낼 수 있을까? 이원수 문학관장은 그 평가는 "각자 알아서 해야 할 몫"이라고 말했다.

〈동심초〉와 〈가고파〉 같은 우리에게 익숙한 노래를 작곡한 김성태. 그는 〈군국의 어머니〉, 〈흥아행진곡〉 등 수많은 친일 음악을 작곡하고 연주했다. 그 역시 『친일인명사전』에 등재됐다. 김성태는 5.16 쿠데타 이후 박정희 군사 정권을 위해 〈재건의 깃발 아래에서〉를 발표했다. 또 1972년에는 박정희를 찬양하는 〈대통령 찬가〉를 작곡한다. 이 노래는 당시 애국 가요로 지정된다. 대통령 찬가의 가사는 박목월이 지었다. 독재자에 대한 낯 뜨거운 칭송을 담은 〈대통령 찬가〉의 가사 1절을 소개하면 아래와 같다.

어질고 성실한 우리 겨레의
찬란한 아침과 편안함 밤의
자유와 평화의 복지 낙원을
이루려는 높은 뜻을 펴게 하소서
아아아 대한 대한 우리 대통령
길이 길이 빛나리라 길이 길이 빛나리라.

김성태는 박정희로부터 3개의 훈장을 받는다. 1962년 국민훈장 모란장, 1963년 홍조근정훈장, 1976년 국민훈장 동백장 등이다. 친일 문화 예술인 가운데 유독 음악인들의 훈장 공적 사유에는 '애국심 고취'라는 단어가 많다. 이경분 서울대 일본연구소 HK연구교수는 이렇게 분석했다.

"독재자의 경우는 국민들의 애국심을 고취시키고, 우리는 하나다, 한 통속이다, 어떤 단결심을 유지하기 위해서는 항상 음악이 필요합니다. 어떻게 보면 박정희 입장에서는 애국심 고취가 굉장히 중요한 것입니다. 애국심의 그 위에는 박정희가 있는 것이죠. 국민들이 하나로 단결되어 가지고 밀어줘야지 국가가 지도하기도 쉽고…애국이라는 건 독재자들이 이용하는 굉장히 위험한 정서가 아닐까요."

–이경분, 서울대 일본연구소 HK연구교수

훈장은 국가와 민족에게 헌신한 이들에게 바치는 최고의 영예다. 하지만 대한민국 훈장의 역사는 청산되지 않은 친일의 역사, 독재의 역사이기도 하다. 뉴스타파가 확인한 대한민국 정부에서 훈장을 받은 친일파들의 명단[75]을 책 뒤편 부록에 상세하게 담았다.[76]

상훈 기록은 대한민국의 굴곡진 자화상을 고스란히 보여주고 있다. 대한민국 훈장의 종류는 모두 12개다. 국민훈장, 보국훈장, 체육훈장, 건국훈장 등등. 하지만 '민주'라는 명칭의 훈장은 없다. 정치 ·

....

75 대한민국 훈장을 받은 친일파 명단 작성에는 민족문제연구소의 도움이 절대적이었다. 2016년 4개월 동안 지난한 작업을 진행했던 민족문제연구소 연구원에게 다시 한번 감사의 말씀들 드린다.

76 1948년 정부 수립 이후, 독립 유공자로 서훈을 받았다가 친일 행적이 밝혀져 서훈 자격이 박탈된 이는 모두 24명이다. 다음은 1996년과 2001년 서훈이 치탈된 24명의 명단이다. 김희선, 박연서, 서춘, 김홍량, 박성행, 강영석, 장응진, 김우현, 김응순, 남천우, 박영희, 최지화, 유재기, 윤익선, 윤치영, 이동락, 이종욱, 이향발, 임용길, 장지연, 차상명, 최준모, 허영호, 정광조. 이들의 친일내역은 민족문제연구소 발행『친일인명사전』에 자세히 수록돼 있다.

경제 · 사회 · 교육 · 학술 분야에 공적을 세워 국민의 복지향상과 국가발전에 기여한 공적이 뚜렷한 자에게 수여한다는 국민훈장에도 '민주'라는 문구는 없다. 대한민국 상훈법에도 '민주'를 찾아볼 수 없다. 서훈의 기록에도 이한열과 박종철 등 민주주의에 목숨을 바친 이들은 거의 보이지 않는다. 훈장은 친일과 독재 세력에게 관대했고, 민주 인사들에게 인색했다. 대한민국 훈장은 이제 민주주의로, 국민의 품으로 돌아와야 한다.

7장

고백

親日
忘却

1 : 나는 일제의 주구였다

1941년 경남 하동군청에 약관 26살 청년이 군수로 부임해 온다. 한 해 전인 1940년 경성제대 법학과를 졸업한 직후 조선총독부의 고등문관 시험에 합격한 이항녕이 그 주인공이다. 서울대의 전신인 경성제대 예과에 들어갈 때만 해도 그는 작가가 되겠다는 꿈을 키워갔다. 이광수를 따랐던 문학청년이었지만, 문학도의 길을 포기한 뒤 본과에 올라가 법학을 전공하게 되면서 이항녕은 그 자신의 표현을 빌자면 '타락일로'를 걷게 된다. 후일 그는 자전적 수필집에서 일제 때 법학을 공부하고 고등문관 시험에 합격해 군수가 된 과정을 이렇게 술회했다.[77]

77 아래의 글은 이항녕이 홍익대 총장시절 펴낸 자전적 수필집 『낙엽의 자화상』을 인용하고 참조했다.

"문학이고 민족이고 이상이고를 모두 거두어 버리고 한 개 속물이 되어 아무 가치도 없는 일본인들의 어용 법학을 애써 익혀서 졸업 후에는 그들의 말단 관리가 되어 식민지 착취의 주구가 되어 동족을 괴롭히고도 태연했다."

-『낙엽의 자화상』 1977

이항녕이 하동군수로 부임한 1941년은 일본 군국주의가 중일전쟁 이후 태평양 전쟁을 일으키며, 제국주의 침략전쟁을 더욱 확대하던 시기였다. 식민지 조선을 대상으로 한 군수물자 및 식량의 공출과 수탈이 극에 달했다. 조선인들의 삶은 그 어느 때보다 피폐해져 갔다. 이항녕이 '말단 관리'라고 표현했지만, 당시 군수의 권한은 지금과 비교할 수 없을 정도로 막강했다. 군수는 공출과 수탈을 위한 일선 행정의 총책임자였다. 이항녕은 이듬해인 1942년 경남 창녕군수로 옮겨 갔다가 그곳에서 해방을 맞았다. 군수 시절, 이항녕은 "출세와 보신에 어두워, 한 손에 죽창을 들고 군민들을 위협하며 쌀과 보리의 공출을 강요"한 자신의 모습을 다음과 같이 술회했다.

"나는 8.15를 경상남도 창녕에서 맞았다. 그 당시 나는 창녕 군수였다. 일제의 침략전쟁의 앞잡이로서 우리 농민들한테서 보리를 강제로 공출하는 데 열성을 쏟다가 해방의 소식을 들었던 것이다. 당시의 군수라는 직책은 제대로의 조장행정을 하지는 못하고 군민들을 징병으로 뽑아 사지로 보내거나 징용으로 만리타향에 보내는 일, 쌀과 보리를 공출받는 일이 주된 일이었다. 말하지만 동족을 괴롭히고 백성을 착취하는 것이 그 임무였다."

―『낙엽의 자화상』 1977

독립운동을 한 대학 동창들과 비교하며 자신의 비굴했던 행적을 반성하기도 했다.

"명색이 대학을 나온 지성인이라는 사람이 민족 반역행위를 전쟁이 끝날 때까지 계속했다는 걸 생각하면, 그 당시 나는 얼마나 지성적 양심이 더럽혀지고 민족정기가 흐려 있었던가 짐작할 수 있다. 나의 대학 동창 중에는 독립운동을 하다가 영어의 몸이 된 사람도 있었고, 어떤 이는 세상을 버리고 시골로 들어가서 숨어 살기도 했다. 독립운동을 하거나 세상을 버리지는 못했을망정 그저 평범하게 살아가면서도 일제에 아부하거나 민족을 배반하는 일이 없이, 말하자면 큰 죄를 짓지 않고 살아온 사람도 많았었는데 하필이면 나의 경우는 우러러 하늘에 부끄럽고 굽어 땅에 부끄러운 노릇을 하다가 해방을 맞았던지라 기쁨보다는 죄책감이 앞섰다."

―『낙엽의 자화상』 1977

이항녕은 해방을 맞은 뒤 "자신의 더러운 과거를 참회하고 새로운 출발을 하기로 결심"하고 관계를 떠나 경남 양산에 있는 한 국민(초등)학교 교사가 된다. 이항녕은 이후 수시로 자신의 친일 행적을 공개 사죄했는데 1977년 낸 쓴 자신의 수필집 『낙엽의 자화상』 이 대표적이다.

"지금 나는 30년 전의 죄책감을 까맣게 잊은 듯 뻔뻔스럽게도 무슨 대교육가나 되어 민족에게 큰 공헌을 하는 양 망상에 젖어있는지도 모르겠다. 가만히 가슴에 손을 얹고 나 자신을 반성, 나는 해방 전 지은 죄과에 대해 그 뒤에 과연 민족에게 속죄를 했는가, 나 자신에게 반문하다보면 지금도 자책감에 견디기 어려울 따름이다."

–『낙엽의 자화상』 1977

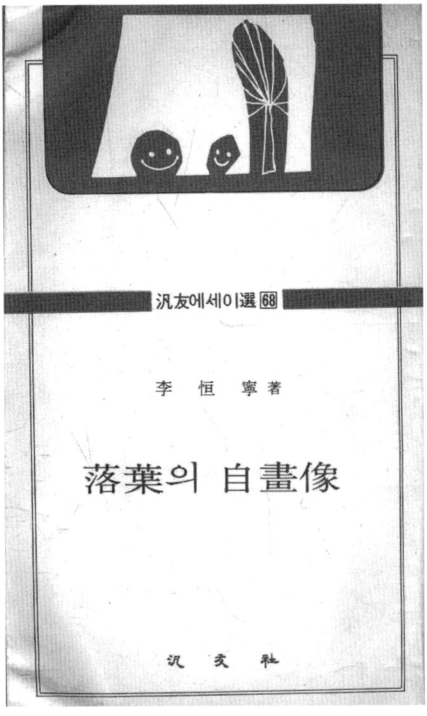

이항녕은 1991년 자신이 죽창을 들고 군민들을 상대로 공출을 강요했던 경남 하동군과 장녕군을 찾아가 자신의 친일 행적을 공개 사죄하는 등, 2008년 세상을 하직할 때까지 식민지 시기 자신의 친일반민족행위에 대해 반성했다. 그는 특히 일제 강점기 군수 이상의 관직에 있었던 사람은 모두 친일반민족행위자라고 말했다. 그는 "일제 말기 군수는 공출, 정신대 차출 등을 맡은 일선 행정의 최고 책임자였는데, 군수가 그런 일을 하는 것을 뻔히 알고도 군수가 되기를 희망해 군수가 됐다면 이는 친일파로 보는 것이 마땅하다"고 말했다.

"협력 없이 지배 없다"는 말이 있다. 이처럼 조선인 앞잡이들의 협력이 없었다면 일제의 식민 지배도 불가능했다는 사실을, 이항녕은 해방 이후의 여생 동안 계속 강조했다. 안타까운 것은 해방 이후 친일반민족행위자 본인이 직접 일제에 협력한 행위에 대해 공개 사죄한 경우는 이항녕이 거의 유일하다는 사실이다. 2015년 여름 뉴스타파 제작진은 이항녕의 후손을 찾아 인터뷰를 여러 차례 요청했지만 끝내 거절했다.

파인 김동환은 나라 잃은 조선인의 설움을 잘 담아냈던 〈국경의 밤〉의 시인으로 잘 알려져 있다. 그러나 일제 강점기 말기 김동환은 일제의 선전활동에 동원돼 친일 시를 발표하는 등 일제의 식민지배 정책에 협력했다. 해방 이후 김동환은 반민특위에 자수했고, 재판에서 '공민권정지 7년'을 선고받았다. 그러나 그는 일제 때 자신의 행적에 대해 반성하지 않았다. 김동환은 2009년 대통령 소속 '친일반민족행위진상규명위원회'(이하 반민규명위)가 발표한 1,006명의 친일반민족행위자 명단에 포함됐다.

이에 앞서 1994년 그의 셋째 아들 김영식은 아버지의 친일 행위에 대해 공개 사죄한다. 김영식은 부친의 일대기 『아버지 파인 김동환—그의 생애와 문학』을 펴내면서 책 말미에 "나는 이제 아버지가 저지른 한때 민족정신에 반하는 친일행위에 대해 아버지와 우리 가족을 대신하여 재삼 국가와 민족 앞에 깊이깊이 머리 숙여 사죄합니다"라며 아버지를 대신해 공개 사죄했다. 김영식은 이후 친일 관련 토론회 등 각종 행사에 참석해, 부친의 친일행위에 대해 여러 차례 사죄했다.[78] 김영식은 2009년 세상을 떠났다.

지난 2005년에는, 일제 강점기 음성군수를 지냈고 이후 민족문제연구소의 『친일인명사전』에 등재된 이준식의 손자 이윤 씨도 조부의 친일행적을 공개 사과했다.[79]

뉴스타파 제작진은 2015년 7월 말, 서대문형무소 기념관에서 이윤 씨를 만났다. 그에게 독립운동가들이 투옥되고 고문을 당했던 서대문

78 2002년 8월 17일 오마이뉴스의 기사 "부친의 '친일 죄과' 민족 앞에 사죄합니다"에서 김영식의 자세한 기사가 나온다.

79 민족문제연구소가 발표한 『친일인명사전』에 따르면 이준식 (1895~1961)은 1936년 11월 충청북도 음성군수로 승진해 1940년 9월까지 재직했다. 재직 당시 중일전쟁이 일어나자 군용물자 조달, 군수품 공출, 여론환기와 국방사상 보급, 전사상자 위문과 유가족 후원, 국방헌금과 애국기 헌납자금 모금 등의 전시 업무에 적극 힘썼고, 그 공로가 인정되어 『지나사변공적조서』에 이름이 올랐다.

형무소는 남다른 곳이었다. 할아버지의 친일행적에 대한 일종의 고해성사를 하는 장소이기도 했다. 그는 교사에서 정년퇴임한 뒤 서대문형무소 기념관에서 가까운 아파트로 이사했다고 말했다. 이 씨가 사는 아파트와 서대문형무소 기념관과는 바로 길 건너 산책로를 사이에 두고 있었다.

이 씨는 지난 2005년 민족문제연구소가 『친일인명사전』 수록 예정자를 발표하자, 할아버지의 친일 행적을 고백했다. 반성하지 않은 민족에게 미래가 없다. 그것이 이윤 씨가 할아버지의 친일행적을 반성하고 공개 사죄한 이유였다. 이 씨는 "자기 집안이나 조상의 떳떳하지 못한 문제를 덮고 쉬쉬하는 것이 인지상정이지만, 그것은 결코 조상을 위한 일이라고 생각하지 않는다"며 "우리 집안의 자존심을 지키기 위해 공개사죄 했다"고 밝혔다. 역사 앞에서 당당해지는 것, 그것이 오히려 선조를 위한 일이라고 생각한 것이다.

10년 전, 친일파 후손들이 소송까지 불사하며 반발하던 그때, 그가 민족문제연구소에 보낸 편지의 내용을 소개하면 다음과 같다.

“자신들의 부끄러운 과거들을 속죄하지 못하는 무리들에게 새삼 연민의 정을 느낍니다. 비록 보잘것없는 일개 무명시민일망정 나 자신부터 민족문제연구소 회원으로서 이런 어두운 과거를 규명하고 그 시시비비를 가리는 일에 전폭적인 성원을 보냅니다.”

– 2005년 이윤 씨의 편지 중

이윤 씨를 마지막으로 친일 인사와 그의 후손들의 고백과 공개 사과는 더는 나오지 않았다. 해방 후 70년이 지나도록 과거에 대한 반성과 사죄를 한 사람이 이렇게 적은 것은 이 땅에서 친일청산이 사실상 이뤄지지 않았다는 것을 방증하고 있는 것일까? 진정한 화해는 잘못을 솔직히 시인할 때 시작된다.

임경석 성균관대 사학과 교수는 “친일 청산의 문제는 지금도 유효하고 우리 공동체가 나아가야 할, 견지해 나아가야 할 가치를 재정립하는 문제로 접근할 필요가 있다”며 “우리 사회 윤리의 문제이자 규범에 관한 문제”라고 지적했다.

해방 70년, 진정한 과거 극복을 위한 또 다른 고백과 사죄는 불가능한 것인가? 뉴스타파 제작진에게 던져진 무거운 숙제였다.

2 : 냉소와 협박

반민규명위가 확정 발표한 친일인사는 1,006명이다. 그들의 후손은 수만 명에 이를 것이다. 뉴스타파 취재진은 이 가운데 일제로부터 귀족 작위를 받았거나 중추원 참의로 임명된 사람 등 핵심 친일파 200여 명을 대상으로 그들의 후손을 찾아 나섰다. 그리고 이들과의 만남을 시도했다. 혹시 있을지 모르는 또 다른 고백을 찾아서.

2015년 5월 말까지 뉴스타파 제작진이 찾아낸 친일 후손은 900명 정도였다.[80] 아직 더 찾을 여지가 있었다. 하지만 광복절에 맞춘 방송 일정을 생각하면 이제부터 후손들과 접촉도 병행해야 했다. 구글링을 통해 확인할 수 있는 전화번호는 그리 많지 않았다. 게다가 대부분 사무실 전화번호였다. 그래도 이제 연락을 시도해 보기로 했다.

80 2015년 8월 6일 〈친일과 망각〉 첫 방송 전까지 친일 후손을 찾는 작업을 계속했고, 이후에도 200여 명을 더 찾아냈다. 최종적으로 확인한 친일 후손은 1,177명이다.

그런데 막상 전화하려고 하니 조금 걱정이 앞섰다. 일반 취재 같으면 어떤 상대라도 별 망설임 없이 전화할 수 있다. 그러나 이 경우는 다르다. 친일반민족행위 당사자들이 아니라 그들의 후손이다. 당사자도 아닌 사람에게 전화를 걸어 어떤 얘기를 나눌 수 있을 것인가.

이전까지 어떠한 경험이나 노하우도 축적돼 있지 않은 유형의 인터뷰 시도, 긴장감이 밀려왔다. 우선 연락 대상을 나눠 전화를 걸기 시작했다. 걱정한 대로 냉소적이거나 분노에 찬 반응이 돌아왔다.

"제가 친일한 것 아니지 않습니까. 지금까지 내 노력으로 잘 살아온 사람에게 이런 식으로 갖다 붙이면 어쩌라는 겁니까?"

"왜 이렇게 막무가내로 하는 겁니까?"

"오늘부터 뉴스타파 계속 지켜보겠습니다. 제가 나오면 알아서 하세요."

전화를 돌리기 시작한 지 이틀째. 제작진 회의를 열 수밖에 없었다. 이대로는 안 되겠다는 판단이 들었기 때문이다. 논의 결과, 전후 사정없이 전화를 거는 것보다는 먼저 이메일을 통해 우리의 의도를 차분히 전달하고 상대방도 마음의 준비와 성찰을 할 수 있는 시간을 주는 게 낫겠다는 결론을 내렸다.

지금까지 선조의 친일 행적에 대해 진지하게 생각해보지도 않은 사람이 태반일 테고, 이들이 선조의 행위에 대해 정확하게 인식하고 있을 가능성도 별로 없는데 거기서 나아가 고백이나 사죄를 쉽게 할 리가 없지 않은가? 심사숙고해서 후손들에게 보낸 이메일을 작성하기 시작했다.

○○○님 안녕하세요? 한국탐사저널리즘센터 '뉴스타파'입니다. 올해는 역사적인 광복 70주년입니다. 뉴스타파는 광복 70주년을 맞아 친일 청산을 주제로 한 프로그램을 제작하고 있으며 그 주제 가운데 하나는 친일파 후손들의 현재입니다.

○○○님께 이 메일을 보내는 이유는, 지난 2009년 대통령 직속 친일진상규명위원회가 발표한 1,006명의 가계도를 조사한 결과, 선생님의 (증조)할아버지 되시는 ○○○님이 1,006명의 명단에 들어있다는 사실이 확인되었기 때문입니다.

이 메일이 다소 불편하게 여겨지실 수도 있다고 생각합니다. 그러나 저희는 선생님께서 친일파의 후손이라고 해서 비난을 하거나 심판을 할 의도는 추호도 없습니다. 다만 과거 청산이 없이는 현재를 제대로 알 수 없고 미래를 올바르게 설계할 수도 없기에, 우리의 과거와 현재가 어떻게 연결되어 있는지를 밝히고자 하는 의도뿐입니다. 역사는 과거의 산물이 아니라 미래의 기억입니다. 과거의 상처와 아픔에 대한 치유 없이 우리 사회가 미래로 나아갈 수 있을까요? 지금 필요한 것은 지난 100년의 역사에 대한 진지한 성찰이라고 생각합니다. 그래서 다음과 같은 질문을 드립니다. ○○○님의 모든 답변은 원하신다면 익명으로 처리될 것이며, 보도와 통계를 위한 목적으로만 이용될 예정입니다.

선조께서 친일진상규명위가 발표한 1,006명의 명단에 들어 있는 것에 대해 어떻게 생각하십니까? 올바른 결정이었다고 보십니까? 만약 올바른 결정이 아니었다고 보신다면 그 이유는 무엇입니까? 선조께서 우리 사회를 위해 기여하신 부분도 있을 것으로 생각됩니다. 이에 대해 설명해주시기를 부탁드립니다.

현재 선생님의 사회적 지위나 성취는 선조께서 쌓은 사회적 경제적 문화적 자본으로부터 어느 정도나 영향을 받았다고 생각하십니까? 0-100 사이의 점수로 평가해주시고 그 이유를 설명해 주십시오. 선조께서는 그 시대의 사회지도층 또는 엘리트로서 일생을 보내셨다고 생각합니다. 당시의 시대적 조건에서 사회 지도층으로서 실행할 수 있는 노블레스 오블리주는 무엇이었다고 생각하십니까? 비록 많지는 않으나 선조의 친일 행적에 대해 공개 사과나 참회를 했던 후손들도 있습니다. 이런 분들의 행동에 대해서는 어떻게 평가하십니까?

혹시 ○○○님께서도 기회가 있다면 그렇게 하실 의향이 있으십니까? 이같은 내용에 대해 만나 뵙고 자세한 말씀을 해주실 의향이 있으신지 여쭙습니다. 선조의 친일 행적에 대한 소명의 기회로 여기셔도 좋습니다 (원하실 경우 익명으로 처리할 수 있습니다). 마지막으로, 저희 프로그램의 제작 방향에 대해 하시고 싶으신 말씀이 있으신지요? 더 궁금하신 게 있으시다면, 언제든 연락주시기 바랍니다. 감사합니다. 건강하십시오.

뉴스타파 박중석, 심인보 드림

이렇게 작성한 이메일을 보내고, 안되면 직접 자택과 사무실을 찾았다. 모두 350명이었다.

이메일 답장 역시 기대했던 것만큼 많이 오지는 않았다. 특히 정부의 친일반민족행위자 발표 결정과 후손의 공개 사죄 등을 긍정적으로 보는 답장은 10통이 채 되지 않았다.

"일제 강점기에 고위직인 지사를 역임하셨으니 (조부에 대한 정부의 친일반민족행위자 발표는) 올바른 결정입니다. (공개 사죄는) 용기 있는 행동이라고 생각합니다."

– 김서규 후손의 이메일 답변 중

반면 대부분의 답장은 선조의 친일 행적을 아예 부정하는 것이거나 친일 행적을 인정한다 하더라도 그게 지금의 나와 무슨 상관이 있느냐는 식이었다. 그런 답장이 더 많았다.

친일파 후손 접촉 현황

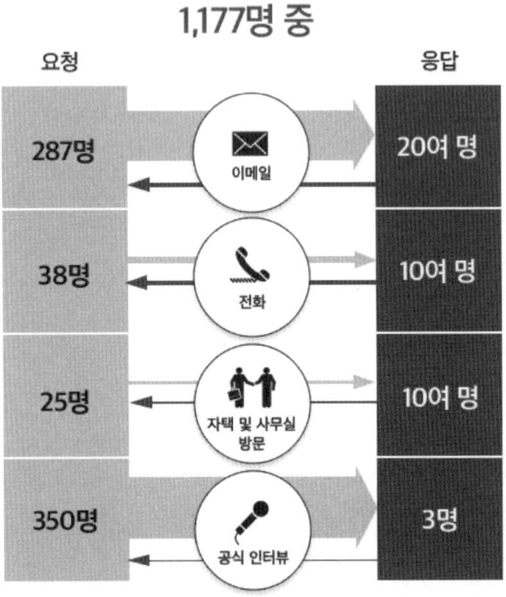

"기자님, 이 사안에 대해서는 드릴 의견이 없네요. 더 이상 연락하지 말아 주시기를 부탁합니다."

– 정진홍 후손의 답변 중

"뵌 적이 없는 분이십니다. 따로 드릴 말씀이 없습니다. 더 이상 연락하시지 않으셨으면 좋겠습니다."

– 박희양 후손의 이메일 답변 중

"말씀하신 서병주 씨에 대해서는 아는 것이 없기에 답할 수 없습니다. 미안합니다. 그분은 작고한 지 오래되어 저와는 일면식도 없습니다. 또 들은 바도 없습니다. 더는 연락 없기 바라며 사생활을 존중해 주길 바랍니다."

– 서병주 후손의 이메일 답변 중

제작진이 보낸 이메일의 4번 질문, 즉 '지금의 사회적 성취가 선조로부터 얼마나 영향을 받은 것으로 생각하느냐'는 질문에 대해서는 대부분의 후손이 0점이라고 답했다. 가장 높은 점수를 준 후손은 30점이었다. 그리고 답변을 보내온 후손들도 대부분 자신의 답변을 익명으로 처리해 달라고 요구했다.

"증조부께서 큰 부를 이루셨으나, 부를 이룬 과정에서 민족을 수탈한 것이 아니었고, 또 이룩한 부로써 적극적으로 사회사업을 하셨으니, 이 부분은 제가 오히려 존경하는 부분이고 사과할 일이 있다고 생각하지 않습니다. 일제 시대에 중추원 참의를 지내신 사실에 대해서는 일차적 사과는 해야 할 수 있겠으나, 단지 중추원 참의를 지냈다는 것 이상은 제가 아는 바가 없고, 증조부님의 다른 행적으로 미루어 그 이상의 사과를 할 일이 크게는 없을 것으로 믿습니다."

– 손재하 후손의 이메일 답변 중

취재진은 전화와 이메일 연락 이외에도 집이나 직장 주소가 파악된 후손들은 직접 찾아가 보기로 했다. 특히 사무실을 찾아갈 때는 접촉

대상이 친일파 후손이라는 사실이 노출되지 않도록 최대한 주의를 기울였다. 본인이 없을 경우를 대비해 편지도 준비했는데 이 경우 '친전親展'(다른 사람 말고 본인만 직접 보라는 뜻) 편지임을 강조했다. 이렇게 해서 후손들의 집과 사무실 수십 군데를 돌아다녔다. 하지만 반응이 오는 경우는 드물었다.

취재진은 친일파 후손을 밝혀내 이른바 '낙인찍기'를 하려는 것은 결코 아니었다. 더욱이 반인권적인 연좌제를 흉내 내어 후손들을 비난하거나 괴롭히려는 의도도 전혀 없었다. 취재진은 친일 후손들을 만나 어떤 이야기를 절실하게 듣고 싶었다. 누군가 되묻지 않으면 잊히는 것이 기억이다. 친일에 대해, 선조에 대해 그들의 기억을 확인하고 공개적으로 끄집어내고자 했다. 그것이 친일 후손들을 역사적 화해의 장으로 끌어내는 방편이라고 판단했다. 해방 70년을 맞아 한 시대를 정리하는 매듭짓기 작업으로 출발한 것이다. 취재진은 부단히 접촉을 시도했지만, 이들을 설득하는 과정은 순탄치 않았다. 70년 세월의 무게가 상상을 초월했다.

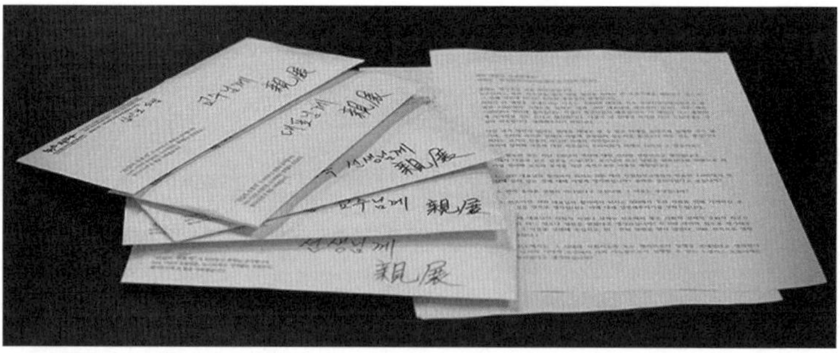

친일 후손들에게 전달한 친전親展 편지

3 : 노블레스 오블리주

2015년 6월 25일, 서울 ○○대학교, 한지원(가명) 교수는 동료 교수들과의 점심 약속 때문에 막 연구실에서 나오던 길에 메일 도착 알림 소리를 들었다.[81] 식사하고 난 뒤 열어볼까 하다가 무심코 휴대폰 메일함을 클릭했다. "한지원 교수님, 뉴스타파 심인보 기자입니다"라는 제목의 메일이었다. 무슨 일일까? 궁금증이 생겨 메일을 열어봤다.

"교수님께 이 메일을 보내는 이유는, 지난 2009년 대통령 직속 친일진상규명위원회가 발표한 1,006명의 가계도를 추적한 결과, 교수님의 외고조 할아버님이신 이재완님과 외증조 할아버님이신 이달용님이 1,006명의 명단에 들어있다는 사실이 확인되었기 때문입니다."

81 제작진이 접촉했던 이들 중에는 교수가 많았다. 한 대학 교수와의 이메일 접촉 결과와 그 과정을 정리한 것인데, 익명을 요구해 가명 처리했다.

한 교수는 동료 교수에게 전화를 걸어 오늘 함께 식사하기가 어렵게 됐다고 말하고 방금 일어났던 소파에 다시 앉아 나머지 내용을 읽었다. 메일을 보내는 이유와 함께 질문 몇 가지가 들어있었다. 그때 마침 남동생의 전화가 왔다. 동생은 전문직에 종사하고 있다. 그도 뉴스타파 기자로부터 똑같은 메일을 받았다고 말했다. 한 교수는 동생과 상의 끝에 자신이 답장을 쓰겠다고 했다. 점심도 거른 채 자판을 눌렀으나 길게 쓸 수가 없었다.

"안녕하세요 심인보 기자님,
의식하며 살아본 적은 없으나, 새삼 깊이 생각할 기회를 주시는군요. 시간을 주시면 고민한 후 연락드리겠습니다."

이렇게 짧은 답장만 우선 보냈다. 그리고 한 교수는 주말 내내 답장을 쓰기 위해 여러 차례 책상에 앉았다 일어섰다를 반복했다. 뉴스타파 기자가 보내 온 메일 속의 한 단어가 계속 마음에 걸렸다.

'노블레스 오블리주.'

썼다가 지우기를 여러 번, 첫 메일을 받은 지 엿새 만에 정식 답장을 보냈다. 본인이나 남동생의 신원을 밝히고 싶지는 않아서 익명으로 처리해 달라고 당부했다.

"심인보 기자님,
안녕하세요. 답장이 늦었습니다.

주말 내내 고민하며 답변을 작성했으나 막상 보내려 하니 고민이 앞섭니다. 살아오면서 친일 후손으로서 그다지 시달린 바도 없고, 정신세계에 먼 조상의 존재가 차지하는 부분도 많지 않습니다. 그 이전에도 우리에겐 오랫동안 조상이 존재해왔고, 과오들이 있었고, 업적들이 있었습니다. 중요한 것은 그들의 과오와 업적을 토대로 현재를 어떻게 살 것인가라고 생각합니다.

지배계급이나 엘리트들은 사회적으로 노출될 수밖에 없기 때문에 실상 도덕적 책임의 무게가 누구보다도 크다고 할 수 있습니다. 그러나 이러한 도덕성은 신분과 시대를 막론하고 요구되는 인간의 조건이기도 합니다. 진정한 노블레스 오블리주는 재화와 용역의 가시적인 분배와 그 수량 이전에, 인간에 대한 근본적인 존중과 사랑이라고 생각합니다. 그것이 바탕이 되지 않은 자선은 자칫 공허할 수 있습니다. 계급은 시대를 막론하고 불가피하게 생겨나지만, 이러한 존중과 사랑이 실천될 수만 있다면 계급 간의 갈등은 얼마든지 해결될 수 있으리라 믿습니다. 왕족의 몰락 이후 나약하고 비현실적인 사회부적응자로서 어렵고 궁핍하게 살다 가신 제 외조부님의 얘기를 적어봤으나, 그 역시 외람되고 부질없다는 생각이 들었습니다.

기자님께서는 진실하고 정의로운 분이라는 말씀을 들었습니다. 이 사회를 평화롭게 유지하고 다스리는 데 정치가 불가피하다면 권력 또한 불가피할 것이라 생각합니다. 이 프로그램이 역사의 비가시적인 구조들을 세심하게 파헤쳐 드러내고, 불특정 다수의 피상적인 의견들을 다스리고 인도할 수 있는 하나의 '진정한 권력'이 되길 바랍니다. 서로를 깊이 이해하고 연민하는 긍정적인 사회를 기대합니다.

한지원 드림.

p.s. 대단한 말씀을 드린 것은 아니지만 혹시라도 사용하시게 된다면, 제 의견은 익명으로 처리해주시기를 부탁드립니다. 감사합니다."

뉴스타파 취재진은 〈친일과 망각〉을 제작하며, 두 종갓집을 찾았다. 하나는 경북 안동에 있는 임청각이었고, 또 하나가 강원도 강릉에 있는 선교장이었다.

임청각은 우리나라 목조 가옥 중에 가장 오래됐다. 일제에 의해 훼

임청각

손됐지만 99칸의 전통한옥을 자랑했다. 보물 182호로 지정돼 있다. 임청각의 주인은 가문을 독립운동으로 이끌었던 '행동하는 지성' 석주 이상룡 선생이다. 신흥무관학교 교장과 임시정부 초대 국무령을 지냈다. 국무령은 지금의 대통령 직책과 같다. 이상룡 선생은 나라를 잃자 독립운동에 뛰어들었다. 대저택을 버리고 온 가족을 데리고 만주로 떠났다. 명문가의 종손으로 가문을 지켜야 했지만 일제에 강탈당한 국권을 외면할 수는 없었다. 일신의 영달을 버리고 3대에 걸쳐 9명이 독립운동에 헌신했다. 후손들 또한 해방 이후에도 타향을 떠돌며 한동안 신산한 삶을 살아야 했다. 그러나 지금 선조의 독립운동은 가문의 영예이고, 그 선조는 후손들의 자부심이 됐다.[82]

강릉의 선교장은 3백 년의 역사를 자랑한다. 10대에 걸쳐 후손들이 사는 선교장은 현존하는 한옥 살림집 가운데 규모가 가장 크다. 옛 선비들의 멋과 풍류가 그대로 살아 있다. 중요민속자료 5호로 지정돼 있다. 주말이면 수백 명의 관광객이 선교장을 찾는다.

그러나 선교장에는 관람객들에게 절대 말하지 않는 감춰진 비밀이 있다. 이 대저택을 지금의 모습으로 중건한 사람은 친일파 이근우다. 그는 일제 강점기 6년에 걸쳐 조선총독부 중추원 참의를 지냈다. 그리고 2009년 반민규명위는 이근우를 친일반민족행위자 1,006명의 한 명으로 확정한다. 선교장을 관리하는 이근우의 후손들은 선조의

82 현재 임청각은 이상룡 선생의 증손인 이항증씨(77)가 관리하고 있다. 이 씨는 광복회 경북지부장을 맡고 있다. 그는 임청각을 찾는 관광객을 위해 임청각의 역사를 담은 책자를 만들어 배포하고 있다.

부끄러운 친일행각을 애써 숨기려 한다.

이근우의 후손들은 이근우의 존재는 "300년의 넘는 선교장의 역사에서 그저 한 줌에 불과한 것"이라고 말한다. 선교장에서 차지하는 이근우의 비중을 축소하고 있는 것이다. 독립운동과 친일로 갈려진 두 종가의 엇갈린 운명. 우리 현대사의 비극이기도 하다.

노블레스 오블리주noblesse oblige. 뉴스타파 제작진이 친일후손을 접촉하면서 가장 먼저 거론했던 단어였다.[83] 친일파의 대부분은 당대 최고의 엘리트층을 형성했던 이들이다. 서구 문물을 가장 먼저 접했고, 교육도 많이 받은 지식인이었다. 그러나 추후 일제에 종속적으로 협력하며 친일의 길을 걸었다.

뉴스타파 제작진이 가장 중요하게 고려했던 사안이 바로 이 지점에 있었다. 시대의 흐름 속에서 지식인의 삶과 선택은 어떠해야 하는가? 일신의 영달을 위해 동족을 배반했던 수많은 친일파의 모습에서 우리는 어떤 교훈을 얻을 수 있는가? 그리고 지금도 여전히 사회 지배적인 위치를 점하고 있는 친일 후손들은 어떤 삶을 살아가고 있는가?

83 두산백과에서는 노블레스 오블리주를 이렇게 정의하고 있다. "높은 사회적 신분에 상응하는 도덕적 의무를 뜻하는 말이다. 초기 로마 시대에 왕과 귀족들이 보여 준 투철한 도덕의식과 솔선수범하는 공공정신에서 비롯되었다. 초기 로마 사회에서는 사회 고위층의 공공봉사와 기부·헌납 등의 전통이 강하였고, 이러한 행위는 의무인 동시에 명예로 인식되면서 자발적이고 경쟁적으로 이루어졌다. 특히 귀족 등의 고위층이 전쟁에 참여하는 전통은 더욱 확고했는데, 로마 건국 이후 500년 동안 원로원에서 귀족이 차지하는 비중이 15분의 1로 급격히 줄어든 것도 계속되는 전투 속에서 귀족들이 많이 희생되었기 때문으로 알려졌다."(출처『두산백과』)

싫든 좋든, 부정하든 긍정하든, 외세는 한국 근현대사에서 상수였다. 외세의 영향력은 일제 강점기 시기에만 국한된 문제가 아니라, 한국 근현대사 전시기에 관통하는 사안이다. 적어도 150년 전 '운요호 사건' 이후 2015년 현재까지 외세는 우리 사회의 정치, 경제, 사회, 문화 부문 곳곳에서 지배적인 상수로 작동하고 있다.

그렇기에 그 시대마다 존재했던 엘리트층이 외세에 대해 어떤 태도를 보였는가 하는 점은 매우 중요하다. 외세에 대한 이들 엘리트층의 인식과 경험에 따라 나라의 존폐까지 결정될 수 있는 문제이기 때문이다. 일제 강점기 시기, 누군가는 일제에 종속적으로 협력했고, 또 누군가는 일제에 저항했으며, 어떤 이들은 반일도 극일도 아닌 '회식 지대'에서 살아가기도 했다.

외세에 종속적으로 협력한다는 것은 특히 일제 강점기 시기에는 출세나 영향력 있는 지위를 획득하는 데 절대적으로 유리한 삶의 방식이다. 상당수 친일파는 공동체적 이익을 훼손하면서까지 개인의 영달을 추구했다. 공동체의 건강한 유지와 재생산을 위해서는 결코 허용해서는 안 될 악행이다. 그런 까닭에 해방 직후 친일파 문제는 사법적 단죄의 영역이었다. 말하자면 피선거권과 선거권을 박탈해 영향력을 발휘하는 정치적 무대에서 영원히 격리시키는 문제였다.

그러나 단죄는 없었다. 그 결과 정의가 부정되고 가치는 전도됐다. 임경석 성균관대 사학과 교수는 "그동안 우리 사회는 개인의 이익을 옹호하기 위해 타인의 이익, 공동의 이익을 훼손해도 좋다. 훼손한다고 해도 추궁받지 않고 시간이 지나면, 묻혀 버린다는 심리가 만연됐

다. 이런 사회적 병리 현상은 친일 문제와 연관돼 있다"고 말한다.[84]

해방 70년이 흘렀다. 해방 직후 친일청산의 문제가 실패로 돌아간 조건에서 지금 친일파 문제는 다른 접근이 필요하다. 더 이상 사법적인 처벌의 문제가 아닌 가치 규범의 문제로 다가갈 필요가 있다. 임경석 성균관대 사학과 교수의 말대로 "친일파 문제는 외세의 우리나라 지배에 대한 공식적인 협력자의 문제이고, 이들 협력자들을 어떻게 처리할 것이냐 하는 공동체 인식의 사안"이다. 즉 "외세에 대해서 종속적으로 협력한 사람들에 대해 우리 내부 공동체가 법률적, 정치적, 윤리적, 학술적인 분야에서 어떤 합의를 만들어가야 하는 문제"인 것이다. 이에 대한 끊임없는 성찰이 없다면 외세가 상수인 우리 근현대사를 제대로 조망할 수 없는 것이다.

150년 전에도, 70년 전에도, 지금도 우리 역사에서 상수로 작동하고 있는 외세에 대한 태도의 문제를 어떻게 정리하고 바라볼 것인가? 나아가 공동체의 이익을 외면하고 심지어 훼손하면서까지 외세에 종속적으로 협력한 이들에 대해 우리 사회는 어떤 규범을 세울 수 있는가?

외세 협력자들의 문제는 결코 일제 강점기 시기에만 한정된 게 아니라 근현대사 전체에 걸쳐 장기적이고 지속적으로 그리고 공개적으

84 뉴스타파는 2015년 7월, 임경석 교수와 성대 연구실에서 1시간 30분 남짓 인터뷰를 진행했다.

로 다뤄야 하는 문제가 된 것이다. 공동체를 나락으로 떨어뜨렸던 친일 행위가 왜 일어났는지, 그리고 다시는 이런 행위가 되풀이돼서는 안 된다는 내부의 합의가 필요하다는 것이다. '친일 문제'의 '현재성'을 의미한다.

또한 친일 문제는 상당수 친일파 후손들이 여전히 사회적 지배적 위치를 차지하고 있다는 점에서 '노블레스 오블리주'의 영역이기도 하다. 박태균 서울대 국제대학원 교수는 이렇게 말한다.

"할아버지하고 아버지가 전쟁에 협력했거나 반인륜적인 행위를 했다고 해서 후손들이 책임질 필요는 없다고 생각합니다. 그런데 진상은 밝혀줘야 한다고 봅니다. 이분(친일후손)들이 사회 중추를 차지하고 있기 때문입니다. 또 후손들이 친일 문제 대해서 어떻게 생각하느냐가 사실은 한국의 미래에 있어서 너무나 중요합니다. 이분들을 비난할 문제가 아니고 이분들의 윗세대 분들이 어떻게 있느냐에 대해서도 이분들이 알아야 한다고 생각을 합니다."

4 : "나는 김삿갓"

2015년 7월 2일 오후, 취재진은 서울 목동에 있는 '한국문인협회'를 찾았다. 문효치 이사장을 만나기 위해서였다. 그 며칠 전에 이메일을 보냈으나 답신이 없었다. 미리 방문을 약속한 것은 아니라 결례라고 생각했지만, 절박함에 직접 협회를 찾아갔다. 문 이사장은 문인협회 간부들과 회의를 하고 있었다. 양해를 구하고 잠시 만날 수 있었다.

문 이사장은 처음에 취재진의 방문을 일종의 '협찬'을 해달라는 요청으로 착각하고 있었다. 조심스럽게 증조부 이야기를 꺼내며 방문 목적을 밝히자, 그의 눈빛이 잠시 흔들렸다. 취재진은 작은 목소리로 정식 인터뷰를 요청했다. 문 이사장은 증조부의 기억을 정리할 시간이 필요하다며 며칠 말미를 달라고 했다.

문효치 이사장의 증조부 문종구는 일제 강점기 군산 제일의 부자였다. 전북 옥구에만 300정보, 즉 290만m^2의 농지를 소유했다. 군산에는 '문종구 가옥'과 '문종구 예열비'가 잘 보존돼 농촌 생태 관광 코스의 하나로 개발돼 있다. 문종구는 조선총독부 자문기구인 중추원 참의를 지냈다. 그는 2009년 반민규명위가 발표한 친일반민족행위자 1,006명에 들어갔다.

뉴스타파 취재진이 떠난 뒤 문효치 이사장은 증조할아버지를 떠올렸다.[85] 어린 시절 문 이사장은 부모님과 함께 서울에서 살았다. 증조할아버지는 군산에 계셨는데, 가끔 서울에 올라와 일주일 정도 머무르곤 했다. 그때마다 증조할아버지는 손수 붓을 들어 어린 문 이사장에게 천자문을 가르쳤다. 그러다 6.25 전쟁이 일어났다. 가족들은 한강 인도교가 폭파된 탓에 미처 피난을 가지 못했고 서울에 남게 되었다. 1951년 1.4 후퇴 때 고향 군산으로 피난을 가 증조할아버지댁에 머물렀다. 그때 문 이사장의 나이가 8살이었다.

문 이사장의 기억에 증조부는 다정하신 분은 아니었다. 증조할아버지가 마루에 앉아 먼 산을 바라보는 날이면, "다리가 후들후들 떨려" 감히 마당을 가로질러 갈 수 없을 정도로 어린 문 이사장에게 증조할아버지는 엄하고 무서운 분이었다.

어린 문 이사장은 잔병치레가 많았다. 그의 표현대로 "잘 울고, 내성적이었고, 수줍음도 많던" 어린 소년이었다. 그런 증손자가 영 욕심이 안 찬 모양이었다. 문 이사장은 증조부로부터 "사내가 이렇게 허

85 문효치 이사장의 증조부에 대한 회상과 기억은 그와 이후 진행된 인터뷰를 바탕으로 재구성한 것이다.

약해서야"라는 말을 종종 듣고 살았다. 그의 증조부 문종구는 6.25 전쟁이 끝나기 1년 전 세상을 떠났다. 어린 문 이사장은 증조부의 임종을 지켜봤다.

소년과 청년 시절, 문 이사장을 가장 괴롭힌 집안 내력은 증조부의 친일 행적이 아니라 아버지의 인민군 입대였다. 연희전문을 졸업한 아버지는 해방 이후 서울에서 고등학교 국어 교사를 하고 있었다. 아버지는 6.25 전쟁이 일어나자 인민군에 지원했다. 어머니 말씀에 의하면 아버지는 "코피를 쏟아가면서 잠을 안 자고 며칠 고민하시다가 나가셨다"고 한다.

그 후 다시는 아버지를 보지 못했다. 소식은 완전히 끊겼다. 아버지는 어쩌면 전쟁 초기, 어느 전쟁터에서, 어느 골짜기에서 백골이 되어 묻혀있는지도 모를 일이다. 그 기구한 아버지의 운명을 생각하면 문 이사장은 "슬픔을 넘어 삶의 의미에 대한 어떤 문제를 다시 생각하게 된다"고 했다.

아버지의 인민군 입대는 어린 문 이사장에게 큰 상처가 됐다. 또래 무리는 그를 잘 끼워주지 않았다. 길을 가다 보면 뒤에서 "쟤가 월북자의 아들이야"하는 수군거림이 들리기도 했다.

청년에 되어서도 아버지의 행적은 문 이사장을 괴롭혔다. 대학 시절 ROTC 학군단에 들어가 2년간 훈련을 받았지만, 아버지의 인민군 입대가 알려지면서 장교 임관은 불허됐고 사병으로 입대해야 했다.[86] 군 제대 이후에도 끊임없이 수사기관의 감시와 조사를 받아야 했다. 심리적 압박감에 소화불량에 걸리기 일쑤였고, 불면증과 부정맥이 심해졌다. 한때 체중이 34kg 밖에 안 될 정도로 건강이 크게 악화됐다.

문 이사장은 20대의 나이에 실존적인 죽음을 걱정해야 했다. 이게 다 아버지 탓이라고 원망했다. 문 이사장에게 아버지의 존재는 멍울이었다. 이후 문 이사장은 '아버지에 대한 미움'이 '인간의 연민'으로 이것이 또 진화해서 '아버지에 대한 애정'으로 변모하는 감정의 변화를 겪으며 번민했다. '아버지'는 상처와 아픔으로 빚어내는 문효치 시문학의 자양분이 됐다. 초기 문 이사장의 시 세계는 삶과 죽음의 문제를 천착하고 있다.

반면, 인생을 살아오면서 증조할아버지로 인해 직접 피해를 입는 일은 거의 없었다. 지금까지 친일문제가 크게 불거진 적이 없었다. 6.25 전쟁이 일어나기 한해 전, 증조부는 반민특위에 끌려가 조사를 받았지만 며칠 후 풀려났다. 증조부는 '아주 저 먼 곳에 계시는 옛날 분'이라는 의식뿐이었고, 현실의 무게감으로 다가오지 않았다.

그가 살아오면서 외부 현실에서 문제가 된 건 오직 아버지의 인민군 입대였지, 증조부의 친일행적은 아니었다. 그런데 갑자기 친일행

86 문효치 이사장은 아들에게 ROTC를 지원하라고 했다고 한다. 혹시 연좌제가 자신의 아들에게 미치고 있는지 궁금하기도 했다는데, 임관돼 무사히 군 복무를 마쳤다고 한다.

적의 증조부까지 현실이 되었다. 문 이사장은 그동안 수많은 글에서 '월북한 아버지'를 언급했다. 하지만 증조부에 대한 얘기를 한 적은 없었다. 집안의 장손으로서 제삿날 모든 가족이 모이는 자리에서도 증조부 이야기는 꺼내지 않았다.

취재진과의 짧은 만남이 있고, 이틀 뒤인 7월 5일 토요일 오전 약속했던 서울 서초동 카페를 찾았다. 휴일 오전이었지만 카페에는 손님이 꽤 많았고 번잡했다. 대화를 나누고 촬영하기에는 마땅치 않아 문 이사장을 뉴스타파 사무실로 모셨다. 아무래도 사무실에 있는 스튜디오만 한 장소가 딱히 떠오르지 않았다.[87] 문 이사장은 조용히 뉴스타파 카메라 앞에 앉았다. 문인협회원들의 투표로 선출되는 문인협회 이사장직을 맡고 있기에 그의 입장에선 이번 인터뷰가 여간 부담스러운 게 아니었을 것이다.

"목요일에 처음 뵙고, 다시 뵙는 데요. 그동안 고민 안 하셨나요?"

"별로 고민 안 했습니다. 잠도 잘 잤고, 왜냐면 저는 그냥 제 심중의 말을 솔직하게 하겠다 그 생각이었기 때문에 그렇게 걱정을 안 했습니다. 다만 아내에게는 아직 이야기는 하지 않았죠."

---

87 뉴스타파 사무실 한켠에 스튜디오를 마련했다. 그러나 이 스튜디오는 사무공간과 뚫려있고 방음장치도 설치돼 있지 않다. 스튜디오라 부르기도 못할 정도의 시설이다. 그래서 녹화가 있는 날이면 담당 PD가 어김없이 외친다. "잠시 조용히 해 주시고요. 핸드폰 진동으로 바꿔 주세요."

"그래도 불이익이 있을 수 있는데, 감수하고서라도 카메라 앞에 앉은 이유가 따로 있나요?"

"굳이 제가 거부할 필요는 없을 것 같았습니다. 또 시대적, 역사적 어떤 아픔인데 작가로서 굳이 이것을 덮어버리고 가는 게 아니라고 생각했습니다."

문 이사장과의 인터뷰는 1시간 30분 동안 진행됐다. 수십 년 동안 가슴에만 묻어두었던 증조부의 친일 행적에 대한 생각을 털어놓기 시작했다.

"증조부의 친일행적에 대해 후손으로서 어떻게 평가하십니까?"

"지주로서 땅을 지키기 위해 어쩔 수 없는 처신이 아니었겠나 이런 생각을 해봅니다. 하지만 그건 옳지 않다고 생각합니다. 분명히 이야기하지만, 저희 증조부는 어쨌든 잘못된 선택을 한 것은 사실입니다. 저희 조상을 대신해 사과할 일이 있으면 하겠습니다. 그 부끄러움을 사과할 수 있습니다."

"증조할아버지에 대해 이렇게 공개적으로 (사과) 하시고 난 뒤에 어떻습니까?"

"저게 처음에 이 자리에 올 때, 담담한 기분으로 사실을 말하려고 나왔습니다. 그래서 담담합니다. 담담하고 한편으로는 조금 시원한 부분도 있고요."

후손 스스로 조상을 선택할 수 없다. 자신이 하지 않은 조상의 껄끄러운 행적에 대해 후손들에게 책임을 물기 어렵다. 증조부도 한 사람의 개체이고, 아버지도, 문 이사장도 한 사람의 개체이다. 개인이 자기 소신과 철학을 가지고 인생을 엮어나가는 것이다.

문 이사장의 표현대로 "굳이 (인터뷰를) 거부할 필요"는 없다. 그렇다고 취재진이 선대의 친일행적을 공개적으로 꺼내도록 요구할 면목이 없기는 마찬가지다. 1시간이 넘도록 문 이사장에게 껄끄러운 질문을 던져야 했다. 취재진에게도 이런 인터뷰 자리가 유쾌한 것만은 아니었다. 마주 앉은 문 이사장의 심정이야 오죽했겠는가.

"저에게 여전히 증조할아버지의 피가 흐르잖아요. 우리 예로부터 관념은 조상의 죄에 대해서 고발하는 것은 불효예요. 그렇잖아요. 조상의 죄를 자손이 고발하는 것은 죄입니다."

문 이사장 개인으로 보면 증조부는 모셔야 할 조상이다. 피를 이어받은 가족의 입장에서는 선친을 비판하고 고발하는 것은 불효일 것이다. 문 이사장은 자신의 처지를 조선 시대 백일장에 나가 조부인 김익순의 역적 행위를 탄핵하라는 시제를 받은 '방랑시인 김삿갓'(김병연)에 비유했다.[88] "김삿갓 생각이 났어요. 과거의 제목이 김익순을 탄핵하

---

88 김삿갓은 1807년 홍경래의 난 때 관군이 부족해 투항한 죄로 집안이 멸족을 당한 평안도 선천 부사였던 김익순의 손자였다. 그는 멸족에서 폐족으로 사면되어 영월로 옮겨 살았는데 예비 과거에 해당하는 백일장에 참여한다. 백일장의 시제는

라는 것이예요. 반역자 김익순을 탄핵하라."

"제가 지금 사실은 웃으면서 이야기해도 상당히 마음속으로는 울면서 하는 이야기입니다. 공적인 입장과 사적인 입장의 그 갈등 속에서 제가 이제 조금 웃으면서도 속은 아픔이 있다는 것이죠."

인터뷰를 마칠 무렵, 그에게 물었다. 후회하지 않느냐고.

"이렇게 밝히는 것이 제 독자를 위해서나 우리 (문인 협회) 회원을 위해서나 제가 할 도리라고 생각합니다."

또 앞으로 누군가 친일파 후손이라고 지적할 수도 있는 것에 대해 물었다.

"그렇게 할 사람은 하겠죠. 그러나 저는 제 길을 뚜벅뚜벅 걸어가야죠."

그가 뚜벅뚜벅 걸어가는 길은 어디일까? 문효치 이사장은 『나의

....

반란군에 항복한 김익순의 비겁한 행동을 탄핵하라는 내용이었다. 자신의 집안 내력을 모르고 있던 김삿갓은 조부인 김익순을 탄핵하는 글을 올려 장원 급제한다. 그 뒤 김익순이 자신의 조부임을 알게 되고 조부를 욕되게 하는 시를 지었으니, 하늘을 쳐다볼 수 없는 죄인이라 생각해 삿갓을 뒤집어쓰고 전국을 방랑했다고 한다.

삶, 나의 문학 문효치』라는 자전적 글의 말미에 "시의 길은 언제 어디로 방향을 틀어 흘러갈지 모른다. 나는 요즘 우리가 미물이라고 치부하고 무관심했던 작은 것들의 반짝이는 생명에 부쩍 관심이 간다. 그 작은 몸에 담겨 있는 신비스러운 생명의 힘에 나는 새삼 충격을 받고 있다"고 했다. 취재진은 그와의 만남과 대화에서 "그 작은 인간의 몸에 담겨 있는 신비스러운" 용기와 고백의 힘을 느꼈다.

5 : 자그레브에서 온 이메일

2015년 7월 2일, 한낮의 무더위가 여전히 가시지 않는 밤이다. 박중석 기자는 오전부터 취재를 마치고 밤늦게 뉴스타파 사무실에 들어왔다. 그날도 몇몇 친일 후손들과 만남을 시도했지만 번번이 거절당했다. 오늘도 허탕을 친 셈이다. 오늘따라 선풍기에서 더운 바람이 나온다.

며칠째 취재의 진전이 별로 없다. 대다수 친일 후손들은 선조의 과거에 대해 여전히 침묵하거나 외면하고 있다. 돌파구가 쉽게 보이지 않았고 허탈한 마음이 밀려왔다. 퇴근해 사무실 근처 술집에서 동료들과 시원한 맥주 한잔을 마시고 싶었다. 하지만 겨우 참으며 이메일 수신함을 확인하다 뜻밖의 메일 한 통이 와 있는 것을 발견했다. 동유럽 크로아티아의 수도 자그레브에서 온 편지였다. 이틀 전 보냈던 이메일의 답신이었다.

메일을 보낸 이는 자그레브에서 6년째 선교활동을 하는 목사였다. 그는 세 명의 자녀를 둔 부모이기도 했다. 또 2010년부터 자그레브에서 한국어를 가르치는 한인 학교의 교장을 맡고 있었다.

> "말로만 듣던 친일파 후손 중에 저도 포함되어 있다니, 놀랍고, 생소하고, 한편으로는 무거울 따름입니다. 다른 친일파 후손들이 선친의 과거 행적을 인지하고 사는지는 잘 모르나, 저의 경우, 조부 때부터 단절된 가족사를 갖고 있었습니다. 오늘 기자님의 메일을 통해 저의 근대의 뿌리를 처음 알게 되었네요. 보내주신 메일로 인해 불쾌하진 않습니다만, 전혀 예상치 못한 일이어서 당황스러울 뿐입니다. 더불어 증조할아버지의 행적이 조국의 독립과 애국애족에 힘썼던 당대의 많은 애국자들과 그들의 후손들에게 고통이 되었기에 친일파 자손 중 한 명으로서 진심으로 사죄와 용서를 구하고 싶습니다."
>
> – 자그레브에서 온 편지 중에서

답신을 보낸 목사는 증조부의 친일행적을 모르고 있었다. 조부 때부터 가족사가 단절된 탓이라고 했다. 그의 증조부는 김낙헌이다. 김낙헌은 대한제국에서 검사와 조선총독부 고등법원 판사, 그리고 중추원 부찬의를 지냈다. 1912년에는 일제로부터 한국병합기념장을 받기도 했다. 김낙헌은 일제에 맞서 의병 활동을 하다 체포된 독립투사들의 재판에 검사로 참여했다. 그가 참여한 재판에서 의병장 김수민, 정용대, 이교영 등은 교수형을 선고받고 순국했다. 그는 또 105인 사건의 판사로 참여하는 등 많은 독립 애국지사들의 재판에 참여해 교수형 등 중형을 선고한 경력이 있다. 2009년 반민규명위는 김낙헌을 사법 분야의 친일반민족행위자로 확정했다.[89]

뉴스타파는 김낙헌의 증손자 김경근 목사에게 다시 이메일을 보냈다. 이번엔 조금 더 긴 내용의 질문을 담았다. "친일파 자손 중 한 명으로서 진심으로 사죄와 용서를 구하고 싶습니다"라는 그 마음이 어디에서 나오는 것인지 구체적인 답변을 듣고 싶었다.

그리고 한국 문인협회 문효치 이사장과의 인터뷰를 마치고 3주 정도가 지났을 무렵 김경근 목사로부터 다시 연락이 왔다. 자그레브에 있던 그가 한 달 동안 안식월을 맞아 온 가족과 함께 잠시 귀국했다는 소식이었다. 6년 만에 한국을 방문한 것이다. 이메일 답신 말미에 그의 휴대전화 번호가 남겨져 있었다.

"박중석 기자님.
수고가 많으십니다.
010 5XXX XXXX로 한번 연락주세요.
김경근 드림."

한참을 망설였다. 전화기를 들고 조심스럽게 번호를 눌렀다. 정식

89 반민규명위, 『친일반민족행위 진상규명보고서』 가운데 김낙헌 부문을 요약.

인터뷰까지는 기대하지 않았다. 익명을 전제로 해서라도 만나보고 싶었다. 3주 전 제작진에 보낸 그의 첫 번째 편지가 담백하면서도 강렬했기 때문이다. 편지 형식이 아니라 그와 직접 얼굴을 마주 보고 대화를 나누고 싶었다. 그런데 뜻밖에도 그는 선뜻 인터뷰에 응하겠다고 했다. 취재팀은 곧바로 약속 장소인 경기도 광명의 한 카페로 향했다. 뉘엿뉘엿 해가 지던 여름 오후였다.

김경근 목사와 다소 어색한 인사를 나눈 취재진은 카페에 들어갔다. 음료를 주문하고 김 목사와 취재진은 마주 앉았다. 취재진은 의자를 앞당겨 그와 바투 닿았다. 먼저 그의 증조할아버지인 김낙헌의 친일행적을 보여줬다. 반민규명위가 발간한 『친일반민족행위 진상규명 보고서』를 미리 준비해갔다. 그는 두꺼운 보고서를 받아들고, 20여 쪽에 달하는 증조부의 친일 항목을 한장 한장 넘기며 정독했다.

"(증조) 할아버지가 재판장이셨어요?"

"네. 사법체계가 근대화되면서 판사와 검사를 맡으셨어요."

"(증조) 할아버지가 독립운동하신 분들 재판을 하셨고, 중형을 선고했다는 거죠?"

"네."

그는 인터뷰하기에 앞서, 일종의 '보여주기 식' 취재를 경계했다. 해방 70년을 맞아 그저 보여주는 식으로 친일 문제를 다루는 것은 아닌지 염려했다.[90] 김 목사는 자신은 공인도 아니고 유명인도 아니라면서 "보잘것없는, 이름도 없는 내가 선대의 친일행적에 대해 사죄하는 게 사회적으로 어떤 의미가 있을지"를 물었다.

"정말 저는 아무것도 아니잖아요. 아무것도 아닌데, 저의 어떤 말을, 진심 어린 이야기를 받아주신다면 감사하죠."

김 목사는 "친일파라는 어감 자체가 부담스러웠다"고 말했다. 하지만 "양심은 하나님이 주신 것이고, 늘 우리 속에서 벌어지는 재판장"이라며 "잘못한 것은 잘못했다"고 말하는 게 그리 어렵지 않았다고 말했다. 그리고 "제가 사죄를 한다고 해서 증조부로부터 고통받은 수많은 독립운동가 후손들의 상처가 당장 치유될 리 없겠지만, 백번이라도 사죄하고 싶다며, 부디 용서를 구하고 싶다"고 했다. 그는 감사와 용서라는 표현을 많이 사용했다.

"저 같은 경우에는 용서받는 입장이기 때문에, 당당하게 '화해하자' 말 못하겠어요. 하지만 용서해주실 수 있는 분들이 아량을 베풀어 '받아줄게, 같이해서 함께 하자'라고 하면 좋죠, 감사하고. 맞은 사람은 다리 펴고 자도 때린 사람은 못 잔다고 하잖아요. 아마도 친일

90 뉴스타파를 포함해 거의 모든 언론사가 2015년 해방 70년을 맞아 기획기사를 쏟아내고 특집프로그램을 준비했다. 돌이켜보면, 김경근 목사의 지적대로 해방70년 〈친일과 망각〉은 '보여주기 식' 취재를 넘어섰는지 다시 되돌아보게 된다.

파 후손들도 그렇지 않겠습니까?"

"사죄라는 것은 하는 사람의 마음도 필요하지만, 받는 분들도 받아들일 때 용서가 되는 문제인데요. 수십 년이 지난 시점에서 용서를 구하는 게 진정한 사죄가 될지 모르겠습니다. 사죄를 받는 분들에게 실례가 되지 않을까 두렵네요. 그저 그분들이 위로가 되고 마음의 평안이 된다면 당연히 해야 (사죄를 드려야) 하지 않겠습니까."

김 목사의 가족은 모두 5명이다. 그는 부인에게도 증조부가 누구인지 알렸다고 한다. "집사람이 저보고 친일파라고 놀립니다. 허허." 고등학생을 다니는 자녀에게도 사실을 말했다고 한다. "어? 우리, 친일파 후손이야?" 처음에는 자녀들이 당황해하는 모습을 보며 미안했다고 한다. "애들 보고도 미안했어요. 얘들아, 아빠가 친일파 후손이다. 너희도 똑같아. 더 잘해, 반성하고… "

6년 만에 고국 나들이, 김 목사 가족은 애초 하고 싶은 게 많았다고 한다. 귀국하기 오래전부터 한 달 동안의 일정을 정리했다. 그동안 못 봤던 친척과 지인들도 만나야 하고, 자녀들을 위해 제주도로 여행도 다녀오고 싶었다고 한다. 일정이 빠듯한데도 김 목사는 귀한 시간을 내 취재진과 만난 것이다.

김 목사 가족의 계획 중에는 영화 관람도 포함돼 있었다. 크로아티아에서는 커다란 스크린으로 한국 영화를 보는 게 불가능하기 때문이었을 것이다. 그 무렵 한창 개봉해 화제가 되고 있던 영화 중 하나가 '암살'이었다. 그런데 김 목사는 취재진으로부터 이메일을 받고서는 영화 암살을 보기가 조금 망설여졌다고 말했다.

"사실 예전 같으면 재미있게 봤을 텐데, 보려고 하니 가슴이 뜨끔하더라고요." 김 목사의 가족들이 국내에서 즐길 여흥 하나를 뜻하지 않게 빼앗은 것 같아 몹시 미안했다.

김 목사는 다른 친일 후손들도 "많은 두려움을 버리면 좋겠다"며 "책임감을 느끼고 지탄받을 게 있다면 지탄을 받고, 선대의 잘못을 인정할 것은 인정할 때가 왔다"고 말했다. 공개적으로 이야기할 수 없다면 "마음이라도 아파하고 애통해 하고, 떵떵거리면서 소리 지르지 말 것"을 부탁했다. 김 목사는 정부 차원에서 독립운동가 후손을 지원하는 여러 가지 일에 친일 후손들이 적극 나서야 한다고도 했다.

> "저는 다 이해할 수 없지만, 그때(일제 강점기) 상황을 잘 모르지만 그런데도 그들(친일파)이 누린 영화에 비하면 고통받은 분들의 상처, 눈물들을 생각하면 정말 미안하고, 또 말로 표현할 수 없을 정도로 죄송하고, 바라는 것은 하루빨리 사회적으로나 정부 차원에서 독립운동을 하다가 어려움을 겪은 분들을 도와주고 보상해줘야 하고, 또 친일파의 행적을 한 후손으로서 도울 수 있다면 돕고, 마음을 나누고 위로해드리고 싶고, 그분들이 원하는 것을 도와드리고 싶고…"

취재진은 김 목사를 만나기 전, 몇 가지 질문지를 작성해 준비해갔다. 그러나 1시간여 동안 대화가 이어지면서 별도의 질문지가 있지 않아도 된다는 것을 깨달았다. 진실한 자기 고백의 여정에는 그다지 많은 준비가 필요치 않은 법이다.

6 : “속이 후련하다”

2015년 7월 17일, 국회 사랑채 앞뜰에 의자를 놓고 홍영표 의원과 마주 앉았다. 사실 친일파 후손 정치인, 특히 현역 국회의원과 인터뷰 자리를 갖게 될 것이라고 기대하지는 않았다. 취재진이 1차로 홍 의원을 포함한 친일 후손 200여 명에게 이메일을 보낸 것은 지난 6월이었다. 며칠 뒤 홍영표 의원의 보좌관으로부터 전화가 걸려왔다.

“저희 의원님 할아버님의 친일 행적과 관련해서 이메일 주셨었죠? 인터뷰하겠습니다.”

그동안 뉴스타파 취재진은 국회의원을 지낸 친일 후손을 만나기 위해 노력했다. 7월 중순 내부 자문회의를 거쳐, 국회의원이면 공인으로 볼 수 있고, 친일 문제는 물론 선대의 친일행적에 대해 답변을 요청할 수 있다는 판단 때문이었다. 그러나 만남은 예상보다 쉽지 않았다. 친일이라는 단어 자체가 가지고 있는 휘발성이 워낙 큰 데다 자칫 친일후손이라는 사실이 알려질 경우 감당해야할 후유증이 크기 때문일 것이다. 특히 대중들의 선호에 운명을 맡기고 있는 국회의원들에게 선대의 친일 행적을 밝히라고 하는 것은 어쩌면 자신의 정치적 생명을 걸라는 요구와 다름이 없다고 느껴질 수 있다.

그러나 홍 의원은 많은 고민 끝에 뉴스타파 카메라 앞에 섰다. 이 문제를 한 번은 깨끗하게 털고 가야 한다는 정치적인 계산도 있었을 것이고 주위 참모들의 조언도 영향이 있었을 것이다. 그러나 그럼에도 불구하고 한국 사회에서 할아버지의 친일 행적을 주제로 카메라 앞에 선다는 것은 매우 쉽지 않은, 용감한 결정임이 틀림없다. 정치인으로서든, 아니면 자연인으로서든 말이다.

실제로 홍 의원은 인터뷰하기로 한 날 아침까지 보좌진에게 전화를 걸어 인터뷰를 정말로 해야 할지에 대해 고민을 토로했다고 한다.

홍 의원의 할아버지인 홍종철은 전북 고창의 유지로 조선총독부 자문기구인 중추원 참의를 지냈다. 일제 강점기 중추원 참의를 지냈다는 것은, 일제의 식민 통치에 조언과 협조를 아끼지 않았으며 그만큼 일제로부터 충성심을 인정받았다는 의미다. 중추원 참의의 권세는 지금의 국회의원보다 훨씬 더 크고 높았다. 홍종철은 대정대례기념장大正大禮記念章 등 2개, 은배 2개, 목배 4개 등 일제로부터 여러 차례 훈포장을 받기도 했다.[91]

91 반민규명위, 『친일반민족행위 진상규명보고서』 중 홍종철 부문 요약.

이런 조부의 친일행적에 대해서 홍 의원은 반민규명위의 연락을 받기 전까지는 전혀 몰랐다고 한다. 상당수의 다른 친일 후손들처럼, 홍 의원은 할아버지의 과거 행적 가운데 기부 등을 통해 사회에 기여한 '밝은 면'만을 듣고 자랐다고 한다. 그랬던 만큼 할아버지의 친일 행적은 그에게 충격이었다.

홍 의원은 "깜짝 놀랐죠. 깜짝 놀랐고 그럼에도 불구하고 그것이 엄연히 사실이라는 것을 확인하면서 저도 충격을 받았습니다"라고 했다.

본인이 듣고 자랐던 선대의 모습과 역사적 사실로 확인되는 선대의 행적, 그 사이의 차이를 확인하고 받아들이는 것, 그것이 어쩌면 친일 후손으로서 가져야 할 첫 번째 자세일 것이다.

평소 '카메라 울렁증'이 있던 것으로 들었는데 막상 조부에 대한 얘기를 시작하자 홍 의원의 말은 막힘이 없었다. 아주 오랫동안 이 문제를 고민해왔음을 짐작할 수 있었다. 결국, 조부의 행적에 대한 진솔한 인정은 어쩔 수 없이 역사에 대한 통렬한 반성과 민족 공동체에 대한 사과로 이어졌다.

"조부의 친일행적에 대해서는 변명의 여지가 없다고 봅니다. 그것은 우리 일제하에서 수많은 사람들이 조국의 독립을 꿈꾸다가 많은 분들이 희생도 당했고 그랬는데 친일을 했다는 것은 민족적으로 용서받을 수 없다고 생각합니다. 불행히도 제 조부께서도 그렇게 친일은 한 것으로 기록돼 있으므로 후손의 한 사람으로서 그 부분은 정말 역사와 민족 앞에서 사죄합니다."

– 홍영표 의원 인터뷰 중 발언

인터뷰를 마친 뒤 기분이 어떠시냐는 물음에 홍 의원은 다음 일정이 있다며 대답 없이 급히 떠났다. 인터뷰를 위해 입고 있던 양복 상의를 벗어 어깨에 걸치고 걷는 홍 의원의 뒷모습이 어쩐지 홀가분해 보였다.

홍 의원을 먼저 보내고 국회 매점에서 보좌진들과 음료를 한 잔 마시던 중 보좌관에게 문자 메시지가 왔다. 메시지를 읽고 난 보좌관이 이렇게 전해주었다.

"의원님이 막상 다 털어놓고 나니, 속이 아주 후련하시답니다."

홍 의원의 고백은, 같은 처지인 다른 정치인들의 태도와 대비가 되기도 했다. 친일파 지희열[92]의 손주 사위인 김형오 전 국회의장은 뉴스타파 제작진이 보낸 이메일에 아예 답변을 하지 않았고, 거듭되는 전화에도 역시 답변을 거부했다. 그는 국회의장 당시인 2009년 11월 『친일인명사전』 발간과 관련, "이제 과거를 갖고 발목을 잡는 형태는

92 지희열은 조선총독부 자문기구인 중추원 참의를 지냈고, 1939년 국민정신총동원조선연맹의 평의원으로 활동하며 일제의 식민지배에 협력했다. 대통령 소속 반민규명위는 2009년 그를 친일반민족행위자로 결정했다.

그만둬야 한다"고 발언해 논란을 빚은 바 있다.[93]

친일파 진희규[94]의 손자인 진성호 전 국회의원의 경우, 이메일을 보낸 뒤 답이 없어 그가 회장으로 있는 전화결제협회에 직접 찾아가 편지를 전달했으나 그때까지 아무런 답이 없었다. 몇 차례 전화를 하고 나서야 겨우 답변을 얻을 수 있었다.

진 전 의원은 〈친일과 망각〉 방송 사흘 전에 이메일 답변을 보내왔다. 그는 비록 공개적인 인터뷰는 아니었지만, 이메일을 통해 할아버지의 친일 행적이 잘못된 행동이었음을 인정했다. 그리고 "선조의 친일 행적에 대한 사과는 용기 있는 일"이라며 "저 역시 일제 강점기 할아버지의 행위들에 대해 국민들께 죄송스럽게 생각합니다"라고 고백했다. 진 전 의원의 이메일 답변을 발췌한 내용은 다음과 같다.

> "위원회가 나름대로 기준을 가지고 명단을 선정했다고 생각합니다. 그 결정을 존중합니다. 다만 덧붙이고 싶은 말은 제가 태어나기 전에 할아버지께서 돌아가셨고, 그래서 저는 할아버지로부터 친일 여부에 대해 반론을 직접 들을 기회가 없었습니다. 할아버지와 집안 분들은 주로 대구에 사셨는데, 집안의 막내아들이셨던 제 선친께서 직장 때문에 부산에서 사셨기 때문에 친척들과 왕래도 많지 않았습

93 김형오 국회의장 "친일인명사전, 과거 물고 늘어지는 행태", 동아일보, 2009.12.1

94 진희규는 일제 강점기 대구지역 금융자본가였고, 조선총독부 중추원 참의를 지냈다. 그는 1949년 3월 반민특위에 자수했다. 2009년 대통령 소속 반민규명위는 그를 친일반민족행위자 1,006명에 포함했다.

니다. 그래서 저는 성장한 후 친척들로부터 할아버지에 대한 친일 관련 얘기를 들을 수 있었습니다. 할아버지는 일제 강점기의 지주였고, 벼슬을 했다고 합니다. 물론 할아버지 당신과 가족들의 생존을 위한 선택이었겠지만, 일제에 저항하지 못하고 순응한 것 자체가 잘못된 행동이었다고 저는 생각합니다. 친척들 얘기로는 할아버지께서는 겉으로는 벼슬을 했지만, 뒤로는 독립군을 지원했다고 합니다. 일제로부터 기부를 강요받았을 때도 무기 기부는 하지 않고 박물관이나 학교 건립에 돈을 내놓았다고 합니다. 그래서 반민 특위가 열리자 자수를 하셨는데 증인이 될 사람이 오지 않아 진실 입증이 힘들었다고 들었습니다. 그러나 이런 모든 것들 역시 큰 역사 흐름에서 보면 변명에 불과할 것입니다. 결론적으로 제 할아버지가 친일을 했다는 사실을 저는 인정합니다.

둘 중 하나였을 것입니다. 첫째는 사회 지도층의 직위를 버리고 독립운동의 길을 택하는 것입니다. 둘째는 현실을 인정해 재산과 직위를 유지하면서 민중 계몽운동 등을 통해 현실과 적당히 타협하면서 미래를 대비하는 것이겠지요. 둘 다 쉽지 않은 길입니다. 특히 후자의 경우 친일파로 분류되는 것은 피할 수 없습니다. 그게 나라 잃은 엘리트의 숙명 아닐까요?

선조의 친일 행적에 대한 사과는 용기 있는 일입니다. 저 역시 할아버지의 일제 강점기 아래의 행위들에 대해 국민들께 죄송스럽게 생각합니다."

– 진성호 전 의원 이메일 답변 발췌(2015년 8월 3일)

비록 여러 차례 접촉을 한 뒤에야 나온 이메일 답변이지만, 진 전 의원의 사과 역시 매우 용기 있는 일이라고 생각한다.

뉴스타파가 지난 수개월 동안 접촉을 시도한 후손 350여 명 가운데 선대의 잘못을 시인하고 카메라 앞에서 공개 사죄한 사람은 단 세 명에 불과했다. 물론 3명뿐이어서 실망스럽다고 할 수도 있다. 그러나 뉴스타파 제작진은 이 3명의 진심 어린 공개 사죄의 무게가 결코 가볍지 않다고 생각한다.

어쩌면 중요한 것은 선대의 친일 행적에 대해 생각하고 진심을 담아 사죄하고 싶어 하는 후손들이 '여전히 존재'한다는 것, 그 사실이 아닐까. 우리 사회가 지난 70년 동안 친일파와 그 후손들로부터 진정으로 듣고 싶어 했었던 말, 기다려왔던 말, 바로 '미안하다'는 그 말을 이들이 가장 앞서서 해줬다.

그렇기 때문에 뉴스타파 제작진은 이 3명의 자기고백이 진정한 화해를 위한 어떤 단초가 될 수도 있다고 생각한다. 앞서 5장에서 소개한 독립운동가 김상덕 반민특위 위원장의 장남 김정륙씨는 선대의 잘못을 진심으로 사죄하는 친일 후손이 있다면 무슨 말을 해주고 싶냐는 질문에 이렇게 대답했다.

"위로를 하고 싶어요. 격려도 해주고. 그러지 마라, 그런 의식에서 벗어나라, 선대가 잘못한 것을… , 그것은 인정하는 선에서 끝내고, 언제까지 끌고 가느냐. 우리가 털 수 있는데 지금 털지 못하고 있는 거다. 우리 개인끼리라도, 내 집안의 이 문제를 털고 가야 안 되겠나."

– 김정륙씨 인터뷰 중

인터넷 등의 여론에서는 친일 청산의 목소리가 높지만, 사실 독립운동가의 후손이 "사과만 받으면 털고 가고 싶다"고 하는데도 그 사과가 없어서 털고 가지 못하는 게 우리 사회의 친일 청산 문제다. 그런 의미에서 뉴스타파 카메라 앞에서 진솔한 자기 고백과 사죄를 한 세 사람의 무게는 결코 가볍지 않다.

8장

에필로그

親日忘却

1 : 뜻밖의 전화

항의든 격려든 보도 후에는 으레 반응이 온다. 취재 대상이나 시청자, 독자로부터. 반응이 거의 없다면 그건 실패한 보도라고 할 수밖에 없다. 광복절 사흘 뒤 친일 후손 2명이 연락해 왔다. 2015년 8월 18일 오전에 전화를 걸어온 분은 한 대학에 재직 중인 노 교수였다. 그와는 이미 몇 차례 이메일을 주고받았으나 직접 통화는 처음이다.

이 교수는 2015년 6월 말 〈친일과 망각〉 제작진이 보낸 이메일 질문에 대해 역시 교수인 동생과 상의 후 두 차례 답변을 보내왔었다.

> "조부께서 일제 강점기에 고위직인 지사를 역임하셨으니 (친일반민족 행위 진상규명위의 친일파 명단 발표는) 올바른 결정입니다. (선대의 친일 행적에 대한 후손들의 공개사죄는) 용기 있는 행동이라고 생각합니다."
>
> – 2015년 6월 29일 ○○○ 교수 이메일 답변 중에서

취재진은 노 교수에게 이런 내용을 담은 답신을 보냈다.

"그 누구도 아버지나 할아버지를 선택할 수 없으며 때로 어떤 사람의 사회적 삶과 개인적인 삶 사이에는 도저히 설명할 수 없는 간극이 있을 수 있다는 사실, 그리고 당시의 복잡하고 미묘한 시대 상황에서 살아야 했던 한 사람의 삶을 획일적인 잣대로 규정지을 수 없다는 사실을 저희 제작진도 깊이 고민하고 있습니다. 저희의 작업은 일제 강점기라는 아픈 역사가 지금의 한국 사회에 어떤 영향을 남기고 있는지를 드러내기 위해 이른바 '친일파'의 후손들의 사회적 위치와 직업 등을 통계적으로 처리해 보여주고자 함에 있습니다. 여기에 친일파의 후손으로 살아가면서 의식적 무의식적으로 느꼈을 여러 가지 생각과 의견들도 함께 취재해 프로그램에 담으려 하고 있습니다. 학계에서든 언론계에서든 한 번도 시도된 적이 없는 작업인 만큼 한국 사회에 작으나마 진지한 성찰의 계기가 될 수 있다고 생각합니다. 당혹스럽고 불쾌하셨을 텐데도 성의 있는 답변을 주셔서 다시 한 번 감사의 말씀을 드립니다. 혹여, 저희가 교수님께 인터뷰를 정식으로 부탁드려도 될는지요? 우리사회 공동체의 일원으로서 교수님의 의견과 생각을 조금 더 듣고 싶습니다."

– 2015년 6월 29일 제작진이 보낸 편지 중에서

이렇게 한 번 더 인터뷰를 요청했지만 노 교수는 정중히 거절했다. 아직 친일 후손으로 그 입장을 표명하는 데 주저했다. 대신 대한제국

말기와 일제 강점기 할아버지가 학교 건립 등의 행적을 보여주는 자료를 우편으로 보내왔다.

"앞으로도 간단한 질문에는 서면으로 대답하겠습니다. 그러나 나서서 인터뷰까지 하는 마음의 준비는 되지 않았으니 이해하여 주시기 바랍니다."

– 2015년 6월 30일 ○○○ 교수 이메일 답변 중에서

지난번 이메일과 마찬가지로 통화하면서도 익명을 요구했지만 노교수의 생각은 이전과는 좀 달라졌다. 그는 뉴스타파 〈친일과 망각〉 프로그램을 본 후 생각이 조금 바뀌었다고 말했다. 조부의 친일행적을 사죄하고 싶다고까지 했다. 다만 공개적인 사죄까지 할 용기는 아직 없다고 말했다.

"이번 취재에 공감하는 게 많습니다. 지난번 이메일로 연락을 드렸지만, 방송을 본 후 잠시 후회하기도 했습니다. 선대의 친일 행적에 대해 사과하고 싶습니다."

– 2015년 8월 18일 ○○○ 교수와 전화통화 내용 중에서

그는 "조부께서도 (독립운동을 위해) 간도로 가시려고 했다는 얘기도 들었지만, 가족 때문에 포기한 것이 아닌가 하는 생각이 든다"고 조심스럽게 말했다. 함경남도 함흥지역에 민족학교를 세우는 데 기여하는

등 사회 활동도 했음을 고려해달라고 했다. 하지만 조부의 친일행적은 인정한다고 했다. 그래서 더욱 몸가짐을 조심하겠으며 정년이 얼마 남지 않았지만, 끝까지 후학을 양성하는 데 매진하겠다고 밝혔다. 그것이 나라를 위하는 것이라고 덧붙였다.

그 날 오후 또 다른 친일후손이 전화를 걸어왔다. 취재진이 찾아낸 친일 후손 1,177명엔 들어있지 않던 인물이었다. 그는 친일파 이재완, 이달용의 후손이라고 밝혔고, 서울 강남에서 개인사업을 하고 있다고 자신을 소개했다. 그는 뉴스타파의 〈친일과 망각〉 4부작을 보고 방송 내용에 공감해 연락하게 됐다고 말했다. "친일후손임을 밝히고 공개 사죄할 만큼 용기를 내지는 못하지만, 공개 사죄하는 친일 후손을 통해 많은 것을 배웠다"고 했다. 그 역시 "대한민국 사회에서 부끄럽지 않게 살겠다"고 했다.

그는 자신은 친일파의 후손이면서도 동시에 독립 운동가의 후손이라고 말했다. 알고 보니 외가 쪽 선대가 친일파였고, 친가 쪽 선대는 독립 운동가였다. 그는 일제의 귀족작위를 받은 친일파 이달용, 이재완의 후손이면서 독립 운동가 김교헌의 후손이었다. 김교헌은 대종교의 제2대 교주로 일제 강점기 독립운동을 했다. 1977년 건국훈장 국민장이 추서됐다. 그는 독립 운동가의 후손이면서도 동시에 친일 후손으로 살아가고 있었다.

2 : 친일의 길, 항일의 길

친일파 후손인 동시에 항일 독립운동가의 후손인 경우도 간혹 있다. 일제로부터 조선 귀족 남작 작위를 받아 3대가 습작한 정낙용, 그의 아들 정주영, 손자 정두화, 이 세 사람은 모두 대통령 소속 '친일반민족행위진상규명위원회'(이하 반민규명위)가 지난 2009년 확정한 친일파 1,006명에 포함됐다.

그런데 정낙용의 손녀이자, 정주영의 딸 정정화는 '임시정부의 며느리'로 불리는 대표적인 여성 독립운동가였다. 그는 독립운동가 가족들을 돌보고 임시정부 자금 모금과 연락을 맡는 등 대한민국 임시정부 수립과 운영에 크게 기여했다. 1982년 건국훈장 애족장을 수여하였다. 그렇다면 이 집안의 후손은 친일파의 후손인가? 독립운동가의 후손인가?

정정화(1900~1991)
1990년 애족장 독립운동가 가족들을 돌보고 임시정부 자금 모금책 및 연락책을 맡으면서 임시정부 수립 · 운영에 큰 도움을 줬다. (출처: 국가보훈처), 오른쪽: 앞줄 왼쪽에서 두 번째가 정정화 여사, 뒷줄 왼쪽에서 네 번째부터 이동녕, 박찬익, 김구, 엄항섭 선생 (출처: 국가보훈처)

소설『임꺽정』의 저자인 벽초 홍명희도 비슷하다. 그의 할아버지 홍승목은 일제 강점기 조선총독부 중추원 찬의를 지냈다.[95] 홍승목도 반민규명위의 1,006명 친일파 명단에 들어갔다.

반면 홍승목의 아들, 즉 홍명희의 아버지 홍범식은 충남 금산군수로 재직하던 1910년 8월 29일 경술국치로 일제에 나라를 빼긴 데 분개해 그날 밤 소나무에 목을 매 자결한 순국열사다. 그는 '國破君亡不死何爲(나라가 파멸하고 임금이 없어지니 죽지 않고 무엇하리)'라는 유서를 남겼다. 또 아들 홍명희에게는 "죽을지언정 친일을 하지 말고 먼 훗날에라도 나를 욕되게 하지 말라"는 유언도 남겼다.

95 1910년 조선총독부가 중추원을 설립한 당시에는 중추원은 의장(정무총감), 부의장(친임관 대우), 고문(칙임관 대우) 15인, 찬의(칙임관 대우) 20인, 부찬의(주임관 대우) 35인 등으로 구성됐다. 이후 1921년 4월 중추원 과제를 개정하여 찬의와 부찬의를 참의로 통합했다

홍범식(1871~1910)
1962년 독립장(출처: 국가보훈처), 오른쪽: 금산군수 시절 관원들과 함께 찍은 사진, 앞쪽 가운데가 홍범식 (출처: 국가보훈처)

홍범식은 1962년 대한민국 건국공로훈장 단장이 추서됐다. 홍명희도 신간회 활동에 참여하고 독립운동으로 옥고를 겪는 등 일제 강점기 항일운동에 힘썼다. 홍명희는 해방 후 월북했고, 그의 가족들은 한국전쟁 당시 월북자의 가족으로 몰려 우익 집단에게 죽임을 당했다. 홍명희의 가족사는 일제 식민지배와 민족분단이 빚은 아픈 역사를 고스란히 담고 있다.

그 시기를 살았던 지식인들은 어떤 선택을 해야 했을까? 그리고 해방 70년이 지난 지금, 우리는 친일반민족행위와 친일파 문제를 어떻게 바라봐야 하는가?

2015년 7월 뉴스타파 제작진은 친일 후손들에게 2번째 메일을 보냈다. 1차 메일에 답변을 보내온 후손들이 대상이었다. 그 당시 메일에는 이런 내용을 추가로 작성해 보냈다.

"저희가 생각하는 친일 문제의 맥락은 그보다 훨씬 복잡합니다. 친일파라고 해서 다 같은 친일파인 것도 아니고, 그 후손들이라고 해서 전부 하나의 집단으로만 취급될 수는 없습니다. 특히 친일파의 후손들이 살아왔던 삶의 궤적은 그 자체가 매우 섬세하게 다뤄져야만 하는 사회적 실험과도 같은 것이며 우리 사회의 집단적 기억 가운데서도 매우 미묘하고 독특한 어떤 것일 거라고 짐작합니다. 그래서 저희는 후손들의 목소리를 직접 들어보고 프로그램에도 이를 담아야겠다고 생각했습니다."

– 제작진이 친일 후손들에게 보낸 이메일 내용 중 발췌

그동안 친일에 대한 문제의식은 일종의 강요된 기억상실에 걸린 채 동결돼 있었는지도 모른다. 이승만과 박정희 정부 시절에는 상당수 1세대 친일파가 생존하고 있었고, 지금보다 친일반민족행위에 대한 사회적 기억은 뚜렷했다. 하지만 반민특위가 좌절된 이후 누구도 제대로 친일 청산 문제를 입 밖으로 꺼내지 못했다. '임종국'[96]이라는 빛나는 예외가 있었지만 2천 년 대에 들어서기 전까지 친일에 대한 문제의식은 더욱 깊이 가라앉았고 친일청산이라는 용어 자체가 심각하게

96 임종국(1929~1989) 1966년 친일파 연구의 효시가 된『친일문학론』을 펴냈다. 그는 친일파를 추적하기 위해 도서관에서 조선총독부 관보 35년치 2만매 이상을 복사했고, 총독부 기관지 매일신보는 10년치 분량을 필사하는 등 평생 친일 연구에 힘썼다. 사후 그가 남긴 친일연구 자료를 계기로, 1991년 친일파 문제를 전문적으로 연구하는 '반민족문제연구소'가 설립됐고, 1995년 '민족문제연구소'로 명칭을 바꿨다.

오염되기까지 했다.

해방 60년이 지나서야 비로소 국가 차원의 친일 진상규명 작업이 다시 이뤄졌다. 그런데 우리는 당시 이뤄졌던 친일 진상규명의 성과물을 사회적 차원에서 충분히 공유하고, 가르치고 있을까? 아직 충분하지 못하다는 게 제작진의 생각이었다.

25권에 이르는 반민규명위의 방대한 보고서와 그 보고서를 작성하기 위해 수집된 수많은 기록들은 더 이상 활용되지 않은 채 국가기록원에서만 찾아볼 수 있는 잊혀진 존재가 됐다. 뉴스타파가 2015년 해방 70년을 맞아 〈친일과 망각〉 시리즈를 기획한 이유 중 하나였다.

3 : 공개사죄 그 후

뉴스타파 〈친일과 망각〉 취재진은 2015년 1월부터 8개월 동안 자료와 싸움을 벌인 끝에 반민규명위가 결정한 친일파 명단 1,006명 가운데 203명의 후손 1,177명을 찾아냈다. 이들은 대부분 일제로부터 귀족작위를 받은 수작자와 중추원 참의를 지낸 핵심 친일파의 후손이었다. 뉴스타파 취재진이 연락을 했던 것은 이 가운데 350명이었다. 이메일로 접촉했던 278명 가운데 20명 정도가 답변을 보내왔고, 전화통화로는 38명 중 10명 남짓이었으며, 25명의 경우 자택과 사무실을 방문했지만 역시 10명 정도만 만날 수 있었다.

이 가운데, 뉴스타파의 요청에 응해 선대의 친일행적을 카메라 앞에서 공개적으로 사과한 후손은 3명이었다. 문효치 한국문인협회 이사장, 김경근 목사, 홍영표 의원이다. 처음 기대에는 훨씬 미치지 못했다. 취재진은 적어도 5명 이상은 인터뷰에 응할 것이라고 기대했었다.

하지만 이들 3명의 용기 있는 자기 고백은 우리 사회가 친일 청산과 과거 극복이라는 과제를 해결하는데 아직 희망이 있다는 것을 보여줬다. 또한 친일파 후손과의 역사적 화해라는 뉴스타파의 작업이 절대 헛되지 않았다는 것도 보여줬다.

2015년 7월 문효치 이사장을 만났을 무렵, 그는 문인협회가 매월 발간하는『월간문학』의 특집기획 준비에 여념이 없었다. 그가 2015년 2월 문인협회 이사장에 취임한 이후 역점을 둔 사업이『월간문학』의 특집기획이었다. 특히 그 무렵 윤동주의 시 세계를 다루는 기획특집을 7월호와 8월호 2회에 걸쳐 게재했는데, 제목은 '광복 70년, 윤동주 70주기'였다. 또 문효치 이사장은 8월에 한국불교문인협회 등과 함께 '광복 70주년 기념 한국문학축전'을 열고, '민족시인 한용운의 생애와 작품세계'를 다루기도 했다.

그는 "개인적 불이익이 있더라도 감수할 것이고, 이것 역시 내 업보"라고 말하며 증조부의 친일행적을 공개 사죄했다. 조상을 선택할 수는 없지만, 자신의 삶은 선택할 수 있다. 문효치 이사장은 '요즈음 나비나 하루살이나 굼벵이 같은 미물들을 소재'로 시를 많이 쓴다고 한다. 이때 그가 미물을 다루는 주제는 '인간과 똑같은 자격으로 자연과 우주 질서에 참여한다'는 것이다.

그의 자기 고백은 무섭고 엄하기만 했던 증조부와의 용기 있는 만남이기도 했다. 증조부가 그에게 더는 '짐'이 되지 않기를 바란다.[97]

김경근 목사와 인터뷰를 한 뒤 다시 연락을 취한 것은 2015년 8월 16일이었다. 평소 알고 지내던 한 언론사 기자로부터 김 목사를 만나 인터뷰를 하고 싶다는 요청이 들어왔기 때문이다. 본인의 허락 없이 연락처를 넘겨줄 수는 없었기에 제작진은 김 목사에게 혹시 인터뷰가 가능한지 문자메시지를 남겼다. 그는 1시간쯤 지나 답을 보내왔다.

"전 지금 제주에 내려와 있습니다. 출국까지 한 일주일 정도 남았는데 이것저것 준비하랴 바쁠 것으로 예상합니다. 방송은 감사히 잘 봤습니다. 장차 방송 취지에 맞는 좋은 결과가 있길 바라고 기대하겠습니다. 인터뷰 요청에는 감사드리나 잦은 취재가 도리어 진심에 대한 무게를 떨어뜨릴까 우려하여 이번에는 사양하고 싶습니다. 늘 바르고 정직한 기사로 사회에 빛의 역할을 감당하시길 기대합니다. 감사드립니다."

김경근 목사는 뉴스타파와 인터뷰를 하는 동안 "자신은 공인이나 잘 알려진 사람이 아니라서 조상을 대신해 사죄하는 것이 어떤 의미가 있는지 모르겠다"는 말을 여러 차례 했다. 그러나 그의 인터뷰는

---

97 문효치 문인협회 이사장은 2015년 12월 뉴스타파 제작진에 보낸 문자메시지에서 "오히려 몇몇 지인들로부터 격려의 말씀을 듣고 용기를 얻을 수 있었다"면서 "부끄러운 제 집안의 일을 진지하게 반성하면서 우리 문단을 위하는 일 열심히 하겠습니다"라고 전했다.

남달랐고, 큰 울림을 줬다.

심경근 목사는 한 달간의 안식월을 국내에서 보내고, 2015년 8월 말 크로아티아로 돌아갔다. 그에게 하고 싶었던 말을 하지 못했는데, 이제는 가족들과 함께 편안하게 영화 '암살'을 봐도 좋으리라고 말해주고 싶었다.

공개적으로 선대의 친일행위를 대신 사죄한 3명 가운데 가장 주목을 받은 이는 홍영표 의원이다. 유권자의 검증을 받아야 하는 정치인이기에 더욱 그럴 것이다.[98] 홍 의원은 뉴스타파의 〈친일과 망각〉 4부 '나는 고백한다' 편이 방송되기 사흘 전인 2015년 8월 11일, 자신의 페이스북에 "친일과 망각을 보았습니다. 친일 후손으로서 사죄드립니다"라는 제목의 글을 올렸다.

"지난 7월 하순, 친일후손의 오늘을 조명하는 특집기사를 준비한다는 한 언론사의 인터뷰 요청을 받았습니다. 인터뷰에 응할지, 무척이나 망설였습니다. '그냥 지금처럼 조용히 하던 일을 해가면서 용서를 구해도 되는 것이 아닐까?' 하는 마음부터 '이렇게까지 할 필요가 있겠느냐? 오히려 더 화를 부를지 모른다'는 주변의 걱정까지, 인터뷰 전날 잠을 설치고 아침까지도 망설이다 결국 인터뷰를 했습니다. 부끄러움을 아는 후손, 용서를 구하는 후손으로 사는 것이 그

98 홍영표 의원은 2016년 20대 국회의원선거에서 당선되었으며, 2018년 5월 더불어민주당 원내대표에 선출됐다.

나마 죄를 갚는 길이라 생각하고 용기를 냈습니다."

– 2015년 8월 11일 홍영표 의원의 페이스북 글 중에서

홍 의원은 "조부의 친일 행위에 대해서는 과거에도 여러 차례 밝힌 바 있지만, 광복 70주년을 앞두고 취재에 응하면서 다시 한 번 공개적으로 사죄할 필요가 있다고 생각했다"면서 "제 고백 때문에 가족과 친지 여러분이 불편해하는 데에는 죄송한 마음도 있지만 후회는 없다"고 했다.[99]

김을동 당시 새누리당 최고의원은 홍영표 의원이 조부의 친일행적을 고백하고 사과한 데 대해 "비록 조부의 죄를 다 덮을 수는 없지만, 그의 모습은 앞으로 친일파의 낙인이 찍힌 후손들이 어떻게 살아가야 할지를 보여주는 좋은 사례가 될 수 있다고 생각한다"고 말하기도 했다.[100]

역사적 사실을 깨끗이 인정한 뒤에는 사죄가 뒤따를 수밖에 없다. 역사적 사실을 인정하기는 하되 사죄에까지 나아가지 못한다는 것은 역사적 사실에 대한 인식이 그만큼 깊고 충분하지 못하다는 반증이다. 그리고 사죄 다음에는 행동이 뒤따르게 된다. 그 사죄가 진심이라면 그러지 않을 수 없다.

홍 의원은 뉴스타파와의 인터뷰에서 독립운동가의 고결한 희생을

99 2015년 8월 17일 〈연합뉴스〉와의 통화 인터뷰 중

100 2015년 9월 4일 〈시사위크〉와의 인터뷰 중

높이 받들기 위해서라도 후손들의 보상과 예우를 위해 노력하고 민족정기 사업에 힘쓰겠다고 밝힌 바 있다. 그는 2013년 1월 '독립유공자 예우에 관한 법률 일부 개정 법률안'을 발의하기도 했다.[101]

> "그분들은 독립운동한다고 쫓겨다니면서 자식들 교육을 제대로 시켰겠습니까, 재산을 물려줬겠습니까. 그래서 제대로 된 나라라면 그 분들에 대해 국가가 이렇게 해서는 안 된다고 생각합니다."
>
> – 홍영표 의원 인터뷰 중 발언

101 이 개정 법률안의 제안이유에는 "일제로부터 조국의 자주독립을 쟁취하기 위하여 공헌한 독립유공자와 그 유족 또는 가족에게는 국가가 응분의 보상과 예우를 다하여야 할 것임. 그러나 지난 1973년 3월 유신정권 비상각의에서는 독립유공자들에 대한 보상 범위를 대폭 축소하였음. 이번 개정안은 독립유공자 유족의 범위를 유신정권 이전으로 복원하려는 것으로 독립유공자의 유족 또는 가족의 범위를 손자녀에서 증손자녀로 확대하고, 독립유공자로 등록될 당시에 증손자녀까지 모두 사망한 경우라도 국가가 반드시 그 직계비속 1명에게 응분의 보상과 예우를 하도록 함으로써 독립유공자의 고결한 희생을 높이 받들려는 것임."이라고 적혀 있다. 그러나 이 법안은 본회의에 상정되지 못했고 19대 국회 임기 만료와 함께 자동 폐기되었다.

4 : 망각과 기억 사이

임경석 성균관대 사학과 교수는 현재의 친일파 문제를 아리스토텔레스『시학詩學』의 '비극의 주인공'에 비유했다. 임 교수는 비극과 희극은 윤리에 관한 이야기이고, 인간이 어떻게 살아야 하는가에 대한 통찰을 담아 형상화한 두 가지 장르라고 설명했다.

'비극의 주인공'은, 평범한 공동체 구성원들이 갖는 평균 이상의 도덕성을 가진 이들이다. 그들은 공동체의 이익을 위해서 사익을 희생한다. 그들은 공동체의 해방과 이익을 위해 부단히 노력하지만, 신의 의지가 절대적인 것이라서 좌절과 실패를 겪을 수밖에 없다. 그래서 잘된 비극에선 자기 해방을 위한 노력이나 의지를 포기하지 않는 것으로 형상화한다. 임 교수는 그 잘된 비극 형상의 예로, 신의 불을 훔쳐 인간에게 가져다준 프로메테우스를 들었다. 프로메테우스는 신의 노여움을 사고 코카서스 산의 절벽에서 끊을 수 없는 사슬에 묶여 매일 독수리에게 간을 쪼아 먹히는 무시무시한 형벌을 받게 되었지만, 자신의 행동을 후회하지 않고 버텨낸다.

반면, '희극의 주인공'은 공동체 구성원들이 갖는 평균보다 낮은 도덕성을 가진 사람들이다. 다시 말해 공공의 이익을 희생하면서까지 사적 이익을 추구하는 이들이다. 희극적 모티브의 주인공들은 돈이 많거나 권력이 있는 사람들이 대부분이다. 이들은 자기 자신의 영향력을 영속화하는 과정에서 끊임없는 자기 치장을 하게 되는데, 희극은 그러한 언사와 행위를 보여주면서 그들의 위선과 허상들을 벗기는 기제로 작동한다. 그것이 희극의 본질이다.

임경석 교수는 친일 청산이야말로 '희극적 주인공에 대한 드라마'라고 말한다. 그러한 희극적 형상화가 사회 구성원에게 많은 공감을 끌어낼 수 있다면 그런 현상이 줄어들 것이라는 게 임 교수의 지적이었다. 그래서 끊임없는 교육이 필요하다고 했다.

누군가 되묻지 않으면 잊히고 마는 게 기억이다. 기억은 늘 부정확하고 시간이 흐름에 따라 뒤틀리고 변조된다. 우리는 친일문제에 대해 얼마나 정확히 기억하려 노력했는가?

2010년 봄, 대통령 소속 친일재산조사위원회의 활동 종료를 몇 달 앞두고 위원회 간부들이 모였다. 위원회 활동을 2년 더 연장할지 여부를 논의하기 위해서였다. 아직 할 일이 많이 남았기 때문이다.

일본인 명의의 토지에 대한 전수 조사와 국가 귀속 작업은 본격적으로 진행하지도 못했다. 충북 지역 등에서 몇 가지 사례만 조사했을 뿐이었다. 위원회 간부들은 혹시 발견하지 못했던 친일재산이 나온다면, 이를 처리할 기관이 필요하다고 판단했다. 더구나 관련법에는 위원회 활동을 2년 더 연장할 수 있다고 명시돼 있다.

하지만 이보다 2년 전인 2008년 2월 이명박 대통령이 취임하면서 위원회의 사기는 이미 많이 가라앉은 상태였다. 권력이 교체된 정부 내부에서 친일 청산을 둘러싼 기류가 조금씩 바뀌기 시작했기 때문이다. 이제 이만하면 된 게 아니냐는 의견이 나오기 시작한 것도 그 무렵이었다. 친일재산조사위원회 간부들은 활동 기한을 규정한 법조문을 놓고 연장 여부를 검토했다.

친일반민족행위자 재산의 국가귀속에 관한 특별법

제9조(위원회의 활동기간)

① 위원회는 그 구성을 마친 날부터 4년 이내에 활동을 완료하여야 한다.

② 위원회는 제1항의 규정에서 정한 기간 이내에 활동을 완료하기 어려운 경우에는 재적 위원 3분의 2 이상의 찬성으로 의결한 후 대통령의 승인을 얻어 그 활동 기간을 1회에 한하여 2년 연장할 수 있다.

하지만 위원회의 활동 연장은 위원회의 의지보다는 청와대의 의중에 달린 문제였다. 연장 요청을 하더라도 과연 청와대가 그것을 승인할까? 당시 이명박 대통령의 평소 언행으로는 쉽사리 판단하기 어려웠다.

결국 우회적인 방식을 택했다. 친일재산조사위는 위원회가 아닌 자문위원회 명의로 청와대에 연장을 건의하기로 했다. 그만큼 조심스러운 의견 개진이었다. 하지만 당시 청와대는 아무런 반응도 보이지 않았다. 사실상 연장 건의를 무시한 것이다.

청와대는 이에 앞서 친일 청산과 과거사 정리 관련 국가위원회 4곳을 통합하려는 의도를 내비쳤다. 4개 기관은 전임 노무현 정부 때 발족한 '친일반민족행위진상규명위원회'(반민규명위), '친일반민족행위자재산조사위원회'(친일재산조사위), '일제강점하강제동원피해 진상규명위원회', '진실화해를위한 과거사정리위원회' 등이다. 이들은 해방 이후 60년 동안 우리 사회에서 짓눌리고 뒤틀렸던 역사를 분야별로 바로잡기 위한 기관들이었지만, 청와대는 효율적인 업무를 위한 통합이라는 이유를 내세웠다.

그러나 각 위원회 대다수 구성원은 청와대의 입장을 다르게 받아들였다. 장완익 변호사(친일재산조사위 사무처장)는 청와대의 통합 시도는 위원회의 역할을 축소시키려는 의도라고 해석했다. 장 변호사는 '고사枯死'라는 표현까지 썼다. 결국 친일재산조사위는 스스로 활동기간 연장을 포기할 수밖에 없었다. 친일재산조사위는 2010년 7월 13일, 4년의 활동을 끝으로 공식 업무를 종료하게 된다.

해방 70년을 맞은 지금, 진정한 친일 청산과 과거 극복을 위해 우리 사회는 무엇을 해야 할까. 학계에서는 무엇보다 '기억의 공간'이 필요하다고 말한다. 나라를 팔고 동족을 배반한 반민족 행위 문제가 더는 망각의 어둠 속에 묻히지 않도록 하는 '기억의 공간'이다. 우선 과거의 진상을 정확하게 밝히는 작업을 통해 그 결과물을 담을 '기억의 공간'을 만든다. 그리고 그 공간에서 사회적인 '기억의 학습'을 이뤄내고, 다시 '기억의 일치'를 형성하자는 것이다. 그래야만 현재와 미래에 비극적인 역사가 되풀이되는 것을 방지할 수 있다는 것이다.

친일반민족행위의 당사자들은 이제 대부분 사망했다. 우리가 할 수 있는 일은 '그들과 그들의 행위를 제대로 기억하는 것'이다. 전문가들은 친일파는 다 죽었지만 친일 문제는 여전히 '현재 진행형'이라고 진단한다. '친일'이라는 말로 상징되는 행위, 정확하게 말하자면 매국반역 행위를 제대로 청산하고 극복하기 위해서는, 후대에 그 비극의 역사를 교육할 수 있는 공간이 필요하다고 입을 모은다.

친일 청산의 문제는 우리 사회 규범에 관한 문제인 것이다. 〈일제강점하 반민족행위 진상규명에 관한 특별법〉 제30조(사료관 건립)에는 "정부는 위원회의 조사결과를 보존, 활용하기 위해 사료관 건립을 지원할 수 있다"고 규정하고 있다. 그러나 반민규명위가 활동을 접은 지 8년이 되도록 친일반민족행위 관련 사료관이나 역사관은 건립되지 않고 있다. 반민규명위와 친일재산조사위는 없어졌지만, 특별법은 폐지되지 않았고 여전히 유효하다. 지금이라도 정부가 의지만 있다면 상설기구의 설치는 어렵지 않다.

나치 점령과 반역자들의 부역 등 우리와 유사한 민족적 수난을 겪었던 폴란드가 과거사 문제를 다루고 있는 방식은 우리에게도 귀감이 된다. 1998년 폴란드는 〈민족기억연구소 및 폴란드 민족에 대한 범죄 기소위원회에 관한 법률〉을 제정했다. 이 법에 따라 폴란드 의회 소속 기구인 '민족기억연구소'가 공식 출범했다. 연구소 정규 직원은 무려 천4백 명, 한 해 예산이 우리 돈으로 500억 원이 넘는다. 4년간의 한시적 기구였고, 직원은 104명에 불과했던 우리의 반민규명위와 비교된다.

폴란드 민족기억연구소는 3가지 역할을 수행하고 있다.[102] 먼저 교육이다. 나치 독일과 공산 체제 하에서 자행된 범죄행위가 어떤 것이었고 어떤 기제를 통해 작동해왔는지를 지속적으로 알리고 관련 교육 기회를 제공한다. 또 1944년~89년 공산독재 하에서 사찰과 인권 탄압을 받았던 사람들이 자신들과 관련된 모든 비밀 서류를 열람할 수 있도록 했다. 이런 문서를 공개하는 것은 독재의 희생자들에 대한 상징적인 형태의 법적 보상이다. 민족기억연구소는 또 조사 연구 기능도 수행하고 있는데, 나치와 공산 체제에서의 범죄자를 추적해 법정에 세우기도 한다. 지금도 나치 범죄 관련 77건, 공산체제 범죄 300여 건을 조사하고 있다.

뉴스타파는 해방 70년 특별기획 〈친일과 망각〉 시리즈를 모두 4회

102 2006년 반민규명위 주최, 국제학술회의 자료집에서 발췌, 요약.

(2015년 8월 6일, 10일, 12일, 14일)에 걸쳐 방송했다. 또 5부로 구성된 디지털 스토리도 스페셜 웹페이지를 통해 선보였다.[103] 〈친일과 망각〉 4부작은 웹사이트 방문자 수를 포함해 지금까지 3백60만이 넘는 조회수를 기록하는 등 뜨거운 관심을 받았고, 많은 시청자와 독자들이 응원의 말을 보내왔다.

"고맙습니다. 사실 뉴스타파에서 친일문제를 이렇게 진지하게 다루고 있을 줄 기대하지 않았습니다. 부족한 인력으로 이렇게까지 하기 쉽지 않았을 것으로 생각합니다."

– DR뱃사○

"선조의 친일 행적에 후손으로서 사죄하기가 쉽지는 않았을 텐데, 그 마음에 경의를 표합니다."

– 최용○

"힘든 일을 해주셨네요. 광복70주년 기획을 보고 후원을 시작했습니다."

– mabupsa○○

"'일제 이후 지금까지도 그들이 정치, 경제, 문화 전반의 최고위층에

103 뉴스타파 〈친일과 망각〉 특별페이지 http://815.newstapa.org/#/ 에서 자세히 볼 수 있다.

군림하는 대한민국의 국민으로서 어떤 생각을 갖고 살아가야 하는지', 그리고 '그들과 반목하는 것이 아닌 진정한 화해를 통해서 지금보다 진일보한 대한민국을 만들어 갈 수 있다'라는 취지의 인터뷰는 새로운 깨우침을 주었습니다."

–이대○

또 반대의견과 충고의 말도 있었다.

"죽은 친일파의 후손을 까발리고, 그들이 조상의 친일행위에 대해 어떻게 생각하는지를 아는 게 무슨 의미가 있을까. 영화 '암살'에서는 염석진을 죽여 현실과 동떨어진 대리만족을 느끼게 했지만, 영화 밖의 친일파 후손들의 실상을 알게 된다면 아마 대부분은 역사의 비정함과 상대적 박탈감에 분노하기보다, 나도 친일파처럼 살아야겠다고 선택할 가능성도 있다."

– 김포시○

"이번 기획물이 올 한해만의 특정기념물이 되지 않기를 바랍니다."

– 이선○

방송 이후 여러 언론매체가 〈친일과 망각〉을 소개하거나 그 내용을 인용해 보도했다. 친일파 후손들에 대한 구체적이고 체계적인 분석이 처음으로 이루어졌다는 의미가 크다는 평가가 주종이었다. 친일 문제를 어떻게 정리하고, 과거를 어떻게 극복해 나가야 할지에 대한 하나의 해법을 제시한 의미 있는 작업이라는 평가도 나왔다.[104]

여기서 멈춰서는 안 된다는 충고도 있었다. 친일 후손의 사회 인구학적 추적 못지않게, 대한민국 권력 기관 내에서 친일파가 만든 구조의 지속적인 재생산에 주목해야 한다는 지적도 나온다.

말하자면 악질 친일파 '노덕술'과 고문 기술자 '이근안'은 아무런 혈연관계가 없지만, 친일파가 만들어놓은 정교한 권력 구조 내부에서 살펴보면 '혈연 이상의 긴밀한 관계망'으로 얽혀 있다는 이야기다. 이 구조를 제대로 분석하고 혁파해야만 진정한 친일 극복의 과제를 제기할 수 있다는 설명이다.

그런 점에서 친일 청산은 민주화의 과정과 그 궤를 같이하고 있다. 한홍구 성공회대 교양학부 교수는 "검찰이나 경찰 등 권력 기관에서 친일파가 만들어 놓은 구조가 어떻게 전수되고 어떻게 연결되어 지금까지 이르렀는지 세심하게 살펴볼 필요가 있다"고 말했다. 임경석 성균관대 사학과 교수는 "식민지 시기 외세의 통치에 종속적으로 협력하는 시스템이 형태만 달리한 채 계속 진행되는 지점을 주목해야 한다"고 말했다. 이는 친일 청산을 넘어 과거 극복을 위해 반드시 짚고 넘어가야 할 과제이기도 하다.

104 '임종국선생기념사업회'는 제9회 〈임종국 상〉 수상자로 뉴스타파를 선정하면서, '친일문제에 대한 기존의 감성적 추상적 보도 경향을 일신한 것으로 추적보도의 수준을 한 단계 높여 놓았다면서, 친일 청산 등 과거 극복을 위한 방안을 모색하고 사회구성원 간 역사적 화해의 단초를 제시하며 새로운 보도 패러다임을 창출하는 성과를 거두었다'고 평했다.

또한 친일 청산의 문제는 우리 사회 민주화의 문제이기도 하다. 검찰, 경찰, 법원, 국정원 등 국가 주요 기관에서 일제 잔재가 끊임없이 재생산되는 지점을 밝혀내고, 보다 민주적인 조직으로 바뀔 수 있도록 언론이 지속적인 역할을 해야 한다는 지적이다.

해방 이후 대한민국은 정치권력의 비호와 친일세력의 저항으로 인해 친일 청산이라는 역사적 과업을 제대로 이루지 못했다. 그 결과 우리는 정의가 부정되고 가치가 전도된, 뒤틀린 역사의 길을 밟아 왔다. 더 이상 정치적인 이유로 역사의 정의를 세우는 작업이 뒷전으로 밀려서는 안 된다. 친일 청산과 과거 극복의 과제는 여전히 현재 진행형이다. 과거 극복과 친일 청산을 위한 뉴스타파의 작업은 앞으로도 계속될 것이다.

맺으며

쉼 없이 달려온 시간이었습니다. 지난 1994년 이후 가장 뜨거웠던 여름, '뉴스타파' 제작진은 친일파 후손들이 사는 곳 일하는 곳을 찾아서, 또 그들을 직접 만나기 위해서 매일 뛰어다녔습니다. 적은 인력과 예산으로 과연 〈친일과 망각〉 프로젝트를 제대로 마무리 지을 수 있을지 회의도 있었고, 한계도 분명히 있었습니다. 하지만 적지 않은 성과도 있었다고 자평합니다.

1년 가까이 〈친일과 망각〉 취재와 제작을 위해 인고의 시간을 묵묵히 견디고 오로지 질 높은 저널리즘을 실천하기 위해 애쓴 한국탐사저널리즘센터 구성원들에게 이 자리를 빌려 다시 한 번 수고했다는 말을 전합니다. 친일반민족행위자 1,006명의 사진 자료를 제공하고, 자문에 응해준 '민족문제연구소'에 감사드립니다.

또한 〈친일과 망각〉 다큐멘터리와 특집 웹페이지를 보고 격려와 애정어린 질책을 아끼지 않았던 수많은 시청자, 독자들에게도 머리 숙여 경의를 표합니다.

그리고 무엇보다 '뉴스타파'라는 작은 비영리 독립언론기관이 정치권력과 자본권력, 그 어디의 눈치도 보지 않고 이런 대형 프로젝트를 할 수 있도록 물적, 심적 토대를 마련해 주신 4만 후원회원 여러분께 깊은 감사의 말씀을 올리며, 이 책을 바칩니다. 여러분들이 진정 '진실의 수호자'이며 한국 언론의 희망입니다.

부록

친일파 훈장 내역

이름	건수	분류	훈장	일제 협력	일제훈장 수여 내역	해방 후 주요이력
강영석	1	친일단체	건국훈장애족장 (2011년 서훈 치탈)	《동양지광》 등 친일매체 통해 일제 협력, 내선일체 구현하는 동아협화이념연구소 설립		1945년 조선공산당 광주시당 소속 담양군인민위원회 위원
계창업	1	법조	국민훈장 무궁화장	평양지방법원 및 평양지방법원 검사국 사법관시보, 평양지방법원 검사대리, 해주지방법원 판사		1959년 12월 대법원 판사 1963년 중앙선거관리위원회 위원
계철순	1	법조	황조근정훈장	경성지방법원 및 경성지방법원 검사국 사법관시보, 경성지방법원 검사대리, 대구지방법원 판사		1948년 국회선거위원회 경상북도위원회 위원 1961년 혁명재판소 상소심판부 심판관(대령) 1961년 경북대학교 총장
고광만	1	관료	국민훈장모란장	조선총독부 학무국 시학관, 국민학교교원시험위원, 전문학교입학자시험검정위원, 사립학교교원자격인 정위원회 위원, 교육심의위원회 간사, 교육효적자선장심사위원		1950년 서울대학교 교수 사범대학 학장 1956년 문교부 차관 1963년 민주공화당 창당준비위원 1964년 문교부 장관 1965년 민주공화당 전라북도지부 위원장 1968년 부산대학교 총장 1969년 경향신문사 회장
고승제	2	교육	청조근정훈장, 국민훈장동백장	《매일신보》《인문평론》《춘추》《조광》 등에 일제 침략전쟁 찬양, 일제의 통제경제정책 지지 내용의 다수의 글 발표		1945년 연희전문학교 부교수 1950년 고려대학교 정경대학 교수 1950년 서울대학교 상과대 교수 1951년 동국대학교 법정대학 교수 1954년 한국개발연구원 이사겸 이사장 1976년 한국경제학회 이사 1979년 한양대학교 교수 겸 초대 행정대학원장 1983년 한국경제학회 회장
고재필	2	관료	청조근정훈장, 충무무공훈장	국무원 경제부 상무사 사무관으로 전임되어 일용필수품의 생산 및 배정 담당		1950년 육군소령 1954년 법전편찬위원 1955년 민의원 사무처 법제조사국 국장 1967년 민주공화당 의원 1973년 보건사회부 장관 1977년 국회의 건설위원회 위원장 1977년 제2무임소 장관 1979년 유신정우회 국회의원 1993년 대한민국헌정회 부회장

이름	건수	분류	훈장	일제 협력	일제훈장 수여 내역	해방 후 주요이력
고재호	1	법조	국민훈장 무궁화장	대구지방법원 판사로 재직하면서 일본 유학생 독립운동 혐의 및 유언비어 유포 사건에 기소된 독립운동가 심재인, 박근철 등 재판, 일제 식민통치 반대 회합 재판에 유죄 판결		1945년 대구지방법원 부장판사 1948년 대구고등법원 부장판사 1954년 대구지방법원장 1952년 경상북도선거위원회 위원장 1954년 대구고등법원장 1960년 중앙선거관리위원회 위원장, 중앙노동위원회 위원장 1961년 대법원 대법관 1965년 대한변호사협회 회장 1966년 한국신문윤리위원회 위원장
고중덕	1	중추원	새마을훈장 근면장	백작(고흥겸 작위계승)	1940.11 기원2600년 축전기념장	1972년 통일주체국민회의 대의원
고황경	2	친일단체	국민훈장동백장, 문화포장	여성들의 전시체제 호응과 생활개선을 촉구하는 활동, 징병제 찬양 및 선전 · 선동 애국금차회의 발기인 · 간사, 임전대책협력회 채권가두판매대, 조선임전보국단 발기인 · 부인대 지도위원, 국민총력조선연맹부인지도위원		1945년 미군정 보건후생부 부인국장 1957년 이화여자대학교 사회학과 교수 1958년 사회학과장 1961년 서울여자대학교 초대 학장 1961년 재건국민운동본부 중앙위원회 위원 1971년 문교부 교육정책심의위원 1981년 평화통일정책자문회의 상임위원
곽두금	1	경찰	충무무공훈장	경남 함안경찰서 고등형사		1949년 국민보도연맹 경남연맹 부산시 남지구연맹 상임이사 겸 재정부장 1950년 경상남도 거창경찰서 서장 1951년 경상남도 하동경찰서 서장 1952년 경상남도 경찰국 경무과 경감 1952년 경상남도 함양경찰서 서장 1953년 경상남도 산청경찰서 서장 1954년 경상남도 하동경찰서 서장 1955년 경상남도 경찰국 경감
곽종원	2	교육	국민훈장모란장, 국민훈장동백장	《국민문학》《동양지광》 등에 일본제국주의 전쟁 동참 내용의 다수의 친일글 기고		1946년 상명여자중고등학교 교감 1955년 숙명여자대학교 교수 1971년 건국대학교 총장 1980년 상명여자대학교 학장

이름	건수	분류	훈장	일제 협력	일제훈장 수여 내역	해방 후 주요이력
권상로	1	종교	문화포장	총독부 심전개발운동에 연사 및 필자, 경기도 순회강연 돌며 일본 제국과 결탁을 촉구, 국민정신총동원조선연맹, 국민총력조선연맹 참사		1946년 동국대학교 교수 1952년 동국대학교 학장 1953년 동국대학교 초대 총장 1955년 국사편찬위원회 위원 1962년 국가재건최고회의 의장
김경승	1	문화예술	은관문화훈장	〈여명〉 〈대지의 아들〉 〈제4반〉 등 동아시아 건설주의, 국민 총동원 웅변 작품 출품		1945년 경성정신여학교교사 풍문여자중학교 교무주임 1950년 풍문여고 교장, 빨치산토벌작전의 상황실장, 홍익대 미술대학 교수 전쟁 중 국난극복의 의지를 담아 충무시 남망산공원(1953)과 부산시 용두산공원(1955)에 세운 이순신장군 동상을 제작했다. 이후 이충무공건승기념탑(1957), 여수시 종화동 자산공원(1967), 국회의사당 로비(1973) 등에 이순신장군상을 만들었고, 1957년에는 〈맥아더 장군상〉을 제작하여 제6회 〈대한민국미술전람회〉에 출품했다. 전시장을 찾은 정치인사의 배경사진으로도 남아 있는 이 작품은 인천상륙작전을 기념하기 위하여 거족적 모금운동으로 세워진 것이다. 1959년 〈안중근의사〉 동상을 비롯해 〈김구선생〉 등 항일인물의 인물상을 제작했으며, 1963년 4 · 19 묘지의 여러 조형물도 제작했다. 1960년대에 조성한 애국선열조상건립위원회의 위원으로 활동하면서 도산공원의 안창호상, 덕수궁의 세종대왕상, 남산의 백범 김구 선생상, 종묘 이상재 선생상, 황토현 전봉준 동상 등 민족 지도자의 동상을 제작했다.
김기수	1	문화예술	은관문화훈장	일본기원2600년 기념 〈황화만년지곡〉 발표, 해당 기념일에 직접 연주		1953년 국립국악원 장악과장 1955년 국립국악원 부설 국악사양성소 교무주임 1962년 국립국악원 악사장겸 국악사양성소 부소장 1959년 서울대학교 음악대학 강사 1964년 중요무형문화재 제1호 종묘제례악 기예능보유자 1973년 국립국악원장
김기진	1	문화예술	국민훈장동백장	학병 · 징병 선전 · 선동 조선언론보국회 이사, 일제침략전쟁 미화, 본토결전 주창, 내선일체 · 황민화 주장, 황민화와 전쟁 수행 국책 문학과 문화의 역할 제시 조선문인보국회 상무이사, 평의원, 평론수필부회 회장		1945년 애지사 창립 1951년 육군종군작가단 입대, 부단장 1958년 민권옹호투쟁위원회 부위원장 1960년 경향신문 주필 1966년 재건국민운동중앙회 회장 이후 재건국민운동보호협회장, 한국펜클럽과 한국문화협회 고문, 예술원 회원

이름	건수	분류	훈장	일제 협력	일제훈장 수여 내역	해방 후 주요이력
김기창	3	문화예술	은관문화훈장, 국민훈장모란장, 금관문화훈장	징병제 · 지원병제 실시 기념 작품, 경성일보사 주최 결전미술전람회 조선군 보도부장상 수상, 일제 지배 정책과 침략전쟁에 선전 잡지 표지화		1947년 국립민속박물관 미술부장 1960년 홍익대학교 미술과 교수 1962년 수도여자사범대학 교수 1988년 서울올림픽 아트포스터 제작 2008년 세종대왕 영정 한국은행 만원권 화폐의 주된 도상으로 사용 1988년 서울올림픽 아트포스터 제작 작가로 선정되는 등 다채로운 경력으로 활동했다. 또한 해방 후 세종대왕 · 을지문덕 · 조헌 · 신숭겸 등의 수많은 역사 인물의 초상화와 기록화를 도맡아 제작했다. 특히 이 중에서 1973년 자신의 얼굴에 기초해 제작한 세종대왕 영정은 2008년 현재 한국은행 만원권 화폐의 주된 도상으로 계속 사용되고 있다.
김길창	1	종교	국민훈장동백장	조선예수교장로회총회 부회장 재직시 장로교내 신사참배 실행 주도, 국민정신총동원조선예수교장로회연맹 결성식 참석, 일본기독교조선장로교단 경남교구장 재직시 일제 종교정책 협력, 조선기독교연합회 중앙위원		1945년 부산기독교연합회 회장 1946년 학교법인 남성.훈성.대동.한성재단 설립 1955년 경남사범대숙 설립 초대학장 1961년 한국기독교연합회 회장 1962년 부산신학교 설립 교장 이사장
김대식	7	군인	6등근무공로훈장, 무공포장, 을지무공훈장(3), 충무무공훈장(2)	간도특설대 준위, 만주국군 군속		1949년 해병대 창설요원, 해군본분 인사국장, 해병 제1연대장, 해병학교장, 해병교육단장, 해병사령부 참모장, 해병 제1여단장 1957년 해병대사령관 1960년 제5대 국회의원선거 참의원(무소속) 당선 1960년 이후 홀트사회복지회장
김동선	1	관료	녹조근정훈장	경성부 총무부 학무과 속, 경기도 용인군수		1945년 경기도 용인군수 1946년 경기도 인사처 총무직제과장 1949년 경기도 내무부 지방과 사무관 지방과장 1953년 경기도 산업부 서기관 산업국장, 강원도와 경기도 내무국장 1959년 충청남도 산업국장
김동진	2	문화예술	국민훈장모란장, 은관문화훈장	만주작곡가협회에서 일본 중심 국민음악 창조, 〈건국 10주년 경축곡〉 〈양산가〉 등 만주국 통치이념, 일본 대동아공영 건설 그린 작품 제작	1943 만주국 문교부대신상	1950년 이후 숙명여대, 서라벌예술대 등 여러대학에서 교수로 재직 1964년 경희대학교 음대교수, 음악학장 1961년 5.16혁명 잿일제 경축음악회 지휘 1966년 5.16혁명기념 대예술제 서곡 작곡 발표 1967년 제6대 박정희 대통령 취임식에서 칸타타 〈민족의 축원〉 작곡 발표 1971년 제7대 박정희 대통령 취임식 때도 칸타타 작곡 발표

이름	건수	분류	훈장	일제 협력	일제훈장 수여 내역	해방 후 주요이력
김동하	3	군인	을지무공훈장, 충무무공훈장, 보국훈장통일장	만주국군 상위		1949년 해병대 창설요원, 해병대사령부 참모장, 제1상륙사단장 1960년 해병소장, 5.16쿠데타 가담, 국가재건최고회의 고문, 최고위원 겸 운영위원장, 재경위원장, 외무,국방위원장
김동화	1	종교	국민훈장동백장	혜화전문 교수로서 학병지원 권유 순회강연, 《불교》지에 징병제 유세 사업 · 양곡증산 근로봉사 등 독려하는 글 발표		1945년 혜화전문학교 교수 1950년 동국대학 학장
김두헌	2	친일단체	국민훈장모란장, 국민훈장목련장	국민총력조선연맹 문화부 문화위원, 《조광》에 학병지원 권유 글 기고		1945년 서울대학교 문리과대학 교수 1950년 국립 서울대학교 임시관리책임자 1950년 문교부 고등교육국장 1952년 전북대학교 총장 1958년 숙명여자대학교 총장 1960년 건국대학교 대학원장
김맹철	1	경찰	충무무공훈장	경남 밀양, 함안경찰서 순사부장		1953년 경상남도 함안경찰서 서장 1955년 함양경찰서 서장 1957년 산청경찰서 서장 1958년 의령경찰서 서장
김묵	2	군인	충무무공훈장, 화랑무공훈장	만주국군 중위, 간도특설대		1948년 육군소위 임관 1965년 육군 공병감 1968년 국방부 시설국장 1968년 육군소장 예편
김백일	1	군인	태극무공훈장	간도특설대 창설요원, 만주국군 중대장	1943.09 만주국 훈5위 경운장	1946년 국방경비대 제3연대 창설 중대장, 3연대장, 국방경비사관학교 교장, 특별부대 사령관 1948년 여순사건시 국군 제5여단 이끌고 계엄사령관으로 진압작전 지휘 1949년 옹진지구전투사령관, 육군보병학교 교장, 제3사단장 1950년 육군본부 행정참모부장, 제1군단장
김석범	6	군인	무공포장, 태극무공훈장, 을지무공훈장(3), 충무무공훈장	상위(만주국군), 간도특설대 정보반 주임	1943.09.15 만주국 훈6위 주국장	1945년 신징보안사령부 사령관 1946년 조선해안경비대 견습사관, 사관학교 교두 1958년 국방부장관 특별보좌관 1960년 해병대 중장, 재향군인회 부회장

이름	건수	분류	훈장	일제 협력	일제훈장 수여 내역	해방 후 주요이력
김석원	2	군인	국민훈장모란장, 충무무공훈장	대좌, 만주사변 · 중일전쟁 참전해 중일전쟁 영웅으로 선전, 이후 중일 침략전쟁 선전과 조선인의 전쟁참가 선동 전국 강연	1928.01.17 훈5등 서보장 1931.09 700원 행상금(헤이룽장성 방면 전투 공적) 1939.10.10 훈3등 서보장 1942.02.02 수훈갑, 공3급 욱일중수 훈장	1945년 평양병사부 제1과장 1948년 제1사단장 1950년 수도사단장, 3사단장, 전시특명검열관 1960년 제5대 민의원선거 당선(영등포 을구 무소속) 1961년 원석학원 이사장
김성수	1	친일단체	건국훈장 대통령장 (2018년 서훈 치탈)	보성전문학교 교장, 징병 찬양 및 선전 · 선동, 학병 동원 독려 흥아보국단 준비위원, 조선임전보국단 발기인 · 감사, 시국인식의 철저 역설 국민정신총동원 조선연맹 발기인 · 이사 · 참사, 국민총력조선연맹 이사 · 훈련부 이사		1946년 동아일보 사장 1946년 한국민주당 수석총무로 선출 1946년 보성전문학교 교장 1949년 민주국민당 창당, 최고위원 선출 1951년 대한민국 부통령 선출
김성태	4	문화예술	문화훈장대통령장, 국민훈장모란장, 홍조근정훈장, 국민훈장동백장	내선일체 내용 담은 영화 〈농업보국대〉 작곡, 지휘, 경성방송혼성합창단 지휘, 경성후생실내악단 창립멤버, 침략전 선동하는 발표		1946년 경성음악학교(현 서울대학교) 교수 1952년 해군정훈음악대 대장 서리 1957년 문교부 장학위원
김연수	3	중추원	중추원 금탑산업훈장, 국민훈장무궁화장, 문화포장	중추원 참의 경성부육군병지원자후원회 이사, 재일조선인유학생들의 학병 지원 독려, 조선군 참모장으로부터 감사장 수령 흥아보국단 준비위원, 임전대책협력회 채권가두판대, 조선임전보국단 상무이사 국방헌금 헌납, 조선비행기공업주식회사 발기인 · 이사국민정신총동원조선연맹 이사, 국민총력조선연맹 이사 · 후생부장, 경성주재 만주국 명예총영사, 조선동아구락부 참여	1937.10 포장 1940.09 감수포장 1942.01 포장 1942.04 감수포장 식판 1943.12 녹수포장 1944.11 조선군 참모장으로부터 감사장	1961년 한국경제협의회 초대 회장

이름	건수	분류	훈장	일제 협력	일제훈장 수여 내역	해방 후 주요이력
김영선	2	관료	청조근정훈장, 수교훈장광화장	충청북도 도속 · 군속 · 도경부, 전남 진도군수		1948년 대한상공회의소 전문위원 1950년 제2대 민의원 충남보령(무소속) 1954년 제3대 민의원 충남보령(무소속) 1960년 제5대 민의원 (민주당) 1960년 재무부 장관 1970년 국토통일원장관 1974년 주일대사
김영택	3	군인	보국훈장광복장, 보국훈장천수장, 충무무공훈장	만주국군 중위		1948년 이후 군수사령부 기획처장, 병참학교 교장, 병참감
김영훈	1	관료	국민훈장동백장	충남 당진군수, 예산군수		1946년 대전사범학교 교장 1947년 충청남도교육회 회장 1956년 서울 교육청 초대 교육감 1963년 홍국중고등학교 교장, 영훈학원 설립 1982년 영훈고등학교 교장
김용국	7	군인	보국훈장천수장, 보국훈장삼일장, 보국포장, 을지무공훈장, 충무무공훈장(3)	해상 업무 담당하는 강상군 소위		
김용기	1	군인	보국훈장전수장	간도특설대, 만주국군 경리상위(대위)		1961년 국가재건최고회의 재경위원회 자문위원 겸 기획위원회 부위원장 1963년 한국수산개발공사 이사 1965년 한국수산개발공사 부사장
김우현	1	종교	건국훈장애족장 (2011년 서훈치탈)	조선총독부 시국강연회 연사 참여, 기독신문사 사장겸 발행인, 국민정신총동원조선연맹 참사, 조선임전보국단 발기인		1951년 YMCA연맹 이사장, 마산 창신중학교 교장 1957년 도쿄 한국YMCA총무 1958년 중앙신학교 교장

이름	건수	분류	훈장	일제 협력	일제훈장 수여 내역	해방 후 주요이력
김원근	2	중추원	국민훈장동백장, 국민포장	해산물 · 미곡 · 광물 등 취급하는 실업가로 활동, 충청북도 도청 신축비 1만 5000원, 애국기 충북호 기금 5000원 등 헌납, 중추원 참의 국민정신총동원충청북도연맹 이사, 국민총력조선연맹 이사	1913.02.20 목배 1개 1914.09.22 목배 1개 1915.11 포장 1928.11.16 쇼와대례기념장 1929.02 '기원절' 교육공로자 선정, 조선총 독부 표창과 부상 금시계 1개 1931년 충청북도교육회 표창 1935.10.01 조선총독부 시정 25주년기념표 창, 은배 1조(민간공로자) 1936.10.14 상훈군 총재 표창 1937.08.02 감수포장 1938.05.09 포장 1940.10 조선총독으로부터 교육공로자 표창 1940.11 기원2600년축전기념 1942.04.14 포장 1942.06.11 포장	1946년 청주상과대학 설립 1948년 학교법인 대성학원 이사장 1951년 청주대학 이사장
김원복	3	문화예술	국민훈장동백장, 은관문화훈장, 문화포장	음악보국 대연주회 수입금 국방헌금으로 헌납, 조선음악협회 이사 선출돼 체제 부응, 징병제실시 축하음악회나 국민개창운동 전개 등으로 침략 전쟁 협력하는 활동 주도, 국민음악 정신대인 경성후생실내악단 활동		1946년 경성음악학교 (현 서울대학교) 교수
김원태	2	관료	황조근정훈장, 청조근정훈장	함경북도 온성군수		1948년 내무부 지방국 재정과장과 행정과장 1950년 서울시 내무국장 1953년 국무총리 비서실장 1954년 농림부 차관, 내무부 차관 1958년 자유당 국회의원 자유당 중앙위원 1963년 민주공화당 중앙위원 1970년 무임소장관 1971년 민주공화당 의원 1973년 민주공화당 의원

이름	건수	분류	훈장	일제 협력	일제훈장 수여 내역	해방 후 주요이력
김윤근	1	법조	국민훈장무궁화장	부산지방법원 예비판사 재직 당시 농민조합운동을 전개한 항일지사 허성도 등의 재판 참여, 전주지방법원 남원지청 · 군산지청 판사		1945년 서울지방법원 특별재산심판소 재판장 1946년 경성공소원 판사 1948년 법전편찬위원회 위원, 서울고등법원 부장판사 1949년 서울고등법원 원장서리, 귀속재산소원심의회 위원 1950년 법무부 차관 1951년 귀속재산소청심의회 위원 1960년 한일회담 한국측 대표, 중앙선거관리위원장 1966년 서울제일변호사회 회장 1972년 대한변호사협회 회장
김은호	1	문화예술	국민훈장모란장	침략전쟁 수행 국방헌금 모집 선전, 조선미술가협회평의원 재직시 태평양전쟁 선전, 일제 군국주의 동조하는 〈금차봉납도〉 제작		대한미술협회, 대한민국미술전람회 참여
김응권	1	경찰	무공포장	국경제일선 경비로 일본군의 독립군 공격, 군대와 군수품 수송 등 전시 업무 적극 참여, 평안북도 강계경찰서 경부		
김응순	1	종교	건국훈장애족장	내선일체 · 황국신민화 선전, 조선예수교장로회총회장 재직시 일제 종교정책 적극 협력, 일본기독교조선장로교단 설립, 일본기독교조선교단 창립총회 임시의장 및 황해교구장 국민총력조선예수교장로회총회연맹 이사장, 조선전시종교보국회 이사		1952년 인천보합교회 설립, 인천소년교도소 교무과장 인천 보합공민학교, 보합고등공민학교 설립
김응조	2	군인	을지무공훈장(2)	만주국군 중위, 일본이 중일전쟁을 일으킨 뒤 편성한 북지방면군사령부 공보처장과 북지파견군총사령부 금성공보장을 역임		1948년 101사단장, 중부지구 정비사령관, 육군 제2군사령부 정보처장

이름	건수	분류	훈장	일제 협력	일제훈장 수여 내역	해방 후 주요이력
김인승	2	문화예술	국민훈장동백장, 문화포장	지원병 모집 선전 포스터 원화 제작, 단광회 회원으로 조선 징병제실시 기념 합작 헌납화 그림, '매일신보'에 징병제 실시 기념 시화 발표 식민통치정책 주요 선전지를 통해 일제 침략전쟁 선전, 육군미술전람회에 〈유기헌납〉 출품		1947년 이화여대 교수 1967년 한국미술협회 이사장
김일병	3	군인	충무무공훈장, 을지무공훈장, 방위포장	만주국 사무관, 1940년 항일운동세력을 귀순시키는 공작을 전개하기 위해 조직한 동남지구특별공작후원회의 펑텐지부 위원에 선임되어 일만군경을 위한 헌금운동에 참여.	1937 훈7위 주국장 1940 훈7위 경운장, 건국신묘창건기념장	1945년 해방병단 1946년 해군중위 1946년 해군병학교 교장 1949년 해군 진해통제부 사령장관 1950년 해군본부 인사국장, 부산항만 사령관, 해군준장 1953년 국방부 제2국장 1954년 해군소장 1955년 해군참모차장
김일환	4	군인	은탑산업훈장, 동탑산업훈장, 보국훈장통일장, 금성을지무공훈장	신징 육군군수학교 1회 졸업, 만주국군 상위		미군정청 통위부(국방부의 전신) 재무관, 국방부 관리국국장 1951년 국방부 차관 1953년 육군 관리부장 이승만정권 상공부 장관, 내무부장관, 교통부 장관 재향군인회 회장 한진관광사장, 한국관광협회 회장
김장호	1	법조	국민훈장모란장	평양지방법원 검사국 사법관시보 · 검사대리 · 판사, 부산지방법원 판사		1945년 부산지방법원 부장판사
김정열	2	군인	국민훈장무궁화장, 수교훈장광화대장	일본군 항공 대위, 1941년 필리핀 공격작전에 참여, 큐슈아시아 248전대 신설시 창설 책임자, 35교육비 행대 창설		일본군 항공 대위, 육군항공사령부 비행부 대장, 육군항공사관학교 교장, 공군 초대 참모총장, 공군준장 예편 1963년 공화당 초대 의장 1963년 주미대사 1967년 공화당 국회의원 삼성물산 사장, 정우개발 회장, 국무총리

이름	건수	분류	훈장	일제 협력	일제훈장 수여 내역	해방 후 주요이력
김준보	2	관료	황조근정훈장, 국민훈장목련장	경기도 연천군수, 조선총독부 광공국 사무관 · 생산방공부 근로지도계 근로지도반장		1946년 광공국 노무과 노무과장대리 겸 총무계장 1946년 서울대학교 농과대학 교수 1971년 한국통계학회 회장 1978년 한국경제학회 회장
김창룡	1	군인	태극무공훈장	관동군 헌병보조원 근무하며 조선 항일조직 정탐, 만주리 헌병대와 면도하 헌병대분견에서 항일조직 적발		해방후 국방경비대 제1연대 정보주임 보좌관, 국방경비대제7연대장 1949년 육군정보국 방첩대 대장 1950년 경남지구 방첩대 대장 1950년 군검경합동수수본부장, 육군 특무부대장
김태동	2	관료	청조근정훈장, 황조근정훈장	전북 무주군수, 전북 고창군수, 조선총독부 재무국 사무관		1945년 전매국 염삼과장 1948년 외무부 정무국 기획과장 1950년 외자구매처 주일구매사절단 부단장 1950년 주일대표부 정무부장 겸 한일회담 사무국장 1956년 부흥부조장국장 1961년 국방부 기획조정관 1962년 국방부차관보 1963년 경제기획원 기획조정실장 1964년 교통부 차관 1966년 경제기획원 차관 1968년 체신부장관 1969년 보건사회부장관
김홍량	1	친일단체	건국훈장독립장 (2011년 서훈 치탈)	조선박람회 평의원 임명, 황해도 도회의원, 안악고등보통학교 설립운동발기회 조직, 황해도 도회 부의장 · 황해도 지주 보국회 회장 등을 하며 기부 · 헌납, 국민동원총진회 이사	1928.11 쇼와천황 즉위기념 대례기념장 1940.05 상훈국 포장 1940.11 기원2600년축전기념장 1941.05 상훈국 포장	1950년 7월 3일 사망

이름	건수	분류	훈장	일제 협력	일제훈장 수여 내역	해방 후 주요이력
김홍식	1	관료	보국훈장천수장	평안남도 양덕군수, 《내선일체》 발간하는 내선일체실천사 평안남도지사 고문		1945년 경기도 광공부 광공부장 1946년 이후 국민회 인천시 지부장, 민국당 최고위원 1956년 사정위원회 사정위원 1958년 법령정리위원회 위원 1960년 충청남도지사 1961년 법제처 차장 1963년 무임소장관 1964년 체신부장관 1965년 서울신문사 이사
김활란	3	친일단체	수교훈장광화장, 국민훈장무궁화장, 문화포장	교육과 예성계몽 분야에서 친일활동 앞장서, 조선부인문제연구회 상무이사, 애국금차회 발기인 겸 간사, 조선교육령 개정 공표 때 이화애국자녀단 결성, 국민정신총동원조선연맹 발기인 겸 이사, 국민총력조선연맹 유일한 여성 이사, 조선청년단 참여, 조선임전보국단 평의원, 이외에도 강연, 좌담, 논설 기고 등으로 일제 침략전쟁 미화와 황민화정책 선전	1940.11 기원2600년축전기념장	1945년 미군정청 한국교육위원회 위원 1945년 이화여자전문학교 교장 1946년 이화여자대학교 총장 1950년 중앙교육위원회 위원
김희선	1	관료	건국훈장독립장 (2011년 서훈 치탈)	평안남도 개천군수, 평안남도 안주군수, 사이토 총독의 하사금 받고서 변절해 대한민국임시정부 참여해밀정 활동	1928.11 쇼와천황 즉위기념 대례기념장	해방후 서울시 대한민국임시정부추진회 부회장, 육군상이군인유가족회 회장
나항윤	3	법조	청조근정훈장, 보국훈장국선장, 국민훈장무궁화장	대구지방법원 판사로 재직하면서 독립운동가 심재인, 박근철,한국광복군 고형림, 일진회 정명천 등 재판 참여		1945년 대구지방법원 판사 1946년 대구고등심리원 심판관 1947년 전주지방법원 부장판사 1948년 국회의원선거위원회 전라북도위원회 위원장 1950년 중앙선거위원회 전라북도선거위원회 위원 1953년 광주고등법원 부장판사 1954년 전주지방법원장 1956년 광주지방법원장 1959년 대법원 판사, 중앙선거관리위원 1959년 서울지방법원장 1961년 대법원 판사

이름	건수	분류	훈장	일제 협력	일제훈장 수여 내역	해방 후 주요이력
남천우	1	종교	건국훈장애족장 (2011년 서훈 치탈)	원산 보혜고등성경학교 교장, 일본기독교 조선감리교단 충남교구장		1945년 대전 이재동포원호회 회장 1945년 독립촉성국민회 충남지부장 1946년 국민회 충청남도본부위원장 1947년 대전 중앙감리교회 설립 1958년 민주당 중앙위원 선임
남흥우	1	관료	국민훈장석류장	강원도 평강군수		1945년 법제부 시보 1946년 법무부 법무관 1952년 부산대학교 조교수 1953년 고려대학교 법과대학 조교수와 교수 1972년 고려대학교 법과대학 학장 1974년 한국법학원 이사
노기남	1	종교	국민훈장모란장	조선종교단체전시보국회에서 특별지원병제도 선전전시체제기 천주교단 지도자로서 일제협력행위 주도 국민정신총동원천주교경성교구연맹 이사, 국민총력 천주교경성교구연맹 이사장, 조선전시종교보국회 이사		1945년 서울대교구장 1945년 인천 박문여자중학교 설립 1946년 경향신문사 회장 1962년 대주교
노덕술	3	경찰	충무무공훈장, 화랑무공훈장(2)	일본경찰 경시. 체포, 심문, 고문	1940.04.29 공로상신(중일전쟁에 적극 협력) 1941.03.11 훈8등 서보장	1945년 평안남도 평양경찰서 서장 1946년 경기도 경찰부 수사과장, 제1경무총감부 관방장겸 수도관구경찰청 수사과장 1950년 육군본부 제1사단 헌병대장(중령) 1954년 부산 제2육군범죄수사단 대장(중령) 1955년 서울 제15육군범죄수사단 대장(중령), 부산 제2육군범죄수사단 대장 1960년 제5대 민의원 선거 경상남도 울산 을구 무소속 출마 낙선
노수현	2	문화예술	은관문화훈장, 문화포장	《조선일보》 향락성 4컷 만화, 《신시대》 일제 시국정책인 '전시국민생활체제 확립기준안' 홍보 만화 연재, 시국전람회 출품작 판매수익금 일본 육해군에 헌납		1946년 서울대학교 미술대학 교수

이름	건수	분류	훈장	일제 협력	일제훈장 수여 내역	해방 후 주요이력
맹건호	1	관료	녹조근정훈장	경기도 원산 공립보통학교장 사무취급, 경기도 장단군수, 경기도 이천군수	1933.04 훈8등서보장 1935.10 시정25주년기념표창 1941.06 훈7등 서보장 1943.06 훈6등 서보장	1947년 문산공립농업중학교 교장 1952년 서울시 교육국 학무과 사무관 1954년 경기중학교 교장
모윤숙	2	문화예술	금관문화훈장, 국민훈장모란장	지원병 · 징병 선전 · 선동 좌담 · 강연 · 기고 일제 침략전쟁 및 전사자 찬양, 침략전쟁 지원 총후 여성상선전, 내선일체 · 황민화 정책 선전 · 선동 강연 · 좌담, 임전대책협력회 채권가두판매대, 조선임전보국단 발기인 · 평의원 · 부인대 간사 조선문인협회 간사		1949년 UN한국위원단 연락관, UN총회 대표단 1950년 한양여성클럽회장, 대한여자청년단 총본부 단장, 북진통일 여성투쟁위원 위원장 1951년 이화여대 문리대 강사 1954년 한국펜클럽 본부 부위원장 1955년 서울대 문리대 강사, 한국문화단체총연합회 최고위원, 국제펜클럽대회 한국대표 1958년 제10차 유네스코 총회 한국대표 1959년 아시아반공대회 한국대표, 아시아여성단체연합회 한국대표 1960년 국제펜클럽 한국위원장
문용채	5	군인	무공포장, 을지무공훈장, 충무무공훈장(3)	만주국군 헌병 상위, 평천헌병대 대대장		1946년 제주경찰서장 1950년 정훈감, 제16연대장 1952년 경남병사구사령관 겸 경남지구계엄민사부장
민복기	3	법조	보국훈장국선장, 청조근정훈장, 국민훈장무궁화장	판사에 임명되어 항일독립운동과 관련한 각종 재판에 참여		1945년 경성지방재판소 부장판사 1946년 사법부 법률기초국장 겸 법률심의국장 1948년 법전편찬위원회 위원 1948년 법무부 검찰국장(이사관) 겸 대검찰청 검사 1949년 법무부 법무국장(이사관) 겸 대검찰청 검사 1951년 법무부 차관 1952년 서울지방검찰청 검사장 1953년 외자구매처 차장 1955년 해무청장, 대검찰청 검찰총장 1961년 대법원 판사(현재의 대법관) 1966년 법무부장관 1968년 대법원장

이름	건수	분류	훈장	일제 협력	일제훈장 수여 내역	해방 후 주요이력
민영휘	1	중추원	국민훈장모란장	자작 작위, 신궁봉경회(일본 천황 위패 봉안, 제사) 고문, 일본 합병 찬성단인 국민동지찬성회 고문 · 정우회 총재, 식민지배 정당화하는 경성협찬회 600원 기부, 조선식산은행 설립위원, 조선총독부의 식민교육정책 지원하는 조선교육회 부회장, 식민통치 20주년 기념 조선박람회 경성협찬회 1300원 기부	1909 일본황태자도한기념장 1911.01 은사공채 5만원 1912.09.01 한국병합기념장 1928.07 금배 1조 1928.11 쇼와천황어대전 참석, 은배 1928.11.16 쇼와대례기념장 1935.09 조선나예방협회 1만원 기부, 감수 포장 1935.10 은배 1조, 시정25주년 기념표창 1935.12 금배 1개	1935년 12월 31일 사망
박관수	1	관료	국민훈장동백장	징병 · 학병 좌담회 참석 및 글 기고, 임시지원병익찬위원회 위원 일제 교육칙어 찬양, 황민화교육 선전 · 선동 조선총독부 학무국 시학관	1928.11 쇼와천왕 즉위기념 대례기념장 1939.10.10 훈6등 서보장	1945년 강원도 학무부 학무과장 1946년 서울산중학교 설립 1951년 울산농업중학교 교장 1952년 울산농업고등학교 교장 1952년 경북대학교 교수, 충청남도 대전고등학교 교장 1961년 한양대학교 교수 1966년 한국아세아반공연맹 이사장 1971년 현정회 이사 1972년 전북매일신문 회장
박기남	1	경찰	무공포장	고등, 사법, 위생계 순사, 중일전쟁 당시 국방동원, 방공, 군사수송 경계, 군수품 제조 공출 관련 업무 적극수행	지나사변공로자공적조서 등재	해방후 인천수상경찰서 수사계장, 개성경찰서 경무계장, 경찰학교 교육계장 1953년 경기도 파주경찰서 서장
박동균	5	군인	무공포장, 을지무공훈장(2), 충무무공훈장(2)	만주국군 군의관 상위(대위)		1947년 통위부 의무국장 1948년 초대 육군 의무감 1949년 초대 육군 군의학교 교장 1952년 군사원호처장 1953년 서울지구 위수사령관 1955년 제2군관구 사령관 1956년 국방부 병무국장 1972 통일주체국민회의 초대 대의원

이름	건수	분류	훈장	일제 협력	일제훈장 수여 내역	해방 후 주요이력
박문기	4	경찰	화랑무공훈장, 녹조근정훈장, 무공포장, 근정포장	부산경찰서 고등계 경찰		
박성행	1	친일단체	건국포장, 건국훈장애국장 (2011년 서훈 치탈)	해주상공연합회 회장, 국민총력 황해연맹 이사, 황해도 도회의원, 평양보호관찰소 촉탁보호사(사상범 전향 임무)	1940.11 기원2600년축전기념장	1950년 9월 28일 사망
박승하	1	관료	국민훈장동백장	젠다오성 허룽현 사무관, 국무원 흥농부 농산사 특수 농산과 사무관, 천임관 2등	1940.11 건국신묘창건기념장 1941.07 국세조사기념장	1946년 조선정치학관(건국대학교 전신) 법학과 교수, 건국대학교 학감, 부학장, 2부대학 학장, 법정대학 학장
박승훈	1	군인	무공포장	만주국군 국경감시대 초대대장, 만주국군 상교	1915.11 다이쇼천황 즉위기념대례기념장 1928 훈6등 서보장 1934 훈5등 서보장 1937.05 만주국 훈5위 주국장	1947년 육군 중령 1948년 제14연대장, 예비국장, 청년방위간부훈련학교 교장, 헌병사령관, 국방부 병무국장
박영선	1	문화예술	보관문화훈장	대표 친일미술단체인 단광회 활동 하며 〈조선징병제실시기념〉 등 군국주의, 징병제 찬양하는 작품 참여		1948년부터 이화여대, 홍익대, 서라벌예대, 중앙대 교수 역임 1960년 대한미술협회 부이사장 1972년 국전 심사위원장
박영희	1	종교	건국훈장애족장 (2011년 서훈 치탈)	조선불교 중앙교무원 이사로서 심전개발운동에 참여해 전국 순회강연, 해남 대흥사 주지 선출, 중일전쟁 당시 대흥사에서 국위선양 무운장구 기원법요식 열어, 대흥사에서 조선불교 중앙교무원에 군인과 유가족위문금 110원17전 납부, 북지황군위문단 격려 축하 전문 발송, 조선불교 중앙교무원 평의원 회의 신임이사, 비행기 1대 대금 5만3000원 일본군 헌납, 대흥사도 대금 분납		1945년 전국승려대회 중앙감찰원장 선출, 조선독립촉성 종교단체연합대회 기획부장 선입, 동국대학교에서 인명학 강의

이름	건수	분류	훈장	일제 협력	일제훈장 수여 내역	해방 후 주요이력
박원석	3	군인	금탑산업훈장, 보국훈장통일장, 보국훈장천수장	일본군 항공병 소위, 남만지구 사령부 정찰기 운전		1948년 항공기지사령부 정비중대장 1949년 육군 항공사관학교 교수부장(대위) 1952년 제1전투비행단 참모장 겸 작전처장 1960년 공군사관학교 교장 1962년 공군 참모차장 1963년 중앙정보부 차장 1963년 국가재건최고회의 위원, 외무국방위원장 1964년 공군 참모총장(공군 중장) 1966년 대한석유공사 사장
박인덕	1	친일단체	국민훈장모란장	황도주의 표방한 녹기연맹 가입, 덕화여숙 교장, 전쟁협력단체인 임전대책협력회 준비위원으로 활동하며 전시채권 판매, 조선인 전쟁협력 이끌어내는 조선임전보국단 발기인, 황국신민화, 침략전쟁 협력 목적의 조선언론보국회의 이사		1946년 국제부인대회 한국대표 1962년 학교법인 인덕학원 설립 이상장 1963년 인덕실업고등학교 설립 이사장 겸 교정서리 1972년 인덕예술광고전문학교 설립
박일경	2	관료	보국훈장국선장, 국민훈장무궁화장	전라남도 함평군수		1945년 전라남도 후생과장 1947년 대구대학 조교수 1949년 서울대학교 무리과대학 조교수 1951년 법제처 제1국장 1955년 이사관 법제실 제1국장 1960년 국무원 사무처 차장 1961년 법제처장 1962년 문교부장관 1963년 경희대학교 법과대학 교수, 대학원장 1975년 명재대학교 학장, 대학원장, 총장 1980년 국가보위 비상대책위원회 입법회의 의원 1982년 서울시교육회 회장 1984년 대학교육연합회 회장

이름	건수	분류	훈장	일제 협력	일제훈장 수여 내역	해방 후 주요이력
박임항	1	군인	보국훈장천수장	만주국군 항공병 중위		1945년 전국군사준비위원회 위원 1947년 조선민족청년단 교무처장 1948년 이후 제1사단장, 육군본부 인사국장, 육군 보병학교장, 제6관구 사령관 1961년 제5군단장, 516군사쿠데타 가담, 국가재건최고회의 최고위원 겸 제1군사령관, 초대 건설부장관 1966년 이후 한국항공정비주식회사 사장
박재섭	1	관료	국민훈장동백장	경기도 양평군수, 충청북도 보은군수		1948년 고려대학교 법과대학 부교수 및 교수 1969년 고려대 법과대학 학장 1972년 고려대 대학원장 1970년 대한국제법학회 회장
박재원	1	경찰	무공포장	부산경찰서 주갑파출소 순사로 재직하며 중일전쟁동원 소집, 군수품 수송, 경계 업무 적극 수행, 부산경찰서 고등형사	1940.04 지나사변공로자공적조서 등재	1949년 경상남도 북부산경찰서 사찰계장 1949년 국미보도연맹 북부산지구연맹 상임이사 1952년 내무부 치안본부 경감 1954년 경상남도 고성경찰서장 1954년 양산경찰서장 1955년 김해경찰서장
박정희	14	군인	보국훈장통일장, 충무무공훈장(4), 화랑무공훈장, 을지무공훈장(2), 태극무공훈장, 무궁화대훈장, 수교훈장광화장(2), 건국훈장 대한민국장, 무공포장	육군군관학교 졸업(一死以テ御奉公' 한번 죽음으로서 충성함, 박정희' 혈서 지원), 일본군 소위로 재직하며 동북항일연군, 소련에 대한 작전 수행, 만주국군 중위	1942 신경군관학교 예과과정 우수 졸업생 선정, 만주국 황제 푸이로부터 금장시계를 은사상으로 받음	1963~1979년 제5대~9대 대통령
박준호	1	군인	7등근무공로훈장	만주국군 소위(평톈항공대)		해방후 인민군 창설 참여 1948년 육군 중위 특별 임용 1950년 육군본부 유격대 활동

이름	건수	분류	훈장	일제 협력	일제훈장 수여 내역	해방 후 주요이력
박춘식	2	군인	보국훈장천수장, 무공포장	간도특설대 중위	1941년 7월 국세조사기념장, 만주국 훈8위 주국장 받음	1950년 9사단 참모장, 박정희 중령 보좌 1958년 제37사단장 1961년 제12사단장, 5.16군사쿠데타시 춘천 장악, 교통부장관 1963년 6관구사령관 1966년 육군본부 관리참모부장 1967년 3군단장 국가재건회의 최고의원
박필병	1	중추원	국민훈장목련장	조선유도연합회(조선총독부의 전시체제 강화, 황민화 선전) 평의원, 안성군 양곡배급조합 조합장, 국민총력 안성군연맹 참여, 중추원 참의, 일제 금속회수운동에 군민들이 세워준 동상 헌납	1914.09.08 목배 1928.11.16 쇼와대례기념장 1935.12. 포장(경기도 안성군 안성면 소방기구정비자금 2000원 기부) 1939.08 감수포장(안성공립농업학교 설립기금으로 총 10만원 기부) 1943.10.12 감수포장(경기도립수원의원 안성출장소 건설비 7350원 기부) 1940.11 기원2600년 축전기념장 1944. 05 징병제 선전 강연회, 좌담회 개최 공로 육군대신 기념품 받음	1949년 9월 14일 사망
박흥식	1	친일단체	산업포장	일본 항공 전력 증강시키기 위해 조선비행기공업주식회사 사장으로 취임, 일본의 군수회사로 지정, 경성보호관찰소 촉탁보호사, 조선총독부 시국대책조사회위원 등 일제 통치기구 활동, 조선총독부 물가위원회, 조선중앙임금위원회 등 조선총독부 조직 경제통제기구에서 중추 역할, 중일전쟁협력 위한 국민정신총동원조선연맹 발기인 겸 이사, 임전대책협력회 등 활동, 각종 국방헌금 헌납에도 적극적	1932.10 표창(평남 용강공립농업보습학교에 토지 기부) 1940.09 조선총독 공로상(항공사업 발전 이바지) 1940.10 제국교육협회장 공로상 1940.11 기원2600년축전기념장 1943.06 해군협회 공로장 1944.11.03 조선군 참모장 감사장(징병제 실시 협력)	1945년 조선기계공업주식회사 1946년 주식회사 화신백화점, 흥한피복주식회사, 화신무역주식회사 설립 취체역 취임 1947년 재단법인 흥한재단 설립 이사 취임 1950년 화신산업주식회사 사장, 재단법인 흥한재단 이사장 1953년 흥한방직주식회사 회장 1959년 신신무역주식회사 회장 1960년 흥한방적주식회사 사장 1962년 흥한화학섬유주식회사 사장 1964년 광신학원 이사장 1970년 화신전기주식회사 대표

이름	건수	분류	훈장	일제 협력	일제훈장 수여 내역	해방 후 주요이력
방순원	3	법조	청조근정훈장, 보국훈장국선장, 국민훈장무궁화장	광주지방법원 목포지청 판사 재직 중, 독립운동가 박연세를 비롯한 일본 패전 · 천황, 황실에 대한 불경 언사에 연루된 인물 재판 참여		1945년 광주지방법원 목포지원장 1946년 서울대학교 법과대학 교수 1961년 대법원 판사(현 대법관)
방원철	1	군인	충무무공훈장, 보국훈장광복장	만주국군 상위, 팔로군 무장 대원 200명 사살		1947년 김일성종합대학 사감, 인민체육 담당 교수 1949년 육군 소령, 초대 전사감, 국방부 제3국 행정과장, 2사단 17연대 부연대장, 33사단(수도사단) 102연대(기갑연대) 연대장, 육군본부 군사발전국 전투과장 1961년 5.16군사쿠데타 가담, 국가재건최고회의 정보분과 위원회 전문위원, 치안국 정보과장, 논산훈련소 참모부장 1968년 중앙정보부 대남전략 교수
방학수	2	군인	보국훈장삼일장, 무공포장	간도특설대 소사		
배상명	2	친일단체	국민훈장동백장, 국민훈장모란장	조선 최대 민간 전쟁협력단체인 조선임전보국단 발기인 및 부인대 지도위원, 일제 침략전쟁 협력 기고 · 좌담회 참여		1945년 상명여자상업학교 설립 교장 취임 1951년 상명여자중고등학교 설립 교장 취임 1960년 서울사립중등학교장회 이사 1961년 대한사립중등학교장회연합회 이사 1962년 대한여학사회 회우부장 1964년 상명초등학교 설립 교장, 서울시교육회 부회장 취임 1965년 상명여자사범대학교 설립 초대학장 1972년 한국사학재단연합회 이사 1980년 상명여자사범대학 이사장 취임
배철세	1	관료	국민훈장동백장	함경남도 경찰부 경찰과 경부, 함경남도 삼수군수, 함경남도 이원군수		1946년 동아대학교 교수 1951년 심계원 제2국장 1952년 농림부 귀속농지관리국 이사관 1959년 동아대학교 법경대학장 1963년 동아대학교 대학원장 1970년 동아대학교 부총장

이름	건수	분류	훈장	일제 협력	일제훈장 수여 내역	해방 후 주요이력
백낙준	1	친일단체	국민훈장무궁화장	조선총독부로부터 조선예수교장로회 포교자 허가 받음, 조선기독교서회 편집총무 겸 특별위원회 위원, 애국기헌납기성회의 부회장, 조선임전보국단 발기인		1945년 경성대학 법문학부 부장, 법문학부 서양사 교수 1946년 연희전문학교 교장, 초대 총장 1950년 문교부 장관(국무위원) 1952년 국민사상지도원 원장, 연희대학교 이사장 1953년 연희대학교 총장 1960년 참의원 당선 (서울 무소속) 초대 참의원 의장 1968년 독립유공자 상훈심사회 위원
백선엽	7	군인	석탄산업훈장, 금탑산업훈장, 수교훈장흥인장, 수교훈장광화장, 태극무공훈장(2), 무공포장	중위(만주국군), 1942년 소위 임관 이래 일본의 침략전쟁 적극 협력, 1943년부터 간도특설대에서 항일세력 탄압		해방후 평안남도 도인민위원회 치안대장 1946년 육군 중위 임관, 육군본부 정보국장(대령) 1949년 제5사단장 1950년 제1사단장 1951년 제1군단장 1952년 육군참모총장 겸 계엄사령관 1959년 연합참모본부 의장 1960년 주중화민국 대사 1961년 주프랑스 대사 1965년 주캐나다 대사 1969년 교통부장관 1973년 한국종합화학공업주식회사 사장
백철	1	문화예술	국민훈장모란장	《매일신보》 기자 및 북경지사장, 국민총력조선연맹문화부 위원 겸 사전부 촉탁, 일본주의 지향하는 《국민문학》 창간, 이외 친일 성향 평론 다수 발표		1945년 서울여자사범대학 교수 1948년 서울대학교 사범대학 교수 1949년 동국대학교 교수 1955년 중앙대학교 문리대 학장 1972년 중앙대학교 대학원장
백홍석	3	군인	무공포장, 을지무공훈장, 충무무공훈장	중좌, 대민통제와 훈련에 주력, 신의주지구 방공사령관 및 평북방공위원회 위원, 조선 청년들 전쟁에 동원하는 경성 육군병사부 과장	1930 국세조사기념장 1939 지나사변공적조서 등재	1948년 육군 대령 임명 1951년 서울지구 병사구사령관 1952년 병무국장, 재향군인회 초대회장
변홍규	1	종교	국민훈장모란장	감리교회 통리자, 국민총력조선연맹의 '미영격멸간담회' 발기인, 일본기독교 조선교단 교학국장		1946년 감리교신학교 교장 1948년 남산교회 담임 1953년 이화여자대학교 이사 1970년 미국 한인성서학원과 신학교 교장

이름	건수	분류	훈장	일제 협력	일제훈장 수여 내역	해방 후 주요이력
서은숙	1	친일단체	국민훈장모란장	조선여자체육장려회 이사 겸 서무상무, 여류명사들이 중심이 되어 전쟁지원을 하는 애국금차회 발기인, 비상시 국민생활개선위원회 위원, 조선임전보국단 부인대 지도위원		1948년 한국여자기독교청년회연합회 이사 1949년 이화여자대학 동창회장 1950년 이화여자대학교 교수, 전시선전대책위원회 위원 1951년 이화여자대학교 사무국장, 학생처장 1965년 이화여자대학교 총장서리 1966년 대한여학사협회회장, 한국여성단체협의회 이사 1970년 학교법인 이화학당 이사장
서정주	2	문화예술	금탑문화훈장, 국민훈장동백장	시 · 소설 · 잡문 등으로 일제에 협력, 친일노선 문예지 《국민문학》《국민시가》 편집, 일제의 침략전쟁을 미화하고 전쟁동원 독려		1946년 부산 남조선대학교 전임강사 1948년 동아일보 입사, 사회부장, 문화부장, 문교부 초대예술과장 1951년 전주 전시연합대학 강사 겸 전주고등학교 교사 1952년 광주 조선대학교 부교수 1954년 서라벌예술대학교 교수 1960년 동국대학교 교수 1977년 한국문인협회장 1978년 동국대학교 문리대학장 1981년 전두환 대통령 후보 텔레비전 지원연설 1987년 전두환 대통령 생일 축하장 자작시 낭독
서항석	2	문화예술	국민훈장모란장, 문화모란장	국민연극 표방한 극단 현대극장에서 국민연극 역설, 내선일체 선전극 연출 조선연예협회 이사 · 작가동호회장, 조선연극문화협회 이사		해방후 2대 국립극장장 취임 1953년 중앙국립극장장 1960년 국악원 이사장 1965년 서울시 문화위원회 부위원장
석주암	5	군인	무공포장, 을지무공훈장(2), 충무 무공훈장(2)	만주국군 포병 상위		해방후 제7여단장 1949년 제5사단 참모장 1950년 제1사단 참모장, 경북지구병사구 사령관(육군 준장) 1952년 육군 헌병사령관, 육군 정보국장, 제6관구 사령관 대우중공업 사장 대전현중원
성봉규	3	경찰	화랑무공훈장(2), 충무무공훈장	임실경찰서 고등형사		해방후 경찰후생협회 전라북도 상임위원회 이사 1952년 전라북도 진안경찰서장 1954년 무주경찰서장 1954년 부안경찰서장 1956년 순창경찰서장 1959년 전라북도 이리경찰서장

이름	건수	분류	훈장	일제 협력	일제훈장 수여 내역	해방 후 주요이력
손동욱	1	법조	청조근정훈장	대구지방법원 판사, 대구지방법원 안동지청 판사		1945년 대구공소원 판사 1946년 대구공소원 부장판사 1948년 국회의원선거위원회 경상북도위우너회 후보위원 1959년 대법원 판사 1964년 대법원 판사 (현 대법관)
송금선	1	친일단체	국민훈장동백장	여성 대상으로 식민정책, 침략 전쟁 홍보, 선전, 애국금차회 간사, 조선부인문제연구회 발기인 · 이사, 임전대책협력회의 채권가두유격대, 조선임전보국단 발기인 · 부인대 지도위원, 국민총력조선연맹 연성위원회 위원		1945년 덕성고등여학교 교장 1952년 덕성여자대학 초대 학장 1970년 덕성학원 이사장 1972년 통일주체국민회의 대의원
송석하	6	군인	태극무공훈장, 보국훈장천수장, 무공포장, 을지무공훈장, 충무무공훈장, 화랑무공훈장	상위(만주국군), 간도특설대 중대장	1937 봉천군관학교 수석 졸업, 만주국 황제 은사품으로 금시계 받음 1943.09.15 훈5위 경운장	1946년 국방경비대 소위 1948년 제2연대 부연대장, 12연대장 1949년 수도경비사령부 참모장 1950년 20사단장 1956년 3관구사령관, 육군본부 기획통제실장, 육군본부작전참모부장 1961년 국방연구원장 민주공화당 중앙상임위원 1963년 국가안보회의 상임위원 겸 사무국장 1969년 한국수출산업공단 이사장 1972년 재향군인회 안보위원장
신기석	2	관료	황조근정훈장, 국민훈장모란장	만주국 흥농부 이사관(천임관 2등), 만주지역 개척사업 참여, 동남지구특별공작후원회 간사 만주국협화회 수도계림분회 총무부장, 조선인에 대한 황민화 교육을 하는 재만조선인교육후원회 간사		해방후 경성대학교 법문학부 교수 1947년 연희대학교 교수 1948년 서울대학교 무리과대학 교수 1949년 고려대학교 법정대학 교수 1954년 중앙대학교 법정대학장 1958년 경희대학교 교수 1961년 국가재건최고회의 내무위원회 자문위원 1963년 부산대학교 총장 1968년 영남대학교 총장 1969년 부산대학교 총장 1973년 제9대 국회의원 선거 민주공화당 경남 부산 중구 영도 당선 1976년 민주공화당 국토통일위원회 위원장 1981년 선인학원 관선이사장

이름	건수	분류	훈장	일제 협력	일제훈장 수여 내역	해방 후 주요이력
신봉조	1	친일단체	국민훈장모란장	징병 · 징용 찬양 및 선전 · 선동 황도학회 회장, 내선일체 주장 국민정신총동원 조선연맹 참사		1945년 이화여자고등학교 교장 1953년 이화예술고등학교 설립 교장 1954년 학교법인 상명학원 이사 및 이사장 1961년 학교법인 이화학원 상무이사
신상묵	8	경찰	화랑무공훈장(3), 녹조근정훈장, 을지무공훈장, 홍조근정훈장, 태극무공훈장, 무공포장	일본군 헌병 군조(진해, 부산헌병대)로 근무하며 광복운동 국제혈맹사건, 무궁당 사건 등으로 체포된 항일운동가 등 고문		1947년 경남 진도경찰서장 1948년 전남 나주경찰서장 1949년 장성경찰서장 1950년 전남 경찰학교 교장 1950년 낙동강 월배지구 경찰전투대 사령관, 경북 영일경찰서장, 경북 보안과장 1951년 내무부 치안국 경무관, 지리산지구 전투사령관 1952년 서남지구 치안국 전방사령부 사령관 1953년 전북 경찰국장, 서남지구 전투사령관 1954년 제주도 경찰국장 1956년 전남 경찰국장 1957년 치안국 경비과장, 강원도 경찰국장 1958년 충남 경찰국장 1959년 전북 산업국장
신상철	9	군인	수교훈장흥인장, 보국훈장국선장, 청조근정훈장, 수교훈장광화장, 보국훈장천수장, 을지무공훈장(2), 충무무공훈장(2)	남만지구 전투기 조종사(소위)		1947년 제5연대 대대장 1948년 7사단 참모장 1948년 육군 헌병사령관 1950년 제6사단장, 7사단장, 육군본부 인사국장 1951년 공군본부 작전국장 1953년 공군사관학교 교장 1959년 공군본부 참모부장 1962년 베트남주재 특명전권대사 1965년 주베트남 대사 1970년 체신부장관 1974년 주스페인 대사 1979년 유정회 소속 제10대 국회의원 1995년 자유민주연합 고문

이름	건수	분류	훈장	일제 협력	일제훈장 수여 내역	해방 후 주요이력
신석호	1	친일단체	국민훈장모란장	식민사학 집대성하는 조선사편수회 수사관, 조선총독부 간부가 중심되는 청구학회 위원	1940.11 기원2600년축전기념장	1946년 고려대학교 문리과대학 교수 1949년 문교부 편수국장 1951년 국사편찬위원회 사무국장(편수관) 1961년 혁명재판사편찬위원회 위원 1962년 국가재건최고회의 한국군사혁명사편찬위원회 고문 1965년 국사편찬위원회 사무국장 1966년 성균관대학교 문과대학장 1970년 학교법인 중동학원 이사, 성균관 고문 1972년 학교법인 성균관대학 이사, 영남대 교수
신용구	1	종교	국민훈장동백장	천도교 도령으로 재임하며 총동원 설파, 천도교인의 전시체제 협력 주도, 조선지원병제도제정축하회 발기인, 국민정신총동원조선연명 조선교단 대표		1945년 천도교총부 상주선도사 1953년 현기실 장로 1961년 교단 최고직인 교령
신용욱	1	친일단체	동탑산업훈장	항공사업을 하며 일본군에 군용 비행기, 군수 물자, 인력을 징용에 앞장서, 조선비행학교 설립 및 교장, 조선총독부 치적 선전하는 동아친선 방문비행회 개최, 군용기 도입해 취항, 임전대책협력회 채권가두판매대, 조선임전보국단 발기인·평의원, 군수업체 조선항공공업주식회사 사장		1940.11 기원2600년축전기념장 1946년 대한국제항공사 부사장 겸 상무이사 1948년 대한국민항공사 설립 사장 취임 1950년 제2,3대 자유당 국회의원
신응균	1	군인	무공포장	대위, 오키나와 전투 참여(포병 중대장)		1946년 서울 진명여자고등학교 수학 교사 1948년 통위부부 보좌관 1949년 병기감, 호국군 간부학교 교장 1949년 포병연대장, 육군본부 포병감 겸 포병학교 1950년 제1야전포병사령관, 국방부 제1국장, 제2사단장, UN군사령부파견 한국군연락장교단장, 육본관리부장 1959년 주터키대사 1961년 국방부 차관, 주서독대사 1970년 국방과학연구소 소장 1973년 재향군인회 부회장 1990년 민주평화통일잠누회의 위원

이름	건수	분류	훈장	일제 협력	일제훈장 수여 내역	해방 후 주요이력
신학진	4	군인	국민훈장동백장, 체육훈장맹호장, 무공포장, 을지무공훈장	옌지 치안부병원 원장, 만주의과대학 연구과, 군의 중교	1937.05 만주국 훈6위 경운장	1946년 미군정청 통위부 의무국장 정부수립후 육군특별부대 의무단장 겸 육군 제1병원 병원장1950년 낙동강지구 위수사령관 1953년 육군본부 의무감 1958년이후 오양건업 회장, 대한중석 이사, 향군의사회 회장 1989년 바르게살기협의회 초대회장
신현준	9	군인	수교훈장흥인장, 태극무공훈장(2), 무공포장, 을지무공훈장(2), 충무무공훈장(3)	상위(만주국군), 항일 빨치산 공격 수행하는 전방에 식량, 탄약 운반 및 보급, '간도특설대' 창설 장교	1943.09.15 훈6위 경운장	1946년 조선해안경비대 준하사관 교육대 교육, 조선해안경비대 인천기지 사령관 1947년 조선해안경비대 부산기지 사령관 1949년 초대 해병대 사령관, 해병대 창설 1953년 해병 제1여단 창설 초대 여단장 1955년 연합참모본부 제3부장 1956년 연합참모본부 제2부장 1959년 해병 진해교육기지사령관 1960년 해군 중장, 국방장관 특별보좌관 1961년 국방차관보 1963년 초대 주 모로코왕국 특명전권대사, 세계반공연맹 사무총장 1972년 초대 주 바티칸 대사
안익태	2	문화예술	국민훈장모란장, 문화포장	일본 천왕 즉위식 축하작품 〈에텐라쿠〉 작곡, 지휘, 만주국 건국 10주년 기념 〈만주환상곡〉 작곡		1962년 5.16군사쿠데타로 집권한 군사정부의 이미지 개선
안종화	1	문화예술	국민훈장동백장	조선 영화인 동원, 선전하는 조선영화인협회 회장, 황도학회 가입, 조선임전보국단 발기인, 동양극장과 극단 황금좌에서 카미가제 특별공격대 미화하는 연극 〈개화촌〉 연출		1948년 대한영화사 촬영소장 1950년 공보처 영화과장 종전후 서바벌예술대학 학장

이름	건수	분류	훈장	일제 협력	일제훈장 수여 내역	해방 후 주요이력
양정수	1	법조	국민훈장무궁화장	대전지방법원 검사		1948년 대전지방검찰청 차장검사 1949년 서울고등검찰청 검사, 법전편찬위원회 위원 1949년 육군본부 법무감실 법무차감 1950년 국방부 제2국장 및 육군본부 법무감 1951년 공군본부 법무감실 법무감, 공군본부 인사국장 1953년 국방부 제1국장 1955년 국방부 총무국장 1956년 국방부 차관보 1957년 대검찰청 검사, 대전.부산.광주지방검찰청 검사장
엄구현	1	관료	국민훈장석류장	평안북도 구성군수, 평안북도 민정관		1946년 동아대학교 교수 1946년 동아대 법학부 밥학과장 1950년 동아대 법학부장 1952년 체신부 경리국장 1953년 경남 구포중학교 교장 1954년 동아대 법정학부 부장 1957년 동아대 법경대학장 1970년 동아대 대학원장
엄민영	2	관료	수교훈장광화장, 보국훈장천수장	경성지방전매국 속, 전라북도 임실군수, 전라북도 무주군수		1945년 전북 농무부장 및 농무국장 1948년 전남 농림국장 1949년 서울대 법과대학 부교수 겸 교무과장 1958년 경희대 법과대학 학장 1960년 참의원 전북지역 민주당 당선 1961년 민주당 외교부장 1961년 국가재건최고회의 의장고문 1963년 내무부 장관 1965년 한국정경연구소 소장 1966년 내무부 장관 1967년 주일대사
연성희	1	경찰	근정포장	천안경찰서 고등계 순사부장, 중일전쟁 당시 군대와 군수품 수송 경계, 국방헌금 모금 등 전시 업무 적극 수행	지나사변공로자공적조서 등재	1946년 내무부 경감, 충남 서천경찰서, 온양경찰서,조치원경찰서,예산경찰서 서장, 충남 경찰국 사찰과장 1955년 내무부 총경, 제주도 경찰국 정보과장 1956년 제주도 경찰국 수사과장 1956년 전북 남원경찰서 서장(총경) 1957년 충남 대전소방서 서장(총경)

이름	건수	분류	훈장	일제 협력	일제훈장 수여 내역	해방 후 주요이력
오긍선	2	종교	국민훈장무궁화장, 국민포장	내선융화 실행하는 동문회 평의원, 조선총독부 교육자문기구인 조선교육회의 평의원, 조선지원병제도제정축하회 발기, 경성보호관찰소 촉탁보호사, 국민정신총동원 조선연맹 상임이사, 흥아보국단 경기도위원, 임전대책협력회의 채권가두판매대	1940.11 기원2600년축전기념장	1946년 한국사회사업연합회 이사장, 대한성서공회 이사 1948년 대한기독교서히 이사 1950년 대한성서공회 이사장, 기독청년회(YMCA) 이사 1952년 대한기독교서회 이사장, 한국사회사업연합회 회장
오기선	1	종교	국민훈장동백장	국민총력 천주교경성교구연맹 이사로서 신궁 참배지시, '대동아전쟁기구' 기도문 만들어 각 가정에 통지, 충청남도 대흥동본당 주임신부		1947년 충남애육원 선립 원장 1965년 서울 대방동본당 주임신부 1966년 순교자현양사업회 회장 1987년 한국천주교성지연구원 설립 원장
오승근	1	법조	국민훈장모란장	대구복심법원 판사 근무 당시 조선독립 비밀결사 박효준 재판, 독립운동가 박연세 재판 참여, 경성지방법원 판사		1945년 경성지방법원 부장판사 1946년 광주지방법원 장흥지청 1964년 서울제일변호사회 회장
원용덕	2	군인	태극무공훈장, 무공포장	만주군 중교, 조선인 사상 통제 역할을 하는 펑톈 흥아협회 참여		1945년 군사영어학교 보좌관 겸 부교장 1946년 경비사관학교장, 여단장 1950년 전라북도지구 편성관구 사령관 1953년 헌병총사령관
원윤수	1	친일단체	국민훈장동백장	조선총독부 시정25주년기념 박물관 건설비 1000원 기부, 조선국방협회 설립 발기인으로 참여 민대식, 이석구와 함께 '애국 경성 제2호기' 구입비로 각각 1만원 씩 헌납, 육군 군용기 '애국 경기호' 1000원 헌납, 조선군사사량부에 백미 3000석 헌납	1937.07 포장	1940년 1월 5일 사망
유승열	2	군인	을지무공훈장, 충무무공훈장	일본군 보병 대좌		1950년 102여단장, 제1사단장, 3사단장, 경남지구 계엄사령관, 부산지구 계엄사령관 1956년 육군 민사감, 육군소장

이름	건수	분류	훈장	일제 협력	일제훈장 수여 내역	해방 후 주요이력
유억겸	1	문화예술	국민훈장무궁화장	지원병제 확대 실시 주장, 임시특별지원병제도 경성익찬위원회 실행위원, 학도선배단 대표 임전대책협의회 준비위원, 흥아보국단 상임준비위원, 조선임전보국단 이사 시국대응전선사상보국연맹 본부 상임간사, 수양부 부장, 경성 제3분회장		1945년 미군정청 학무국 조선인교육위원, 학무국장 1946년 조선인교육위원 문교부장 1947년 조선체육회 부회장, 회장
유재기	1	종교	건국훈장애족장 (2011년 서훈 치탈)	국민총력조선예수교장로회 경북노회연맹 이사장으로서 각 교회에 신사참배 지시 공문 발송, 조선전시종교보국회 경상북도지부 이사		해방후 흥국호텔 운영 1945년 기독신민회 발기인 조직국장, 기독신민회협동조합 실행위원 1946년 대한독립촉성국민회 산업부장 1946년 흥국형제단
유재흥	6	군인	수교훈장흥인장, 수교훈장광화장, 청조근정훈장, 태극무공훈장(2), 무공포장	일본군 대위, 메이지대학 '특별지원병 궐기대회'에서 조선인 학병지원 촉구 연설		1946년 6사단 초대 사단장 1950년 태백산지구 전투사령관, 제7사단장, 제2군단장, 육군 참모차장, 연합참모본부 총장, 제1군사령관 1960년 주태국대사, 주스웨덴대사, 주아이슬랜드대사, 주이탈리아대사 1970년 대통령비서실 안보국방담당 특별보좌관 1971년 제19대 국방부장관 1974년 대한석유공사 사장 1980년 대한석유협회 초대 회장 1991년 성우회 회장
유진오	1	문화예술	국민훈장무궁화장	학병 · 징병 · 지원병 선전 · 선동 연설 · 기고 등 일제침략전쟁 · 황민화 국책문학과 문화 선전 · 선동 조선문인협회 발기인 · 상무(상임)간사, 국민총력조선연맹 문화부 · 선전부 위원		보성전문학교 교수, 경성대학 법문학부 교수 1945년 학무국 산하 교육심의회의 고등교육분과위원회 1946년 변호사 시험 위원, 고려대학교 교수 겸 정법대학장 1947년 법전편찬위원회 위원 1948년 초대 법제처장 1949년 고려대학교 대학원장 1950년 고려대학교 임시 관리책임자, 중앙선거위원회 위원 1951년 대한민국교수단 단장, 전시연합대학 총장, 한일회담 대표 1952년 고려대학교 총장, UN한국대표단 법률고문 1953년 대한국제법학회 회장 1959년 서울특별시교육회 회장 1961년 국가재건국민운동본부장, UN한국협회 회장 1967년 신민당 총재

이름	건수	분류	훈장	일제 협력	일제훈장 수여 내역	해방 후 주요이력
유치진	1	문화예술	국민훈장모란장	징병 · 지원병 선전 극본 집필 · 연극 연출 국민연극표방 극단 현대극장 창립, 일제 만주침략 정당화 극본, 일진회 미화 극본 등 집필, 연극의 전시체제 협력역설, 일제 만주침략 정당화 만주기행문 기고 조선연극협회 이사, 조선연극문화협회 상임평의원, 조선문인보국회 이사 · 소설희곡부 회장 · 희곡부 회장 · 영화기획심의회 위원		1949년 서울대학교 문리대, 연희대학교 연극 관련 강의 1950년 초대 국립극장장 1954년 예술원 추천위원, 반공통일연맹 최고위원, 한국문학가협회 부위원장
윤길중	1	관료	국민훈장무궁화장	전라남도 강진군수, 전라남도 무안군수, 조선총독부학무국 사무관		1946년 국민대학 교수 겸 학장, 남조선과도입법의원 총무과장 겸 법률기초과장, 법제조사국 국장, 법전편찬위원회위원 1950년 제2대 민의원 강원도 원주(무소속) 당선 1953년 민의원 법제사법위원장 1960년 제5대 민의원 강원도 사회대중당 1970년 신민당 정무위원 1971년 제8대국회의원 신민당 서울 영등포 1980년 12월 국가보위입법회의 입법위원 1980년 민주정의당 발기인, 민정당 소속 12,13대 의원 1985년 국회 부의장 1990년 민주자유당 상임고문
윤수현	1	군인	을지무공훈장	만주국군 중위, 간도특설대		1946년 국방경비대 참위 1948년 육군특별부대 대대장 1950년 5대 병참감, 육군준장 1967년 한국전력주식회사 감사
윤익선	1	친일단체	건국훈장독립장 (2011년 서훈 치탈)	대동일진회 산하기관 동학원 교장, 채권가두유격대 참여 전시채권 구입 독려		

이름	건수	분류	훈장	일제 협력	일제훈장 수여 내역	해방 후 주요이력
윤춘근	1	군인	보국훈장천수장	간도특설대, 만주국군 상위 1940.07 훈5위 경운장		1949년 제9연대장 1950년 제12사단장 (중령) 1959년 제1군관구 사령관 1960년 제5군관구사령관 1961년 제1군 사령관 포항제철 고문
윤치영	2	친일단체	국민훈장무궁화장, 건국포장 (2011년 서훈 치탈)	임전대책협력회 채권가두판매대, 조선임전보국단 평의원, 근로동원 목적의 국민동원총진회 중앙지도위원		1945년 한국민주당 창당발기인, 총무부 역원, 외무부 부장, 이승만 비서실장 1948년 제헌국회의원 한국민주당 서울 중구 당선 1948년 초대 내무부장관 1949년 국회 부의장, 대한국민당 최고위원 1952년 제2대 민의원 보궐선거 광주 을구 당선 1953년 유엔총회 한국대표 1954년 제3대 민의원 선거 서울 중구 갑구 대한국민당 당선 1963년 민주공화당 의장, 전국구의원 선출, 서울특별시장 1967년 민주공화당 전국구의원 1970년 민주공화당 총재 상임고문
윤태림	2	관료	국민훈장모란장, 보국훈장천수장	황해도 내무부 사회과 사회서기, 친일단체 녹기연맹 연맹원 가입, 황해도 금천군수		1945년 경성지방법원 사법관시보 1946년 서울지방법원검사대리 1948년 서울지방검찰청 검사 1952년 서울대학교 사범대학 교수 1960년 서울대학교 사범대학장 1963년 문교부 차관 1965년 숙명여자대학교 총장, 이사장 1969년 연세대학교 문과대학 교수 1982년 경남대학교 학장 및 총장
윤태일	1	군인	보국훈장통일장	만주국군 중위		1948년 대위 임관 1953년 육군공병학교 교장 1958년 육군본부 감찰감 1959년 육군 제36사단장 1961년 5.16쿠데타 가담, 서울특별시장 1964년 대한주택공사 총재 1973년 유신정우회 소속 제9대 국회의원, 건설위원장

이름	건수	분류	훈장	일제 협력	일제훈장 수여 내역	해방 후 주요이력
이광래	1	문화예술	문화포장	조선연극협회 통해 〈지하도〉 집필, 연극경연대회에서 내선일체 강화와 전쟁의식 고무 내용의 작품 발표		1947년 한국무대예술원 예술국장, 연극학회 간사장, 서라벌예술대학 연극영화학과 초대 학과장
이구범	2	경찰	화랑무공훈장, 충무무공훈장	경기도 경찰부 고등경찰과 순사부장 재직, 독립운동가 이재유 검거 참여		해방후 경기도 경성 본정경찰서 경무주임 1945년 경기도 개성경찰서 서장 1946년 서울 본정경찰서 서장, 중부경찰서 서장 1948년 수도경찰청 부청장 1952년 강원도 경찰국장
이능화	1	중추원	국민훈장모란장	조선사편찬위원회 위원, 조선사편수회 위원, 단군조선 부정하는 《조선사》 35권 편찬, 식민사학 소개하는 청구학회 평의원, 일본 기원2600년 기념 한시 〈황화만년지곡〉 제작	1912.08.01 한국병합기념장 1928.11.16 쇼와대례기념장 1929.01.30 훈6등 서보장 1940.04 《조선사》편찬 공로, 천황 은배	1943년 4월 12일 사망
이동락	1	종교	건국훈장애국장 (2011년 서훈 치탈)	친일 전향단체인 대동민우회 창립 발기인, 이사		해방후 서울 성도초급중학교 교사 1948년 천도교총부 감사관장 겸 조사부장 1952년 천도교총부 현기실 상주선도사 1953년 천도교총부 교화원장 1954년 재단법인 천도교유지재단 이사 1963년 천도교중앙총부 종무원장, 재단법인 천도교유지재단 이사장
이두환	1	경찰	무공포장	화순경찰서 고등계 형사		해방후 전라남도 경찰부 특무계장 1946년 전라남도 광산경찰서 서장, 전라남도 진도경찰서서장, 보성경찰서 서장 1948년 광주경찰서 서장 1949년 제주도 경찰국 사찰과장 1951년 내무부 치안국 정보수사과, 충북 경찰국 사찰과장
이명흠	1	경찰	근정포장	평안북도 정주경찰서 경부, 평안북도 신의주경찰서 경부, 만주사변 때 일본 군용품 수송, 철도 전선 보호경비계 업무 수행, 중일전쟁 군수품 수송, 방공감시대 직원과 감시초원 지휘 등, 충청북도 청주경찰서 서장	1932.10.01 쇼와5년 국세조사기념장 1941.07.08 훈8등 서보장	해방후 충청북도 청주경찰서 서장, 충청북도 경찰부 경찰부장 대리, 제4관구경찰청 부청장, 제2관구 경찰청 부청장, 제5관구 경찰청 부청장 1949년 육군 헌병대위 1950년 육군 헌병소령 1952년 내무부 치안국 총경, 경찰전문학교 교무과장

이름	건수	분류	훈장	일제 협력	일제훈장 수여 내역	해방 후 주요이력
이병도	1	친일단체	국민훈장무궁화장	조선사편수회 수사관보, 촉탁, 청구학회 위원, 조선유도연합회 평의원		1945년 경성대학 법문학부 조선사 교수 1950년 국방부 정훈국 전사편찬위원회 1953년 서울대학교 부속 박물관 관장 1954년 서울대학교 대학원 원장 1955년 국사편찬위원 1960년 문교부장관, 국사편찬위원회 위원장 1965년 서울대학교 대학원 원장, 행정대학원 원장 1961년 국민대학교 학장 1966년 성균관대학교 교수 1982년 민족문화추진회 이사장
이봉상	1	문화예술	은관문화훈장	친일 미술단체인 단광회 참여해 〈조선징병제실시기념〉 기록화 제작, 조선총독부가 지원하는 군국주의 찬양 주제의 〈결전미술전〉에 작품 출품		1950년대 홍익대 미술과 교수
이상범	1	문화예술	국민훈장모란장	국민총력조선연맹 문화부 위원, 조선미술가협회 평의원, 황국신민화 선양하는 반도총후미술전 일본화부 심사위원, 신문과 잡지에 군국주의 경향성 담은 삽화 그려		1950년 홍익대학교 동양회 실기교수
이서구	3	문화예술	국문훈장동백장, 보관문화훈장	조선연극협회 회장 재직시 국민연극운동 주도, 국민총력조선연맹 문화부 위원, 조선문인보국회 역원, 조선 총독 미나미 지로가 직접 휘호 쓴 무용극 〈부여회상곡〉 제작		해방후 서울시청 공보실장 1949년 한국무대예술원 원장 1950년 중군 단가단 부단장 1966년 방송인협회 이사장 1974년 방송작가협회 이사장
이석구	1	관료	홍조근정훈장	충청남도 내무부 농무과 기수, 종묘장 기수, 충청남도소작관, 중일전쟁 때 국방사상 보급 선전, 국방헌금공출, 국민정신총동원운동 등 적극 수행	1928.01 쇼와천황즉위기념 대례기념장 1939.02 훈6등 서보장 지나사변공적조서 등재	1949년 충청남도 농무국장 1951년 충청남도 장항농업중학교 1952년 장항농업고등학교 교장
이섭준	1	군인	보국훈장삼일장	만주국군 중위		해방후 육군 소령, 부산해운회사 사장

이름	건수	분류	훈장	일제 협력	일제훈장 수여 내역	해방 후 주요이력
이숙종	3	친일단체	국민훈장동백장, 국민훈장무궁화장, 국민훈장모란장	지원병 · 징병 · 학병 실시 적극 주장, 조선 여성 전쟁참여 주장 애국금차회 발기인 · 간사, 조선부인문제연구회 발기인 · 이사, 임전대책협력회 발기인 · 채권가두판매대, 조선임전보국단 발기인 · 평의원 · 부인대 지도위원 국민정신총동원조선연맹 참사, 국민총력조선연맹 부인지도위원 · 연성위원회 위원		1945년 성신여자중고등학교 교장 1948년 성신학원 이사장, 서울시교육회 이사 1950년 대한여학사회 발기인 1952년 이화여자대학교 이사, 정부정책위원 1954년 중앙교육위원회 위원 1962년 대한사립중등교육윤리위원회 회장 1963년 성신여자실업초급대학 학장 1964년 숙명학원 이사장 1965년 성신여자사범대학 학장 1967년 문교재건자문위원회 위원 1970년 한국여성단체협의회 회장 1973년 제9대 국회의원 (유정회) 1977년 학글학회 이사 1978년 학교법인 성신학원 이사장
이용	3	군인	을지무공훈장(2), 황조근정훈장	만주국군 소위, 간도특설대		1951년 수도사단 제1기갑 연대장 1952년 제8사단 부사단장 1954년 제3군단 참모장 1958년 제12사단장 1960년 육군보병학교 교장 1961년 육군본부 작전참모부 차장 1961년 강원도지사 1964년 육군본부 기획통제실장 1965년 육군 소장 예편 1966년 제16대 교통부 차관 1970년 제6대 철도청장 1973년 인철제철 부사장 1975년 인천합금철 사장
이용문	1	군인	태극무공훈장	조선인으로서 드물게 일본군 참모본부인 대본영 근무, 일본군 기병 소좌		1948년 육군 소령 수색단 단장, 육군 초대 기갑연대장 1949년 육군본부 정보국장, 옹진지구전투사령관, 육군참모학교 부교장 1950년 계엄민사부장, 육군보정학교 기획부장 1951년 육군본부 작전교육국장 1952년 9사단 부사단장, 수도사단장, 남부지구 경비사령부 사령관

이름	건수	분류	훈장	일제 협력	일제훈장 수여 내역	해방 후 주요이력
이원수	1	문화예술	금관문화훈장	중일전쟁 이후 일제에 협력, 〈낙하산–방공비행에서〉 〈지원병을 보내며〉 등 황군병사 육성에 대한 내용 담은 동시 발표		해방후 경남 함안군 가야면 치안위원 1945년 경기공업고등학교 교사 1947년 박문출판사 편집국장 1959년 서울시 문화위원회 문학분과위원 1965년 경희여자초급대학 강사
이응준	4	군인	태극무공훈장, 국민훈장무궁화장, 보국훈장통일장, 무공포장	블라디보스토크 일본 파견군 사령부 배속돼 조선인 공산주의자, 중국인 파악 업무, 일제 침략전쟁 정당화 및 징병제 선동	1935.07.09 일본군 장교 장기복무 공적, 훈4등 서보장 1939.01.14 훈3등 서보장	1945년 전국조선임시군사준비위원회 위원장, 국방사령부 국방사령관 고문, 국방경비대총사령부 감찰감, 국방경비대 제3여단장 초대 육군 참모총장 1949년 제3사단장, 제5사단장, 전라남도편성관구사령관, 마산지구계엄사령관, 제주지구계엄사령관, 전라남도계엄 민사부장 1950년 상이군인회 회장, 육군대학 총장, 육군 제1훈련소 소장, 육군 참모총장 1955년 체신부 장관 1958년 자유당 성북을구 지구당 위원장 1967년 반공연맹 이사장 1979년 국정자문위원 1980년 국방정책 자문위원장, 통일원 고문
이인기	1	관료	국민훈장모란장	조선총독부 학무국편집과 촉탁, 만주국 젠다오성 민생청시학관, 황도사상 등 연구하는 흥아청년구락부참여, 안둥성 이사관		1945년 경성경제전문학교 교장 1946년 서울대 상과대학 학장 1948년 연세대 교수 1950년 서울대 문리대 교수 1962년 서울대 문리대 학장 1968년 서울대 대학원 원장 1969년 숙명여대 총장 1974년 영남대 총장 국토통일원 고문
이인범	1	문화예술	국민훈장동백장	기원2600년봉축 음악신문 창간10주년기념 대망신인소개 음악무용회' '국민총력의 밤' 출연, 조선음악협회 양악부 성악과원, 경성후실내악단, '징병제 축하 야외음악과 영화의 밤' 출연		1946년 경성음악학교 교수 1946년 서울대학교 예술대학 조교수 1952년 이화여자대학교 음악대학 강사 1962년 국립오페라단 초대 단장 1966년 연세대학교 음악대학 교수

이름	건수	분류	훈장	일제 협력	일제훈장 수여 내역	해방 후 주요이력
이재학	1	관료	국민훈장무궁화장	황국신민 교화 단체인 영전후생원 이사, 충청북도 단양군수		1946년 충청북도 단양군수, 강원도 학무과장 1948년 강원도지사 서리, 강원도 춘천농업대학 학장, 제헌국회의원(무소속) 당선 1950년 제2대 민의원 선거 대한독립촉성국민회 소속 당선 1951년 자유당 중앙상무위원회 부위원장 1954년 제3대 민의원 당선, 자유당 원내총무 1955년 자유당 조직부장 1958년 제4대 민의원 자유당 소속 1960년 3.15부정선거 사건과 관련해 체포구속
이정용	6	경찰	화랑무공훈장(2), 충무무공훈장, 홍조근정훈장, 근정포장, 무공포장	통영경찰서 고등형사, 경상남도 진주경찰서 순사부장		1945년 경상남도 남해경찰서 서장 1946년 창녕경찰서 서장 1947년 밀양경찰서 서장 1948년 경상남도 경찰부 보안과장 1949년 경상남도 진주경찰서 서장 1951년 경상남도 경찰부 보안과장 1952년 충청북도 경찰국 보안과장 1953년 경상남도 경찰부 통신과장, 경무과장, 경상북도 경찰부 경무과장 1955년 충청남도 대전경찰서 서장 1956년 경상남도 부산수상경찰서 서장, 전라북도 지방경찰국장 1957년 충청남도 지방경찰국장, 치안국 수사지도과장, 제주 지방경찰국장 1959년 경상북도 지방경찰국장 1960년 경상남도 지방경찰국장 3.15부정선거혐의로 징역7년형 선고
이종린	1	종교	국민훈장무궁화장	조선종교단체전시보국회 천도교위원, 국민동원총진회 이사, 지원병·학병 지원 선동 글과 강연 천도교교령을 지내며 천도교단 친일 협력 주도, 흥아보국단상임준비위원, 임전대책협력회 채권가두판매대, 조선임전보국단 상임이사, 내선일체·전쟁협력 선동글과 강연 국민정신총동원천도교연맹 이사장·평의원, 국민총력천도교연맹 이사장·평의원		1945년 전국대회준비위원회 교약기초위원 1948년 무소속 제헌국회의원 1950년 일민구락부 소속 제2대 국회의원

이름	건수	분류	훈장	일제 협력	일제훈장 수여 내역	해방 후 주요이력
이종욱	2	종교	건국훈장독립장, 건국훈장애족장 (2011년 서훈 치탈)	조계종 종무총장 재직시 교단의 친일 협력 주도, 중일전쟁기념일에 국방헌금 납부 결의해 각 천도교 군교구연맹에서 5287원45전 모아 애국부에 헌납, 임전대책협력회 채권가두판매대, 조선임전보국단 상무이사 민족문화유산인 범종·금속류 훼손 및 반출 주도		1945년 신탁통치반대 국민총동원위원회 강원도 대표 1946년 대한독립촉성국민회 총무부장 1947년 강원도 교구원장 1950년 제2대 국회의원 강원도 평창 국민회 소속 당선 1951년 동국대학교 이사장, 조선불교 조계종 총무원장
이종찬	3	군인	수교훈장광화장, 보국훈장통일장, 무공포장	소좌, 중일전쟁·태평양전쟁 참전, 자작 이규원 아들이 참전했다는 점 주목받음	1941.03 훈6등 서보장 1942.02 일본군 최고 영예, 금치훈장(조선인 출신 일본군 장교 중 유일)	1949년 국방부 제1국장 겸 정훈국장 1950년 수도경비사령관, 3사단장 1951년 육군참모총장 1953년 육군대학 총장 1960년 국방부장관 임명 1961년 주이탈리아 대사 1970년 코리아엔지니어링 사장 1975년 한국 후지필름 사장 1976년 유신정우회 소속 제9, 10대 국회의원 1977년 성우구락부(예비역 장성 모임) 회장
이종태	2	문화예술	충무무공훈장, 보국훈장천수장	친일문예단체인 조선문예회 위원으로 참여 활동, 내선일체 음악조직인 경성음악협회 창설 간사로 활동		1947년 제8연대 군악대 초대 군악대장, 조선경비대총사령부 제3대 군악대장, 육군본부 휼병감실 보도과장, 원호과장, 국방부 정훈부 차장 1966년 국방부 국립묘지관리소장
이주일	3	군인	청조근정훈장, 보국훈장통일장, 무공포장	만주국군 중위		1945년 광복군 제3지대 제1중대장 1950년 제2군단 작전부장, 12사단장, 21사단 1959년 제2군사령부 참모장 5.16쿠데타가담, 군사혁명위원회 위원, 국가재건회의 부의장 1964년 감사원장, 함북장학회 이사장, 대한민국재향군인회 고문, 대한체육회 고문
이태희	1	법조	국민훈장무궁화장	경성지방법원 검사대리, 해주지방법원 검사, 해주예방구금위원회 위원		1945년 법무국 특별검찰청 검사 1946년 서울지방검찰청 검사 1948년 대검찰청 검사 1949년 법전편찬위원회 위원, 대검찰청 검사 겸 범무부 검찰국장(이사관) 1950년 서울지방검찰청 검사장 1952년 이화여자대학교 법정대학 교수(학장) 1963년 한국법학원 원장

이름	건수	분류	훈장	일제 협력	일제훈장 수여 내역	해방 후 주요이력
이한림	3	군인	청조근정훈장, 태극무공훈장, 무공포장	만주군 중위, 국방경비대 제4연대장, 한국군 최초 미국유학생 선발		1946년 국방경비대 참위(소위) 1947년 국방경비대 제4연대장 1949년 육군사관학교 부교장 1950년 제2사단장 1952년 국방부 정훈국장, 휴전회담 한국군 수석대표 1953년 9사단장 1954년 제6군단장 1957년 육군사관학교 교장 1960년 제1군사령관 1963년 한국수산개발공사 사장 1968년 진해화학주식회사 사장 1969년 건설부장관 1972년 국제관광공사 총재 1974년 주터키대사 1977년 주오스트레일리아 대사
이항녕	2	관료	국민훈장무궁화장, 문화포장	조선총독부 학무국 학무과 속, 황도학회 발기인, 경상남도 하동군수, 경상남도 창녕군수		1945년 경상남도 창녕군수, 경상남도 내무부 사회과장, 청룡국민학교 교장 1946년 양산중학교 교장 1948년 양산농업학교 교장 1949년 동아대학교 교수 1954년 고려대학교 법과대학 교수 1959년 법과대 학장 1960년 문교부 차관 1964년 교양학부장 1971년 홍익대학교 학장, 총장
이항발	2	법조	국민훈장무궁화장, 건국훈장애족장 (2011년 서훈 치탈)	사상전향자 단체인 백악회 창립회원, 백악회 확대 개편한 대동민우회 발기, 녹기연맹 참여		1948년 제헌국회의원 나주 무소속 1949년 일민구락부 부간사장, 일민구락부 부위원장 1951년 구국총력연맹 상무위원

이름	건수	분류	훈장	일제 협력	일제훈장 수여 내역	해방 후 주요이력
이형근	3	군인	수교훈장흥인장, 태극무공훈장(2)	일본군 포병 대위		1945년 대전중학교 영어교사, 국방부사령부 통역관 1946년이후 국방경비대 제2연대 창설 중대장, 조선경비사관학교 초대 교장, 국방경비대 총사령관 대리, 제2연대장, 국방경비대 총사령부 참모장 1949년 제8사단장 1950년 제2사단장, 3군단장 1951년 휴전회담 대표 1952년 제1군단장 1954년 합동참모회의 의장 1956년 육군 참모총장 1960년이후 주영국 대사, 주필리핀 대사, 주이탈리아 대사, 한국반공연맹 이사장, 세계반공연맹 총재, 국가보위입법회의 입법의원, 국정자문위원 1980 국가보위입법회의 입법의원
이혜구	3	문화예술	국민훈장동백장, 보관문화훈장, 금관문화훈장	경성방송국 국악프로그램 주도, 한국어방송 총괄하는 제2보도과장		1945년 초대 서울중앙방송국장 1947년 서울대학교 국악과 교수 1954년 한국국악학회 회장 1964년 대한방송사업협회 회장 1970년 서울대학교 음악대학 학장
이호	3	법조	황조근정훈장, 청조근정훈장, 국민훈장무궁화장	광주지방법원 순천지청 검사 재직 중 불온 발언 혐의의 문경호 재판 참여		1945년 광주지방법원 장흥지원 검사 1946년 경성공소원 검사 1947년 서울고등검찰청 검사 1948년 서울지방검찰청 차장검사 1949년 내무부 이사관 치안국장, 대검찰청 검사 1950년 육군본부 민사부장, 계엄사령부 부사령관 1951년 내무부 장관, 국무원 사무처장 1967년 내무부 장관 1968년 법무부 장관 1971년 주일 대사 1974년 합동통신 회장 1975년 대한적십자 총재 1979년 헌법위원회 위원장 1980 국가보위입법회의 의장 1987년 선인학원 이사장

이름	건수	분류	훈장	일제 협력	일제훈장 수여 내역	해방 후 주요이력
이흥배	1	관료	보국훈장국선장	평안북도 내무부 지방과, 사회과 사회서기 근무 중 중일전쟁 국방사상 보급 선전 및 황국신민서사 보급 등, 평안북도 산업부 농촌진흥과 농촌지도계 속으로 시국 관련 여론 환기 업무, 평안북도 경찰부 경제경찰과 경부		1945년 경상남도 광공부장 1946년 경상남도 상공국장 1950년 심계원 심계 제2국장인 검사감 1951년 심계원 심계관(검사감) 1956년 심계원 차장 1964년 동양방송주식회사 이사 겸 사장 1967년 국제신보사 사장
임용길	1	문화예술	건국훈장애족장 (2011년 서훈 치탈)	일본 나고야 《동아신문》 발기인 · 사장 · 발행인, 협화회 활동 선전 · 지원, 내선일체 · 전쟁참여 · 황국신민화 주장		1948년 동아시보사 사장
임충식	5	군인	태극무공훈장, 보국훈장천수장, 보국훈장국선장, 보국훈장통일장, 무공포장	간도특설대 중위		1948년 제3여단 대대장, 6연대 부연대장 1949년 제12연대장, 태백산지구전투사령부 참모장, 수도경비사령부 제18연대장 1950년 수도사단 제18연대장 1951년 제2사단 부사단장 1952년 제7사단장 1953년 헌병사령관, 육군본부 인사국장 1956년 제2사단장 1957년 제6군단장 1960년 제2훈련소장, 육군본부 인사참모부장 1962년 제5군단장 1963년 국방부 인력차관보 1965년 육군참모차장 1967년 합동참모회의 의장 1968년 국방부장관 1971년 8대 민주공화당 국회의원 1973년 9대 민주공화당 국회의원
장덕조	1	문화예술	보관문화훈장	친일 단체나 문학 단체 활동 기록은 없으나 내선융화를 선동하고 전쟁동원에 부응하는 여성상을 담은 친일 성향 작품 다수 발표		1950년 영남일보 문화부장 1951년 대구매일신문 문화부장과 논설위원, 평화신문 문화부장 1976년 통일주체국민회의 대의원

이름	건수	분류	훈장	일제 협력	일제훈장 수여 내역	해방 후 주요이력
장면	2	종교	국민훈장무궁화장, 건국훈장 대한민국장	조선지원병제도제정축하회 발기인(천주교 대표), 중일전쟁부터 1939년까지 시국관련 기원미사 2만9622회, 시국관련 기도회 5만 5452회, 국방헌금 3624원23전 등 이르러, 국민총동원조선연맹 참사, 국민총력 천주교경성교구연맹 이사 및 간사, 조선임전보국단 발기인(경성), 동성상업학교 생도들로부터 모금한 항공기 구입비 130여원 동대문경찰서에 헌납, 국민동원총진회 중앙위원		해방후 동성상업학교와 계성학교 교장 1946년 비상국민회의 최고정무위원, 대한국민대표 민주의원 의원, 남조선과도입법의원 의원 1947년 동성상업학교장 1948년 제헌의회 의원 서울 종로을구 당선(무소속) 1949년 주미대사 1950년 국무총리 1951년 유엔총회 한국 수석대표 1955년 민주당 창당 참여 최고위원 1956년 민주당 부통령 당선
장우성	3	문화예술	홍조근정훈장, 은관문화훈장, 금관문화훈장	조선미술전람회 조선총독상, 창덕국상 등 연속 4회 특선, 군국주의 결전미술전에서 〈항마〉 입선		해방후 조선미술건설본부 동양화부 위원, 단구미술원 회원, 조선미술가협회 평의원 1946년 서울대학교 예술학부 미술부 교수 1949년 대한민국미술전람회 심사위원 1971년 홍익대학교 미술학부 교수
장응진	1	교육	건국훈장애족장 (2011년 서훈 치탈)	조선총독부 학무국 시학관, 조선총독부 교과서 편찬과 검정 업무, 조선인 최초로 공립고등여학교 교장 취임했으며 정5위 서위	1930.01.23 쇼와대례기념장 1937.12.16 훈6등 서보장	1950년 8월 30일 사망
장지연	1	문화예술	건국훈장독립장 (2011년 서훈 치탈)	친일 승려 이회광 주도의 불교진흥회 천도식 제문 지어, 《매일신보》에 4년간 조선총독부 시정 미화, 옹호하는 한시 실어 · 조선물산공진회 의의와 성과 적극선전 · 식민지가 된 원인을 조선인의 민족성 때문이라고 격하		1921년 10월 2일 사망

이름	건수	분류	훈장	일제 협력	일제훈장 수여 내역	해방 후 주요이력
전봉덕	1	경찰	국민훈장모란장	경기도 경찰부 수송보안과장 재직 중 화물 및 자동차 등 운송수단 통제 감독하며 일제의 전쟁 수행 적극 지원		1946년 경기도 경찰부 보안과장, 경무부 공안과장 1947년 경찰전문학교 부교장, 경무부 교육국 부국장 1949년 헌병부 사령관 1950년 국무총리 비서실장 1954년 서울시 법률고문 1961년 혁명재판사편찬위원회 위원 1962년 법제처 법제조사위원회 위원 1969년 서울변호사회 회장, 대한변호사협회 회장 1976년 대한적십자사 서울지사장 1978년 한국법학원 원장
정광조	1	종교	건국훈장애국장 (2011년 서훈 치탈)	천도교 대령·교령 등 재직시 친일 협력 주도, 임전대책협력회 채권가두판매대, 조선임전보국단 발기인, 내선일체·전쟁협력 선동 글과 강연 국민정신총동원천도교연맹 이사, 국민총력천도교연맹 평의원·이사장		1945년 천도교총부 주관 전국대회준비위원회 교약 기초위원, 천도교총부 장로, 신탁통치반대국민총동원위원회위원 1946년 기미독립선언기념 전국대회준비위원회 부회장 1947년 남조선과도입법의원 의원
정래혁	3	군인	보국훈장국선장, 보국훈장천수장, 보국훈장통일장	일반군 소위, 국방경비대 소위, 경찰학교 교관요원(경위)		1950년 사단참모장 1954년 제3사단장, 27사단장 1956년 육군본부 작전교육국장 1959년 육군본부 군수참모차장 1960년 국방부 총무국장 1961년 5.16군사쿠데타 가담, 군사혁명위원회 위원, 국가재건최고회의 최고위원
정비석	1	문화예술	보관문화훈장	징병·지원병 선전·선동 글과 각종 행사 참석 내선일체와 황민화 선전·선동, 만주 개척지 선전 통한 대동아공영권 건설 획책, 침략전쟁 수행 국민문학·국책문학 선전·선동 조선문인보국회 소설희곡부회 간사		1946년 중앙신문 편집부장 1965년 방송윤리위원 1973년 적십자사 서울시 상임위원
정연주	1	경찰	무공포장	조선문인협회 발기인·상무(상임) 간사, 국민총력조선연맹 문화부 위원·영화기획심의회 심의위원, 조선임전보국단 경성지부 발기인		

이름	건수	분류	훈장	일제 협력	일제훈장 수여 내역	해방 후 주요이력
정인섭	1	문화예술	국민훈장모란장	일제 침략전쟁 미화, 침략전쟁 수행 국책문학 · 총후문학 선전, 황도학회 발기인 · 이사 조선문인협회 발기인 · 상무(상임)간사, 국민총력조선연맹 문화부 위원 · 영화기획심의회 심의위원		1946년 중앙대학교 법문학부장 1946년 교통부 해사국 고문, 부국장 1948년 대한해운공사 고문 1950년 영국 런던대학 교수 1953년 일본 덴리대학 교수 1956년 서울대학교 문리대 강사 및 대우교수 1957년 중앙대학교 대학원장, 문리과대학 학장대리, 한국어학원 원장 1961년 문교부 해외유학생 자격고시 고사위원 1962년 한글기계화연구소 부소장, 총무처 고등고시 사법과 위원, 문화공보부 방송어심의위원회 위원, 문교부 재일동포성인교육 파견강사
정일권	6	군인	수교훈장흥인장, 청조근정훈장, 수교훈장광화장, 태극무공훈장(2), 무공포장	만주국군 헌병 상위로 진급해 간도헌병대 대장		1946년 제1연대 중대장, 제4연대장, 국방경비대 참모부장 1949년 지리산지구 전투사령관 1950년 육군참모총장 겸 3군총사령관 1957년 주터키 전권대사 1959년 주프랑스 전권대사 1960년 주미대사 1963년 외무부 장관 1964년 국무총리 1966년 외무부장관 1970년 민주공화당 의장 상임고문 1971년 공화당 전국구 제8대 국회의원 1972년 민주공화당 의장 1973년 9대.10대 국회의원 (지역구), 국회의장 1980년 국정자문위원, 자유슈호구국총연합회 회장 1989년 자유총연맹 초대 총재
정재환	1	법조	국민훈장모란장	전주지방법원 검사대리, 부산지방법원 검사		1945년 부산지방재판소 검사 1946년 동아학숙 설립 이사장 1948년 전주지방검찰청 검사장 1949년 대전지방검찰청 검사장, 국민보도연맹 충청남도연맹 지도위원장 1951년 대구지방검찰청 검사장 1952년 법무부 차관 1953년 동아대학 학장 1959년 재단법인 동아학숙 이사장, 동아대학교 초대 총장 1962년 경남교육회 회장 1963년 부산시교육회 회장, 재건국민운동 경상남도위원장

이름	건수	분류	훈장	일제 협력	일제훈장 수여 내역	해방 후 주요이력
정창운	1	법조	보국훈장국선장	광주지방법원 장흥지청 검사 재직 중 독립운동가 황의영 기소 재판 참여		1945년 광주지방법원 순천지원 검사 1948년 대검찰청 검사 1949년 법전편찬위원회 위원 1952년 대검찰청 차장검사 1955년 대구고등검찰청 검사장 1958년 서울고등검찰청 검사장 1961년 동국대학교 법정대학 교수 1963년 대검찰청 검찰총장 1965년 동국대학교 법정대학 학장
조기홍	1	친일단체	국민훈장동백장	애국금차회 간사, 식민통치 · 침략전쟁 협력 강연 · 기고 조선부인문제연구회 발기인, 서무간사		1948년 성신여자중학교 교감 1949년 문교부 생활개선위원회 음식분과 위원 1950년 서울 창덕여자중학교 교장 1951년 창덕여자중고등학교 교장 1960년 경기여자중고등학교 교장 1961년 성진학원 이사장 1972년 성진여자사범대학 대학원 초대 대학원장 1973년 성신여자대학 학장, 성신여자대학교 명예총장
조동식	2	친일단체	국민훈장모란장, 국민훈장무궁화	일제 침략전쟁 협력 위한 여학생 교육 주장, 내선일체와 침략전쟁 협력 주장		1945년 상명학원 초대 이사장 1947년 성균관대학교 초대 이사장 1949년 전국사학재단연합회 창립회장 1950년 대한문교서적주식회사 사장, 중앙교육위원회 위원, 동덕여자대학교 설립 학장 1957년 유네스코 한국위원회 위원장 1958년 대한교육연합회 회장
조두남	1	문화예술	은관문화훈장	일본 중심 국민음악 창조하는 만주작곡가협회 회원, 징병제 찬양 · 대동아공영권 건설 주장하는 군가풍국민가요 〈징병령 만세〉 작곡, 친일 시인 윤해영 〈아리랑 만주〉에 곡 붙여		1962년 한국예총 지부장

이름	건수	분류	훈장	일제 협력	일제훈장 수여 내역	해방 후 주요이력
조연현	2	문화예술	국민훈장동백장, 문화포장	범아시아주의는 반제국주의연대를 표방한다는 오카쿠라 세계관 변형해 대동아공영권 뒷받침, 그외 친일 관련 글 남겨		1947년 민주일보 기자, 민중일보 기자, 민국일보 문화부장겸 사회부장 1948년 문예사 편집장 1961년 동국대 전임교수 1970년 한국예술문화윤리위원회 위원장 1971년 국전 운영위원장, 한국문인협회 부이사장
조영원	1	군인	7등근무공로훈장	만주국군 상위		1945년 전국군사준비위원회 상무위원, 군수부 위원
조용순	1	법조	국민훈장무궁화장	해주지방법원 재령지청 판사, 광주지방법원 순천지청 판사, 황해도 해주부 부회의원	1928.11 쇼와천황 즉위기념 대례기념장 1937.08 훈6등 서보장	1945년 대전지방법원 재판장(법원장) 1948년 대구고등법원장 1953년 대법원 대법관 1954년 중앙선거관리위원회 위원장, 법무부 장관 1958년 초대 사정위원장 1958년 대법원장
조재호	3	친일단체	녹조근정훈장, 홍조근정훈장, 국민훈장동백장	조선총독부 학무국 시학관 · 교학연수소 강사, 전문학교입학자시험 검정위원, 교육효적자선장 심사위원 등, 조선총독부 교육심의위원회 간사, 경성 동극회 발기인(아동 일본어 보급과 내선일체 구현), 경복공립중학교 교장 겸 교유(전시체제기 조선인 최고위직 고위관료)	1928.11 쇼와천황 즉위기념 대례기념장	1946년 성남중학교 촉탁 1949년 문교부 비서실 기획과장 1950년 문교부 고등교육국 수석장학관 1951년 문교부 문화국장 서리 1952년 부산사범학교 교장 1954년 서울 경기고등학교 교장 1955년 서울 경기고등학교 교장 겸 경기중학교 교장 1957년 서울고등학교 교장 겸 서울중학교 교장 1960년 서울사범학교 교장 1962년 서울대학교 병설 교육대학 학장 1963년 서울교육대학 학장
조정두	1	관료	녹조근정훈장	전라남도 담양군 속 근무 중 중일전쟁 발생하자 국방헌금 모금에 힘써, 광양군 권업과장 근무시 군용물자조달 공출, 여론 환기 등 업무 수행, 전라남도 완도군수	지나사변공로자공적조서 등재	1946년 전라남도 목포상업학교, 목포공립중학교 교장 1952년 전라남도 문교사회국 학무과장 1953년 문교사회국장, 강원도 문교사회국장 1954년 충청북도,전라북도,전라남도 산업국장 1959년 보건사회부 중앙감화원 원장, 전라남도 문교사회국장

이름	건수	분류	훈장	일제 협력	일제훈장 수여 내역	해방 후 주요이력
조진만	3	법조	국민훈장무궁화장, 보국훈장통일장, 청조근정훈장	해주지방법원 판사, 평양복심법원 판사 당시 고려혁명당 황금술 재판 참여, 대구지방법원 부장판사 임명(일제시기 조선인 부장판사는 조진만, 김준평 2명), 대구지방법원 부장판사 퇴직 후 경성에서 변호사 개업	1928.11 쇼와천황 즉위기념 대례기념장 1931.02. 훈6등 서보장 1942.02 훈5등 서보장	1948년 법전편찬위원회 위원 1951년 법무부장관 1961년 대법원장 1964년 탄핵심판위원회 심판위원장 1968년 한국합동법률사무소 대표
조택원	1	문화예술	금관문화훈장	지원병 장행회 · 학병 출진 축하 모임 무용 공연 내선일체 주제의 무용시 〈부여회상곡〉 연출 · 안무 담당, 반도 문화 평가와 전망 좌담회 참석, 국민총력조선연맹 주최 문화선전협의회 참석, 침략전쟁 · 식민통치협력 무용공연, 조선연극문화협회 회원 '숙정(肅正)' 목적 자격심사회 부문위원		1960년 전국문화단체총연합회 최고위원 1961년 사단법인 한국무용협회 고문, 이사장 1966년 한국일보사 고문 1974년 국립극장 운영위원, 한국문화예술진흥원 무용개발위원회 위원장
주요한	2	문화예술	동탑산업훈장, 국민훈장무궁화장	징병 · 지원병 · 학병 선전 · 선동 연설 · 강연 · 글 발표, 임시특별지원병 경성익찬위원회 실행위원, 국민동원총진회 발기인 · 상무이사 대동아공영권과 침략전쟁 찬양, 침략전쟁 지원 총후자세 선전, 국민훈련후원회 일본어 보급운동, 임전대책협력회 채권가두판매대, 대화동맹 준비위원 · 심의원 조선문인협회 간사, 조선문인보국회 이사 · 시부회장 · 평의원		1945년 무역회사 흥한회사 설립 1946년 상호무역 설립, 한국무역협회 초대 부회장, 흥사단 국내위원회 활동 1947년 영풍기업사 설립 1948년 국민신문 편집국장 1950년 조선민주당 선전부장, 사무국장 1954년 국제문제연구소 설립, 흥사단기관지 월간 새벽 창간 1957년 민주당 입당 1958년 제4대 민의원 서울중구갑구 당선 1960년 부흥부.상공부 장관 1966년 경제과학심의회 상임위원 1968년 대보 회장, 한국선주협회 회장 1970년 대한해운공사 사장 세종대왕기념사업회, 도산안창호기념사업회, 안중근선생기념사업회, 인촌김성수기념사업회, 고하송진우기념사업회, 납북인사송환추진운동, 크리스찬아카데미운동, 서울중앙기독교청년회, 과학기술회관기성회, 타자교육연구회, 한국노사문제연구소, 한글전용국민실천회, 평안남도행정 자문위원회 활동 1973년 한국특허협회 회장 1975년 한국능률협회 회장 1978년 전국경제인연합회 회장, 수석부회장

이름	건수	분류	훈장	일제 협력	일제훈장 수여 내역	해방 후 주요이력
차사백	1	친일단체	홍조근정훈장	내선일체 및 지원병제도 주장, 애국금차회 발기인 겸간사, 조선임전보국단 부안대 지도위원		1945년 서울 무학공립여자중학교 교장 1948년 견미교육사절단 1951년 무학여자고등학교 교장, 성동여자중학교 교장
차상명	1	종교	건국훈장애족장 (2011년 서훈 치탈)	중일전쟁 당시 '국위선양 무운장구 기원 법요식' 열어, 조선불교 중앙교무원에 북지 황군 위문금 600원 헌납, 범어사에 국방헌금과 위문금 1720원 64전 헌납		1945년 4월 7일 사망
최대교	3	법조	청조근정훈장, 보국훈장천수장, 국민훈장무궁화장	광주지방법원 재직 중 시국 유언비어 유포 혐의 독립운동가 송병하 기소, 조선독립 꾀해야 한다고 말한 독립운동가 김태영 기소해 징역형		1945년 전주지방법원 검사장 1948년 서울지방검찰청 검사장 1949년 법전편찬위원회 위원 1952년 감찰위원회 감찰위원 1960년 서울고등검찰청 검사장 겸 감찰부장 1964년 경향신문 이사
최문경	1	관료	보국훈장천수장	경기도 용인군수 부임해 용인군 미곡통제조합 조합장 겸임, 경기도 여주군수, 경기도 산업부 산업과장	1940.11 기원2600년축전기념장	1945년 경기도 내무부 사회과장, 보건위생부 사회과장, 광공부 광공과장 1946년 국민대학관 교수 겸 전문부장 1949년 중화민국주재 한국대사관 1등 서기관 1950년 일본대표부 총영사 1951년 외무부 정무국장 1954년 국민대학 법학과 교수, 법학과장 1955년 국민대학 학장 1961년 홍콩주재 총영사 1962년 뉴욕주재 총영사, 외무부 차관 1964년 콩고주재 대사 1966년 뉴욕주재 총영사 1968년 우루과이주재 대사 1971년 외무부 대기대사 1975년 유엔기념공원관리처 처장

이름	건수	분류	훈장	일제 협력	일제훈장 수여 내역	해방 후 주요이력
최윤모	1	법조	보국훈장국선장	경성지방법원 판사		1945년 경성지방법원 송도 지방재판소 검사 1946년 광주지방심리원 심판관 1953년 광주고등법원 부장판사 1956년 청주지방법원장 1959년 대법원 판사 1960년 대법관 직무대리 1961년 대법원 판사 1972년 법률구조협회 이사
최정희	1	문화예술	국민훈장모란장	지원병 · 징병 · 징용 선전 · 선동 좌담 · 글 등 임전대책협력회 채권가두판매대, 조선임전보국단 발기인 · 평의원 · 전시생활부원, 내선일체 · 황민화 · 침략전쟁 선전, 바람직한 총후자세와 군국의 어머니상 선전 조선문인협회 간사		1946년 전조선문필가협회 추천위원 1949년 한국문학가협회 추천위원 1969년 한국여류문학인회 회장
최주종	3	군인	보국훈장천수장, 보국훈장국선장, 을지무공훈장	만주국군 중위, 신징에서 신경보안사령부 조직		1947년 조선민족청년단 1948년 육군사관학교 임관 1950년이후 연대장, 8사단장, 육군전투발전사령관 1960년 제31사단장, 5.16쿠데타 가담, 군사혁명위원회 위원, 국가재건최고회의 최고위원 1963년 제5관구사령관 1965년 군수기지사령관 1968년 육군 소장 1970년 대한주택공사 사장
최준모	1	종교	건국훈장애족장 (2011년 서훈 치탈)	천도교 신구파 합동 천도교연맹 이사진 선출해 전국적인 조직으로 전쟁협력 주도, 이후 국민총력 천도교연맹으로 재편돼 평의원 선임, 조선임전보국단 발기인애국헌금 3115원70전 헌납		1945년 천도교총부 주관 전국대회준비위원회 교약기초위원, 구파 및 합동 천도교총부 장로 1945년 신탁통치반대국민총동원위원회 중앙위원 1946년 기미독립선언기념전국대회준비위원회 위원

이름	건수	분류	훈장	일제 협력	일제훈장 수여 내역	해방 후 주요이력
최지화	1	종교	건국훈장애족장 (2011년 서훈 치탈)	국민정신총동원 조선예수교장로회연맹 평의원, 조선예수교 장로회 총회장, 조선군사령부에 2만3221원28전 헌납(정인과, 백낙준, 이용설, 오문환 등)		해방후 평양장로회 신학교 교수
최창언	3	군인	태극무공훈장, 보국훈장천수장, 보국훈장국선장	만주국군 상위		1945년 국방경비대 참위 1948년 국방경비대 공병감 1950년 제2사단 참모장 1953년 수도사단장 1955년 육군 소장 1956년 육군본부 수송감 1957년 제2관구 사령관 1958년 국방부 정훈국장 1960년 육군보병학교 교장 1961년 제3군단장, 육군 중장 1963년 국방대학원장 1966년 충주비료주식회사 부사장
함화진	1	문화예술	은관문화훈장	조선문예회 위원, 조선음악협회 이사, 조선음악부 부장, 음악보국주간대연주회출연, 조선음악대제전 총지휘, 일본 신태양사가 주는 조선예술상 음악상 받아		1945년 조선문화건설중앙협의회 음악건설부 의원, 국악위원회 위원장, 국악회 위원장, 임시정부와 연합군환영준비회 설비부 실생위원 1946년 전조선문필가협회 추천회원, 주식회사 조선영화사 발기인, 조선정악회 고문
허영호	1	종교	건국훈장애족장 (2011년 서훈 치탈)	조선불교 선종 중앙포교당 포교사 · 조선불교 조계종총본산 태고사의 종정 사서, 국민총력조선연맹 평의원, 내선일체와 침략전쟁 선전 글, 특별지원병제와 침략전쟁 선전 시국 순회강연 · 간담회, 국민총력조선연맹 평의원		1945년 혜화전문학교 교장 1946년 반탁국민총동원위원회 중앙상무위원회 위원, 동국대학교 초대 학장 1949년 민의원 보궐선거 경상남도 부산갑구 무소속 당선, 고등고시위원(종교학) 위촉

이름	건수	분류	훈장	일제 협력	일제훈장 수여 내역	해방 후 주요이력
현제명	1	문화예술	국민훈장모란장	징병제실시 축하 연주회 및 학병 장행회 연주회 출연 조선문예회에서 작곡 활동, 보정함락기념 황군위문애국연주회 참석, 경성음악협회 간사, 경성후생실내악단 이사장, 식민통치 · 침략전쟁 협력 목적 연주회 작곡 발표 · 연주, 싱가폴 함락 감상 발표, 라디오 방송 군가지도, 전함건조기금 헌납, 조선예술상 상금 국방헌금 조선음악협회 이사		1945년 고려교향악단 이사장, 한국민주당 발기인 및 중앙위원회 문교부 위원 1946년 경성음악학교 교장 , 국립 서울대학교 여술대학 음악학부 초대 음악부장 1949년 민교부 예술위원회 음악분과위원회 위원 1952년 서울대학교 음악학부 학장 1954년 예술원 종신회원
홍난파	1	문화예술	국민훈장모란장	도쿄신교향악단 제1바이올린 연주자, 경성중앙방송국 방송관현악단 지휘자, 미국 유학 중 흥사단 가입한 일로 '동우회사건'에 연루되고 이후 사상전향, 동우회 관련자들과 대동민우회 가입, 조선문예회 위원, 음악보국대연주회 수익금 국방헌금 헌납, 천황 분부에 따라 이광수 작사 〈희망의 아침〉 작곡, 기원2600년봉축기념 현상 당선곡 〈순정인 꽃장사〉 작곡, 국민총력조선연맹 문화위원		1941년 8월 30일 사망
홍병식	5	경찰	녹조근정훈장(2), 화랑무공훈장, 홍조근정훈장, 무공포장	서대문경찰서 경부보 근무 중 만주사변 발생, 군수품 수송 업무 등 적극 수행, 경성부 영등포경찰서 경부		1946년 경기도 경무국 한성경찰서 감찰관 1947년 수도경찰청 보안과장 1949년 서울시 경찰국 보안과장(총경), 서울시 경착국 경무과장(총경) 1951년 경무관, 서울시 경찰국 부국장 1953년 강원도 경찰국장 1954년 치안국 경무과장 1955년 경상남도 경찰국장 1956년 치안국 경찰기동대장 1957년 경기도 경찰국장, 내무부 치안국 경비과장 1958년 내무부 치안국 보안과장 1959년 서울시 산업국장

이름	건수	분류	훈장	일제 협력	일제훈장 수여 내역	해방 후 주요이력
홍순봉	2	군인	무공포장(2)	평안북도 초산경찰서 근무 중 만주사변 일어나자 반만항일세력 소탕 진압 · 국방헌금 모집 적극 수행, 만주국 관리(빈강성 경무청 속관, 규화고장 등), 흥아청년구락부 부원, 만주국협화회 , 만주국 국무원 총무청홍보처 참사관	1934.03.01 만주국 건국공로장 수여 1934.04.29 소화 6년~9년사변종군기장, 훈8등서보장	해방후 경무부 교육국 교육과장, 국장서리, 경찰전문학교 교장서리, 공안국 공안과장 1948년 제주도 제9관구 경찰국장, 제주4.3 진압 1949년 육군 헌병사령관 수석보좌관 겸 서울헌병대 대장 1950년 호남전투지구 헌병사령관, 제2군단 헌병참모 겸 헌병대장 1951년 육군 헌병 부사령관, 경남지구 병사구 사령관 겸 계엄민사부장 1952년 육군 헌병 대령 1952년 내무부 치안국장, 대한방범협회 상임이사, 재향군인회 상임이사, 한국임산협회 이사장 1955년 익흥증권주식회사 사장, 새한증권주식회사 대표이사 사장, 대한증권협회 회장, 대한증권인수단 이사장, 증권금융주식회사 이사 민주공화당 창당위원 및 중앙위원회 중앙상임위원, 한국 반공연맹이사, 한국증권거래소 이사장, 증권금융주식회사 사장
홍종인	2	문화예술	국민훈장무궁화장, 금관문화훈장	《조선일보》 북중국전선 종군기자 특파, 국민총력조선연맹 참사, 징병제 선동 글 기고		1945년 조선일보 사회부장 1946년 조선일보 편집국장, 주필 1949년 한국산악회 회장 1964년 한국신문연구소 초대 소장, 동화통신 회장, 중앙일보 고문
홍진기	2	법조	국민훈장모란장, 금관문화훈장	전주지방법원 판사		1945년 법제부 법제관, 법제부 사법요원양성소 교수 1946년 사법부 법률조사국 법무관 1948년 법무부 조사국장 1949년 법무부 조사국장 겸 대검찰청 검사 1950년 법무부 법무국장 겸 대검찰청 검사 1951년 한일회담 대표 재산청구권분과 위원장 1954년 법무부 차관 1955년 해무청장 1958년 법무부 장관 1960년 내무부 장관, 3.15 부정선거로 체포 1964년 라디오서울방송 사장 1966년 중앙일보사 회장 1969년 동양방송 사장 1975년 중앙일보 및 동양방송 대표이사 사장 1980년 중앙일보와 동양방송 회장

이름	건수	분류	훈장	일제 협력	일제훈장 수여 내역	해방 후 주요이력
황신덕	1	친일단체	국민훈장모란장	조선임전보국단 발기인 · 평의원 · 부인대 지도위원, 국민총력조선연맹 후생부 후생위원, 운영하던 경성가정여숙 학생을 여자근로정신대로 차출해 일본 군수공장으로 보냄		1945년 건국부녀동맹 1946년 독립촉성애국부인회 정치부장, 과도입법의원 관선의원 1945년 중앙여자중(고등)학교 교장 1952년 여성문제연구회 회장 1956년 가정법률상담소 이사장 1958년 대한어머니회 이사 1961년 추계학원 이사장
황재낙	1	관료	산업포장	조선총독부 경무국 도서과 속 재직 중 신문 잡지 등 출판물 검열 업무, 만주로 가서 산업부 천임관 2등 승급	1928.11 쇼와천황즉위기념대례장 1934.03 만주건국공로장	1949년 상공부 특허국 이사관 심사장 대한변리사회 회장, 특허법 및 의장법 기초위원
황종률	2	관료	보국훈장국선장, 청조근정훈장	동남지구특별공작후원회 간사로서 공작요령 선전 활동과 모금독려운동 전개, 두달 간 성금 15만4157원 모금해 간도특설대에 헌납, 만주국 경제부 참사관, 국무원 총무청 관방 근무	1940.07 훈7위 경운장 1940.11 건국신묘창건기념장	1945년 연희대학 교수 1947년 주일공관 공관장 1952년 외자구매처장 겸 외자관리청장 1959년 동국대학교 법정대학 교수 1960년 충청북도지사 1961년 국가재건최고회의 재경위원회 자문위원 1963년 재무부장관 1966년 무임소장관 1967년 체신부장관 1968년 재무부장관 1971년 민주공화당 소속 제8대 국회의원(전국구) 당선, 공화당 정책위원회 부의장

한국탐사저널리즘센터 뉴스타파
Korea Center for Investigative Journalism

'성역없는 탐사보도'로 한국언론의 희망을 만들겠습니다.

한국탐사저널리즘센터/뉴스타파는 한국 언론의 고질적 병폐인 정파성과 상업주의를 배격하고 오로지 진실의 편에 서서 탐사저널리즘을 수행합니다.

한국탐사저널리즘센터/뉴스타파는 대한민국의 주권자인 국민의 편에서 정치권력과 자본권력의 오남용, 공적 시스템의 오작동을 감시합니다.

한국탐사저널리즘센터/뉴스타파는 국민의 알권리 충족을 위해 사회적으로 중요하고 의미 있는 사안의 본질과 맥락을 짚어냅니다.

한국탐사저널리즘센터/뉴스타파는 특권과 반칙, 차별을 들춰내고 사회적 약자와 소외 계층의 목소리를 대변합니다.

한국탐사저널리즘센터/뉴스타파는 국민이 주권을 제대로 행사해 우리 사회가 보다 나은 방향으로 나가고, 우리 민주주의가 보다 성숙해질 수 있도록 올바른 정보를 제때 제공합니다.

한국탐사저널리즘센터/뉴스타파는 어떠한 압력이나 간섭에서도 자유롭기 위해 광고나 정부 또는 이익단체의 지원을 일체 배제하고 시민들의 자발적 후원으로 운영됩니다.

참고문헌

국회본회의 제 1회 42차 회의록

국회본회의 제 1회 44차 회의록

국회본회의 제 1회 59차 회의록

이강수, 『반민특위 연구』, 나남, 2003.

이한우, 『우남 이승만, 대한민국을 세우다』, 해냄, 2008.

이항녕, 『낙엽의 자화상』, 범우사, 1977.

임종국, 『친일문학론』, 평화출판사, 1966,

김창숙, 심산사상연구회, 『김창숙 문존』, 성균관대학교출판부, 1997.

김삼웅, 『심산 김창숙 평전』, 시대의창, 2006.

친일반민족행위 진상규명위원회('반민규명위'), 『친일반민족행위 진상규명보고서』, 2009.

민족문제연구소, 『친일인명사전』, 2009.

홍경선, 『친일파와 일제 시대 토지』, 한울아카데미, 2006.

『두산세계대백과사전』, 1996.

반민규명위, 『2006년 반민규명위 국제학술회의 자료집』, 2006.

이남주, 역사쿠데타가 아니라 신종쿠데타 국면이다, 『창작과 비평』, 2015 겨울호.

친일문학론과 임종국씨, 경향신문, 66.8.13

김무성 부 김용주, '일제군용기 헌납, 징병독려' 광고, 뉴스타파, 2015.9.17

이인호 KBS 이사장 "친일파 청산은 소련의 지령"–전경련 주최 '역사 바로보기' 강연서 망언, 한국일보, 2014.9.25

이인호 "내 조부가 친일이면 일제시대 중산층은 다 친일파", 한겨레신문, 2014.9.9

'친일파 청산'이 야당 음해 정치 음모?, 오마이뉴스, 2002.8.14

교과서 국정화, 정부 논리만 반복하는 '앵무새' 지상파, 미디어스, 2015.11.4

김형오 국회의장 "친일인명사전, 과거 물고 늘어지는 행태", 동아일보, 2009.12.1

친일파 후손들 재산 대거 빼돌렸다, 경향신문, 2006.9.11

"우리 조상이 왜 친일행위자냐" 친일재산조사위에 항의, 연합뉴스, 2006.8.18

친일 민영은 외손 "이제야 청주시민 볼 면목 생겨", 연합뉴스, 2013.11.5

친일과 망각 개정증보판

초판 1쇄 발행 2016년 8월 15일
개정증보판 2쇄 2020년 12월 28일

지은이 김용진, 박중석, 심인보

펴낸이 곽혜리
편집 이승우
디자인 김성엽의 디자인모아

펴낸곳 다람
출판등록 2012년 6월 28일 제 2012-34호
주소 서울시 광진구 아차산로 378, 3층
전화 02-447-0879
팩스 02-6280-3748
홈페이지 www.darambooks.com

ISBN 979-11-952123-6-1 03910

이 도서의 국립중앙도서관 출판예정도서목록(CIP)은 서지정보유통지원시스템 홈페이지(http://seoji.nl.go.kr)와 국가자료공동목록시스템(http://www.nl.go.kr/kolisnet)에서 이용하실 수 있습니다.(CIP제어번호: CIP2018024464)